Ungültig

Die öffentliche Auftragsvergabe
als Instrument des Umweltschutzes

Inaugural-Dissertation

zur Erlangung des Grades
eines Doktors der Rechte
des Fachbereiches Rechtswissenschaft
der Universität Trier

vorgelegt von

Karin Schmitges-Thees

Bernkastel-Kues

1998

FH-FBSV

1. Berichterstatter: Frau Prof. Dr. Lerke Osterloh
2. Berichterstatter: Herr Prof. Dr. Walter F. Lindacher

Tag der mündlichen Prüfung: 31. Januar 2001

Berichte aus der Rechtswissenschaft

Karin Schmitges-Thees

**Die öffentliche Auftragsvergabe als
Instrument des Umweltschutzes**

Ungültig

Shaker Verlag
Aachen 2001

Die Deutsche Bibliothek - CIP-Einheitsaufnahme

Schmitges-Thees, Karin:
Die öffentliche Auftragsvergabe als Instrument des Umweltschutzes /
Karin Schmitges-Thees.
Aachen : Shaker, 2001
(Berichte aus der Rechtswissenschaft)
Zugl.: Trier, Univ., Diss., 2001
ISBN 3-8265-9372-3

Printed in Germany.

ISBN 3-8265-9372-3
ISSN 0945-098X

Shaker Verlag GmbH • Postfach 1290 • 52013 Aachen
Telefon: 02407 / 95 96 - 0 • Telefax: 02407 / 95 96 - 9
Internet: www.shaker.de • eMail: info@shaker.de

Vorwort

Die vorliegende Arbeit wurde im Wintersemester 2000 vom Fachbereich Rechtswissenschaft der Universität Trier als Dissertation angenommen. Die Dissertation befindet sich im wesentlichen auf dem Stand von Mitte 1998.

An erster Stelle möchte ich meiner Doktormutter Frau Prof. Dr. Lerke Osterloh danken. Von ihr kam der Anstoß zur Bearbeitung dieses Themas.

Mein weiterer Dank gilt Herrn Prof. Dr. Walter F. Lindacher für die zügige Erstellung des Zweitgutachtens.

Den Herren Prof. Dres. Volker Krey und Peter Krause danke ich für ihre freundliche Bereitschaft zur Durchführung der mündlichen Prüfung.

Meinen besonderen Dank verdienen mein Mann Thomas und meine Eltern, die mich vor allem in den schwierigen Phasen dieser Arbeit durch ihre Zuversicht und ihr Verständnis sehr unterstützt haben.

Ihnen widme ich diese Arbeit.

Kelkheim (Taunus), im August 2001   *Karin Schmitges-Thees*

Inhaltsverzeichnis

4

Einleitung

Obwohl die Thematik der Instrumentalisierung der Auftragsvergabe für sozial-, regional – und wirtschaftspolitische Zwecke in der Ver-gangenheit bereits Beachtung gefunden hat - erwähnt werden müssen hier insbesondere die Schriften von Pietzcker[1] und Kirchhof[2] , erscheint es zum heutigen Zeitpunkt erneut lohnenswert, sich mit dieser Problematik auseinanderzusetzen. Anlaß dafür bietet einerseits die wesentlich stärkere Beeinflussung der öffentlichen Auftragsvergabe durch das EG-Recht und andererseits die gewachsene Bedeutung des Wirtschaftsrechts für diesen Bereich staatlicher Tätigkeit.

In der früheren Auseinandersetzung mit diesem Rechtsgebiet standen die öffentlich-rechtlichen Bindungen im Vordergrund. Andere Aspekte wie beispielsweise die auf den nationalen Bereich bezogenen wirtschaftsrechtlichen Bindungen wurden nur am Rande diskutiert. Darüber hinaus war auch die Verknüpfung der Auftragsvergabe mit umweltpolitischen Zielen bislang kaum Gegenstand wissenschaftlicher Diskussion.

Die Bedeutung der genannten Rechtsgebiete für die staatliche Umweltpolitik im allgemeinen wird anschaulich durch die europa- und wirtschaftsrechtlichen Diskussion um den „Blauen Engel". Auch wenn die Bundesregierung in dem Umweltzeichen ein marktkonformes Instrument staatlicher Umweltpolitik sieht, war der „Blaue Engel" seit seiner Einführung im Jahre 1977 Gegenstand zahlreicher Wettbewerbsprozesse[3], bei denen allerdings nicht das Um-

---

[1] Pietzcker, Der Staatsauftrag als Instrument des Verwaltungshandelns, Tübingen 1978.

[2] Kirchhof, Paul, Verwalten durch "mittelbares" Einwirken, Köln, Berlin, Bonn, München 1977.

[3] Wimmer, Ein Blauer Engel mit rechtlichen Macken, BB 1989, 565 m.w. N. aus der Rechtsprechung des LG und OLG Köln und des BGH- Urt. vom 20.10.1988, NJW 1989, 711; Klindt, Die Umweltzeichen „Blauer Engel" und „Europäische Blume" zwischen produktbezogenem Umweltschutz und Wettbewerbsrecht, BB 1998, 545 (550) mit Hinweisen auf neuere Urteile des BGH, Urt. vom 04.10.1990, NJW 1991, 1229; Urt. vom 24.03.1994, WRP 1994, 53.

weltzeichen als solches, sondern die konkrete Werbung mit dem Umweltzeichen im Mittelpunkt des Streites stand. Das Umweltzeichen wurde aus han-
delspolitischen Gründen auch von der französischen Regierung kritisiert, was
jedoch zu keiner Beanstandung seitens der EG-Kommission geführt hat[4].

Ursprünglich erschöpfte sich die Funktion der Auftragsvergabe in der Beschaffung von Gütern und Dienstleistungen, die von den verschiedenen Ver-
waltungsbehörden zur Erfüllung ihrer öffentlichen Aufgaben benötigt werden.

Im Zuge der Steigerung des öffentlichen Auftragsvolumens – derzeit vergeben ca. 35.000 öffentliche Vergabestellen in Bund, Ländern und Gemeinden
einschließlich der Sektorenauftraggeber Aufträge im Gesamtumfang von
rund 400 Mrd. DM im Jahr , die Ausgaben für öffentliche Aufträge machen
EG-weit durchschnittlich 15% des Bruttosozialproduktes aus[5] - und der damit verbundenen Stärkung der Marktposition sowie des Einflusses auf das
Marktgeschehen wurde immer häufiger diskutiert, die Auftragsvergabe als
Instrument zur Durchsetzung wirtschafts- und sozialpolitischer Ziele zu nut-
zen, d.h. die reine Beschaffung mit aktuellen öffentlichen Aufgaben zu ver-
knüpfen.

Aufgrund der in einigen Beschaffungsbereichen bestehenden Monopolstellung öffentlicher Auftraggeber - sie sind dort wirtschaftlich betrachtet Monopsonist wie zum Beispiel auf dem Gebiet der Beschaffung von Eisenbahn-
und Fernmeldematerial durch die öffentlichen Unternehmen Deutsche Bahn
AG und Deutsche Telekom sowie bei der Beschaffung von Rüstungsgütern
durch die Bundeswehr als originärer staatliche Stelle – und der starken Nachfrageposition in anderen Bereichen, insbesondere im Tiefbau[6], ist eine effiziente Durchsetzung solcher Ziele realisierbar.

---

[4] Voss, Vereinbarkeit von nationalen Umweltzeichen mit Art. 30 EWGV, EWS 1993,
202 (207).

[5] Seidel in: Dauses, Handbuch des EG-Wirtschaftsrechts, H. IV Rdnr. 1; Rittner, Das
deutsche Auftragswesen im europäischen Kontext, NVwZ 1995, 313; Däubler-
Gmelin, Kann das neue Vergaberecht noch bis zum Ende der Legislaturperiode beschlossen werden?, EuZW 1997, 709.

[6] Emmerich in: Immenga-Mestmäcker, Kommentar zum GWB, 1992, § 98 GWB,
Rndr. 48.

Zum Teil wurde die Verknüpfung der Auftragsvergabe mit politisch wünschenswerten Zielen schon verwirklicht. Zu erwähnen ist in diesem Zusammenhang die Mittelstands-[7] und Zonenrandförderung[8] und die Förderung besonderer Personengruppen aus sozialen Gründen wie z.b. Vertriebene, Verfolgte und Behinderte[9]. Hierher gehören auch die vielfältigen Förderprogramme für den wirtschaftlichen Aufbau der fünf neuen Bundesländer.

Das wachsende Interesse der Bürger an der Erhaltung einer gesunden Umwelt und die derzeit fehlenden finanziellen Mittel zur Durchführung kostenintensiver Umweltprogramme hat zu der Überlegung geführt, die Auftragsvergabe auch für umweltpolitische Ziele nutzbar zu machen. Ein deutliches Zeichen dieser Entwicklung ist beispielsweise der Runderlaß des hessischen Innenministerium an alle auftragsvergebenden Stellen des Landes, die mit dem Umweltzeichen ausgezeichneten Produkte oder Produkte mit vergleichbarer Umweltqualität bei öffentlichen Aufträgen zu bevorzugen, sofern technische, wirtschaftliche und sicherheitsbedingte Gründe nicht entgegenstehen[10]. Neben solchen produktbezogenen Verknüpfungen sind auch verhaltensbedingte Bedingungen wie etwa die Verwendung umweltfreundlicher Produktionsanlagen oder Produktionsstoffe durch den Bieter oder auch die Einhaltung allgemeiner Umweltschutzvorschriften denkbar.

Aus der dargestellten starken Einbindung der öffentlichen Hand in die Wirtschaftsstruktur resultiert auch eine stärkere Verantwortlichkeit des Staates für das gesamte Wirtschaftsgeschehen. Die Abhängigkeit mancher Branchen von öffentlichen Auftraggebern verdeutlicht, daß die öffentliche Hand gerade nicht mit jedem privaten Nachfrager gleichzusetzen ist, sondern vielmehr ei-

---

[7] Bekanntmachung der Richtlinien der Bundesregierung zur angemessenen Beteiligung kleiner und mittlerer Unternehmen im Handwerk, Handel und Industrie bei der Vergabe öffentlicher Aufträge nach Verdingungsordnung für Leistungen, Beilage zum BAnz Nr. 111 v. 16.06.76.

[8] Gesetz zur Förderung des Zonenrandgebietes v. 05.08.71, BGBl. I, S. 1237 sowie die Richtlinien für die bevorzugte Berücksichtigung von Personen und Unternehmen aus dem Zonenrandgebiet bei der Vergabe öffentlicher Aufträge, BAnz. Nr. 152 vom 20.08.75.

[9] BVFG vom 23.10.61, BGBl. I, S. 1883, Schwerbehindertengesetz vom 29.04.74, BGBl. I, S. 1005 und Richtlinien für die Berücksichtigung bevorzugter Bewerber bei der Vergabe öffentlicher Aufträge, BAnz. Nr. 152 vom 20.08.75.

[10] Staatsanzeiger für das Land Hessen Nr. 23/1983, S. 1186.

ne Sonderstellung innehat, die sich auch anhand anderer Kriterien belegen läßt. Zum einen fehlt das finanzielle Risiko, da der Staat die Beschaffung nicht mit eigenen, sondern mit anvertrauten Mitteln finanziert, so daß weder wirtschaftliche Erfolge noch Mißerfolge meßbar sind[11]. Im übrigen erfolgt die Beschaffung nicht im eigenen wirtschaftlichen Interesse, sondern zum Wohle der Allgemeinheit und wird somit von fremdbestimmten Interessen geleitet. Letzteres ist auch ein Grund dafür, daß die unternehmerische Freiheit des Staates in zeitlicher Hinsicht eingeschränkt sein kann. Da nämlich die staatliche Beschaffung der Erfüllung öffentlicher Aufgaben dient, unterliegt der Staat in einigen Bereichen einem gewissen Zwangsbedarf, was eine Ausnutzung der günstigsten Marktposition nicht immer möglich macht[12]. Um die bei dieser Konstellation bestehende schwächere Marktposition aufzufangen, neigt der Staat dazu, die Beschaffung zu zentralisieren, um sich dadurch wieder die Nachfragemacht zu sichern[13].

Insgesamt ergibt sich jedoch in vielen Bereichen eine Marktüberlegenheit des Staates, die um so größer ist, je stärker das Beschaffungswesen zentralisiert ist. Diese besondere Marktstellung ermöglicht erst eine effiziente Instrumentalisierung des Beschaffungswesens, bewirkt andererseits aber auch, daß die umweltpolitische Instrumentalisierung nicht uneingeschränkt unbedenklich ist.

Die Darstellung der verschiedenartigen rechtlichen Grenzen einer umweltpolitschen Instrumentalisierung der staatlichen Auftragsvergabe bildet die zentrale Aufgabe dieser Arbeit. Die rechtliche Zulässigkeit einer solchen Verknüpfung ist anhand verschiedener Regelungswerke zu beurteilen, von denen insbesondere das EG-Recht, das nationale Wirtschaftsrecht, das AGBG, das Haushaltsrecht in Verbindung mit den Verdingungsordnungen und das Verfassungsrecht zu berücksichtigen sind.

---

11 Daub/Eberstein, Kommentar zur VOL/A, 4. Aufl., 1998, Einführung Rdnr. 58.

12 Wallerath, Maximilian: Öffentliche Bedarfsdeckung und Verfassungsrecht, 1. Aufl., 1988, S. 51.

13 Fricke, Werner: Zentralisierung und Dezentralisierung des öffentlichen Einkaufs, 1961, S. 21.

§ 1 Der öffentliche Auftrag als Instrument zur Durchsetzung umweltschutzbezogener Ziele

Alleiniger Zweck der öffentlichen Auftragsvergabe war ursprünglich die Deckung des Eigenbedarfs der öffentlichen Hand an Gütern und Leistungen mit dem Ziel der Erfüllung öffentlicher Aufgaben. Die Bedarfsdeckung stellt auch heute noch die Hauptaufgabe des staatlichen Beschaffungswesens dar.

Infolge des ständig wachsenden Volumens der Auftragsvergabe, des damit verbundenen hohen Stellenwertes für die gesamtwirtschaftliche Nachfrage und der Erkenntnis der in vielen Bereichen bestehenden Marktmacht öffentlicher Auftraggeber auf der Nachfrageseite, überlegt man seit langem, öffentliche Aufträge als politisches Instrumentarium zur Durchsetzung wirtschafts- und gesellschaftspolitisch wünschenswerter Ziele einzusetzen[14]. Auf diese Weise wird die ehemals reine Beschaffungstätigkeit mit aktuellen öffentlichen Aufgaben gekoppelt. Praktisch betrachtet hat das zur Folge, daß die Aufträge nicht mehr ausschließlich nach den haushaltsrechtlichen Grundsätzen der Sparsamkeit und Wirtschaftlichkeit vergeben werden, sondern auch unter Berücksichtigung oben genannter Kriterien. Dabei sind verschiedene der Präferenzierung dienende Ansatzpunkte denkbar, die im Laufe dieses Kapitels näher dargestellt werden[15]. Die Koppelung der reinen Beschaffungstätigkeit mit sogenannten „vergabefremden" Aspekten ist vor allem dort sinnvoll, wo das Nachfragevolumen hinreichend groß ist und die Güternachfrage geeignet ist, die jeweiligen Zielsetzungen durchzusetzen. Eine effiziente Verfolgung solcher Ziele ist besonders dort gewährleistet, wo öffentliche Auftraggeber eine starke Marktposition auf der Nachfrageseite innehaben.

Zur Lösung regional- bzw. sozialpolitischer Problemfälle sind bereits spezialgesetzliche Regelungen erfolgt[16]. Aus diesem Grund muß die aktuelle Dis-

---

[14] Hinsichtlich des Nachfragevolumens des Staates siehe Gliederungspunkt § 1 III.

[15] Siehe Kapitel § 1 V.

[16] § 2 Ziff 3 des Zonenrandförderungsgesetzes, BGBl. 1971, S. 2137; § 74 des Flüchtlings- und Vertriebenengesetzes, BGBl. 1964, S. 571; § 54 des Schwerbehindertengesetzes, BGBl. 1974, S. 1005.

kussion der Verknüpfung vergabefremder Aspekte mit der Auftragsvergabe auf die Frage beschränkt werden, ob die Auftragsvergabe über den bestehenden Umfang hinaus instrumentalisiert werden darf[17].

Im Laufe der letzten Jahre ist das Bewußtsein der Bevölkerung für eine gesunde Umwelt immer weiter gewachsen. Aus diesem Grund erscheint es naheliegend, die staatliche Beschaffung als Instrument zur Durchsetzung umweltpolitischer Interessen einzusetzen. Dabei wird nicht mehr in erster Linie darauf abgezielt, schon bestehende Umweltschäden zu beseitigen oder Umweltbelastungen zu reduzieren. Der Umweltschutz soll in der Hauptsache präventiv betrieben werden, so daß Umweltschäden von vornherein vermieden oder zumindest gering gehalten werden.

I. Umweltschutz als öffentliche Aufgabe

Die existentielle Bedeutung unserer natürlichen Lebensgrundlagen für alle Individuen bestimmt den Umweltschutz zu den wesentlichsten Aufgaben unseres Gemeinwesens. Daß der Umweltschutz eine für jedermann notwendige und besonders bedeutsame Staatsaufgabe darstellt, ist allen Parteien klar. Insoweit ist jede Partei Umweltpartei[18].

Es wäre jedoch ein Fehler, die gesamte Verantwortung für dieses Allgemeingut dem Staat aufzubürden, da nur ein Zusammenwirken von Staat und Gesellschaft effektiven Umweltschutz garantieren kann[19]. Nur wenn ein entsprechendes Umweltbewußtsein vorliegt, werden staatliche Maßnahmen zur Verhinderung von Umweltgefährdungen akzeptiert und nicht sofort als Beschränkung der Freiheit verstanden. Der Staat als übergeordnete Institution und Inhaber der Regelungskompetenz hat in jedem Fall dafür Sorge zu tra-

---

17 Weissenberg, Öffentliche Aufträge - Instrumente neutraler Beschaffung oder staatliche Steuerung?, DB 84, 2285.

18 Murswieck, Umweltschutz: Staatszielbestimmung oder Grundsatznorm, ZRP 1988, 14 (17).

19 Kloepfer, Staatsaufgabe Umweltschutz, DVBL 1979, 639 (641).

gen, einerseits die Maßnahmen zum Schutz der Umwelt festzulegen und andererseits soweit erforderlich auch durchzusetzen.

Die über die Staatsgrenzen hinausgehende Belastung unserer natürlichen Lebensgrundlagen hat dazu geführt, daß sich auch die EG dieser Problematik angenommen hat. In den Art. 2, 3 lit. l und 174 EGV/ 3 lit. k und 130 r EGV a. F. ist der Schutz und die Qualitätsverbesserung unserer Umwelt als ausdrückliches Ziel der Gemeinschaft aufgenommen.

In seiner Altölentscheidung aus dem Jahre 1985 hat der EuGH den Umweltschutz als wesentliches Ziel der Gemeinschaft bezeichnet und Beschränkungen des Handelsverkehrs durch nationale Regelungen aus Gründen des Umweltschutzes für gerechtfertigt erklärt[20]. Nach der „Cassis de Dijon"-Rechtsprechung des EuGH[21] müssen diese staatlichen Regelungen dem Verhältnismäßigkeitsgrundsatz entsprechen. Sofern eine Notwendigkeit der nationalen Regelung zur Erreichung umweltschützender Ziele besteht, ist die Regelung verhältnismäßig[22].

In der Entscheidung des EuGH zum dänischen Flaschenpfand[23] wurde der Umweltschutz erstmals als zwingendes Erfordernis im Sinne des Art. 28 EGV/ Art. 30 EGV a. F. eingestuft. Die dänische Regelung, daß Bier und Erfrischungsgetränke nur in wiederverwertbaren Flaschen verkauft werden dürfen, beschränkt zwar den freien Warenverkehr innerhalb des europäischen Marktes. Gleichwohl hat der EuGH die Regelung aufgrund ihrer umweltschützenden Bedeutung als mit dem EG-Vertrag vereinbar erklärt[24].

---

[20] EuGH, Rs 240/83 (ADBHU), Slg. 1985, 538 (549).

[21] EuGH, Rs 120/78 (Rewe Zentral AG), Slg. 1979, 649 (662).

[22] EuGH, Rs 155/82 (Pflanzenschutzmittel - Zulassungsvoraussetzungen), Slg. 1983, 531 ff..

[23] EuGH, Rs 302/86 (Kommission/Dänemark), Slg. 1988, 4607 (4630 - 4632) = NVwZ 1989, 849 = NJW 1989, 3084 L.

[24] siehe FN 23.

II.   Die Verankerung des Umweltschutzes in der Verfassung

Durch Gesetz zur Änderung des Grundgesetzes vom 27.10.1994[25] ist der Umweltschutz als Staatszielbestimmung in die Verfassung aufgenommen worden.

Der neu eingefügte Art. 20 a GG lautet: „Der Staat schützt auch in Verantwortung für die künftigen Generationen die natürlichen Lebensgrundlagen im Rahmen der verfassungsmäßigen Ordnung durch die Gesetzgebung und nach Maßgabe von Gesetz und Recht durch die vollziehende Gewalt und die Rechtsprechung".

Dieser Grundgesetzänderung vorausgegangen ist ein langjähriger Streit um die stärkere Verankerung des Umweltschutzes in der Verfassung. Grund dafür war das Bestreben, neben den im Bereich des Gesundheits- und Lebensschutz geltenden Umweltschutzverpflichtungen auch andere wichtige Umweltaspekte verfassungsrechtlich abzusichern. Diskutiert wurde zum einen die Einführung eines Umweltgrundrechts und zum anderen die Aufnahme des Umweltschutzes als Staatszielbestimmung. Einem Grundrecht auf Umweltschutz wurde entgegengehalten, daß es nur bei schwerwiegendem gesetzgeberischen Versagen helfen würde. Im übrigen sei eine optimale Umweltpolitik letztlich auf die Konkretisierung und Ausgestaltung - vor allem zum Zweck einer effektiven Durchsetzbarkeit - durch die einfache Gesetzgebung angewiesen[26]. Bei der Entscheidung, ob und mit welchem Inhalt ein Gesetz erlassen wird, müssen immer auch die wirtschaftlichen, politischen und haushaltsrechtlichen Interessen des Staates berücksichtigt werden[27].

Gegen eine Staatszielbestimmung wurde vorgebracht, daß auch sie nur Effektivität erreicht, wenn das ökologische Interesse eindeutig Vorrang gegenüber ökonomischen Interessen erhält[28]. Dies wiederum kann nicht im Sinne

---

[25] BGBl. I, S. 3156.

[26] Kloepfer, Umweltschutz und Verfassungsrecht- Zum Umweltschutz als Staatspflicht, DVBl 1988, 305 (315 ff.).

[27] BVerfGE 56, 54 (70 ff.).

[28] Murswiek, ZRP 1988, 14 (18).

eines wirtschaftsorientierten Staates sein und würde bei rigoroser Durchführung auch sozialen Sprengstoff, insbesondere aufgrund der Gefährdung von Arbeitsplätzen hervorrufen.

Demzufolge wurde befürchtet, daß ein Umweltgrundrecht und insbesondere eine Staatszielbestimmung die Gefahr in sich trage, zu einem unverbindlichen Programmsatz zu verkümmern mit der Folge einer Verminderung der Glaubwürdigkeit unserer Verfassung[29]. Die Zukunft wird zeigen, ob diese Kritik im Hinblick auf die Staatszielbestimmung berechtigt ist.

Die in Art. 20 a GG geregelte Staatszielbestimmung Umweltschutz steht nicht in unmittelbarem Zusammenhang mit den Grundrechtsnormen bzw. den Staatsstrukturprinzipien und unterliegt demzufolge nicht der Ewigkeitsgarantie des Art. 79 III GG, die sich nur auf die Art. 1 und 20 GG beschränkt. Gleichwohl gehört der Umweltschutz durch die ausdrückliche Verankerung als Staatsziel zu den verfassungsrechtlichen Grundprinzipien[30]. Eine Staatszielbestimmung ist als Verfassungsnorm mit rechtlich bindender Wirkung zu verstehen, die sich grundsätzlich an alle Staatsorgane wendet und diesen die fortdauernde Beachtung und Erfüllung bestimmter Ziele vorschreibt[31]. Zwar begründet sie kein subjektives Recht für den Bürger, ist aber dennoch geeignet, die Ermessensausübung oder die Auslegung unbestimmter Rechtsbegriffe zu leiten. Vor allem im Hinblick auf die Konkretisierung von Generalklauseln ist die Bedeutung dieser Staatszielbestimmung Umweltschutz nicht zu unterschätzen[32].

Von der Verankerung des Umweltschutzes als Staatszielbestimmung im Grundgesetz bleibt die mittelbare Präsenz des Umweltschutzes in anderen Grundgesetzartikeln unberührt.

Zur Beurteilung, in welchen Verfassungsnormen dem Umweltschutz mittelbar Bedeutung zukommt, bedarf es einerseits der Konkretisierung der verfas-

---

[29] Statt vieler: Murswiek, ZRP 1988, 14 (16 f.);

[30] Becker, Die Berücksichtigung des Staatsziels Umweltschutz beim Gesetzesvollzug, DVBl. 1995, 713 (717).

[31] Rauschning, Aufnahme einer Staatszielbestimmung über Umweltschutz in das Grundgesetz?, DÖV 1986, 489 (490); Becker, DVBl. 1995, 713.

[32] Kloepfer, DVBl. 1988, 305 (316); Becker, DVBl. 1995, 713 (721).

sungsrechtlichen Normen und andererseits der Begriffsbestimmung des Umweltschutzes. Die Tätigkeit des Schutzes der Umwelt erfaßt alle Maßnahmen, die dazu dienen, die natürlichen Elemente der Umwelt, also die Umweltmedien und damit die Grundbedingungen menschlicher Existenz zu erhalten bzw. gegebenenfalls bereits eingetretene Beeinträchtigungen des lebensnotwendigen Bestandes dieser menschlichen Existenzgrundlagen wieder zu kompensieren[33].

Die Verfassung beinhaltet einige Kompetenznormen, die Gesetzgebungszuständigkeit für einige Bereiche des Umweltschutzes, wie z.b. Abfallbeseitigung, Luftreinhaltung und Lärmbekämpfung regeln. Bei näherer Beleuchtung der rechtlichen Begriffe in den einzelnen Grundrechten lassen sich Verpflichtungen des Staates auch hinsichtlich des Schutzes unserer natürlichen Lebensgrundlagen ableiten. Sie sind nur nicht expressis verbis als Umweltschutzpflichten ausgewiesen[34].

Das BVerfG hat im Sozialstaatsprinzip eine Verpflichtung des Staates gesehen, sich um die Herstellung erträglicher Lebensbedingungen zu bemühen[35]. In der Literatur gibt es einige Stimmen, die den Schutz der natürlichen Lebensgrundlagen neben der Sozialfürsorge als eigenständigen Auftrag des Sozialstaatsprinzips betrachten[36]. Anderer Ansicht ist Kloepfer[37], der keine allgemeine objektiv-rechtliche Verpflichtung des Staates daraus ableitet, sondern lediglich aus Gründen der Daseinsvorsorge eine Legitimierung zu umfassenden Umweltaktivitäten anerkennt. Im Ergebnis kann die Sozialstaatsklausel keine staatliche Verpflichtung zum Umweltschutz konstituieren. Die Bedeutung dieses Prinzips beschränkt sich auf den Ausgleich sozialer Ungerechtigkeiten und soll das wirtschaftliche Existenzminimum sichern. Der

---

[33] Michel, Umweltschutz als Staatsziel, Natur und Recht 1988, 272 (272); so ähnlich Kloepfer, Systematisierung des Umweltrechts, S. 70 und Bock, Umweltschutz im Spiegel von Verfassungsrecht und Verfassungspolitik, S. 201.

[34] Murswieck, ZRP 1988, 14 (15).

[35] BVerfGE 1, 97, 105.

[36] Rupp, Ergänzung des Grundgesetzes um eine Vorschrift über den Umweltschutz?, JZ 1971, 401 (404); so auch Michel, Staatszwecke, Staatsziele und Grundrechtsinterpretation unter besonderer Berücksichtigung der Positivierung des Umweltschutzes im Grundgesetz, S. 185 ff.

[37] Kloepfer, DVBl 1988, 305 (308); so auch Rauschning, Staatsaufgabe Umweltschutz, VVDStRL 38 (1980), 167 ff (177).

Schutz der natürlichen Lebensgrundlagen steht außerhalb des Schutzzwecks. So hat das BVerfG in den Entscheidungen, die den Umweltschutz betroffen haben nicht auf das Sozialstaatsprinzip zurückgegriffen[38].

Art 1 I S. 2 GG verpflichtet den Staat dazu, den Menschen eine Lebensführung zu garantieren, die ihrer Menschenwürde entspricht. Dazu zählt auch, daß ein ökologisches Existenzminimum gewahrt und erhalten wird[39]. Es läßt sich jedoch aus Art. 1 I GG kein generelles Umweltschutzgebot entnehmen, da die Menschenwürde erst bei extrem umweltschädlichen, im höchsten Maße existenzbedrohenden Prozessen betroffen ist, so daß Art. 1 I GG lediglich Katastrophenfälle auffängt[40].

Bessere Ansatzpunkte bieten andere Grundrechte. Das Recht auf Leben gemäß Art. 2 II 1 GG gewährleistet nur einen Schutz vor lebensbedrohlichen Umwelteinwirkungen, wobei eine restriktive Auslegung des Begriffes „ Leben „ zugrundezulegen ist. Das Leben ist rein naturwissenschaftlich zu verstehen. Eine extensivere Auslegung würde zu einer Überdehnung dieses Grundrechts führen[41]. Das Recht auf körperliche Unversehrtheit gemäß Art. 2 II 2 GG bietet einen stärkeren Schutz vor Umweltbeeinträchtigungen, da die körperliche Gesundheit gemäß der Fluglärmentscheidung des BVerfG[42] auch das psychische Wohlbefinden umfaßt, wenn dieses einem körperlichen Leiden gleichsteht. Demzufolge hat das Gericht in der genannten Entscheidung Schlafstörungen, hervorgerufen durch Fluglärm, als eine Verletzung der körperlichen Unversehrtheit anerkannt.

Art. 2 II GG räumt nach Ansicht des BVerfG nicht nur subjektive Abwehrrechte gegen den Staat ein, sondern stellt auch eine objektive Garantie dar, die den Staat verpflichtet, die genannten Rechtsgüter vor rechtswidrigen Eingriffen zu schützen.

---

[38] BVerfGE 49, 89, 124 ff ("Kalkar"); BVerfGE 53, 30, 55 ff ("Mülheim-Kärlich"); BVerfGE 56, 54, 73ff ("Fluglärm").

[39] Michel, Staatszwecke, Staatsziele S. 176; so auch Stober, Umweltschutzprinzip und Umweltgrundrecht, JZ 1988, 426 (430).

[40] Bock, Bettina, Umweltschutz im Spiegel, S. 124.

[41] von Münch, Grundgesetz- Kommentar, Bd. 1, 4. Aufl., Art. 2, Rdnr. 62.

[42] BVerfGE 56, 54, 75.

Auch im Rahmen des Art. 14 GG können Umweltgesichtspunkte eine wichtige Rolle spielen, so z. B wenn das Privateigentum an Wäldern, landwirtschaftlichen Nutzflächen oder Tieren durch Umwelteinwirkungen geschädigt werden. Vor allem die Waldschadensproblematik hat diesen Zusammenhang zwischen Eigentums- und Umweltschutz verdeutlicht. Ein Schutz im Rahmen der Eigentumsgarantie des Art 14 GG erfolgt jedoch nur jenseits der Sozialbindung des Eigentums.

Schließlich sei noch das Auffanggrundrecht des Art. 2 I GG, das Recht auf freie Persönlichkeitsentfaltung genannt. Seine Geltung beschränkt sich auf die Fälle, in denen keine speziellen Grundrechte eingreifen. Es wird meist im Zusammenhang mit der Menschenwürdegarantie des Art. 1 I GG gesehen und schützt die Existenz einer menschenwürdigen Umwelt[43]. Folglich können nur solche Umweltbeeinträchtigungen darunter fallen, die einen nahezu existenzvernichtenden Charakter haben.

Zusammenfassend läßt sich sagen, daß das Grundgesetz durch die Einführung des Umweltschutzes als Staatszielbestimmung den Staat nicht nur wie bisher dazu verpflichtet, erhebliche Gefährdungen von Leben, körperliche Unversehrtheit und Eigentum zu verhindern[44], sondern den Staatsorganen auch in anderen Bereichen aufgibt, Umweltaspekte zu beachten und zu fördern. Durch diese weitergehende Einbindung des Umweltschutzes in die Verfassung wird eine stärkere Verpflichtung auch gegenüber zukünftigen Generationen geschaffen.

III. Die Verankerung des Umweltschutzes im einfachen Gesetzesrecht

Das im Jahre 1994 in Kraft getretene Kreislaufwirtschafts- und Abfallgesetz schreibt in § 37 Abs. 1 Satz 1 für alle Dienststellen des Bundes sowie für die seiner Aufsicht unterstehenden Stellen die Grundverpflichtung fest, durch ihr Verhalten die Schonung der natürlichen Ressourcen und die Sicherung einer

---

[43] Rupp, JZ 1971, 401 (402).
[44] Bock, Umweltschutz, S. 190.

umweltverträglichen Entsorgung zu fördern. Für die vorliegende Untersuchung von Bedeutung ist die in § 37 Abs. 1 Satz 2 Krw-/AbfG normierte Verpflichtung, bei der Gestaltung von Arbeitsabläufen, der Beschaffung und Verwendung von Material und Gebrauchsgütern, bei Bauvorhaben und sonstigen Aufträgen zu prüfen, ob und in welchem Umfang abfallarme, langlebige und wiederverwendbare Produkte eingesetzt werden können45. Zum Zweck der Stärkung der Kreislaufwirtschaft und der langfristigen Realisierung einer Abfallreduzierung macht sich der Bundesgesetzgeber die Vorbild – und Marktwirkung des öffentlichen Auftraggebers zunutze. Durch Ausübung der Vorbildfunktion soll der im engen Kontakt mit staatlichen Stellen stehende nachfragende Bürger infolge des Nachnahmeeffektes darin bestärkt werden, umweltgerechte Produkte zu erwerben. Durch die Berücksichtigung umweltfreundlicher Produkte wird deren Herstellern und Vertreibern erst ermöglicht, die Waren langfristig anzubieten. Der öffentliche Auftraggeber kann dazu beitragen, dass ein entsprechender Markt geschaffen und erhalten wird46. In der Begründung des Gesetzesentwurfes ist zu lesen, dass mit § 37 Krw-/AbfG dokumentiert werde, dass auch die öffentliche Hand in ihrem Aufgabenbereich bereit sei, die Verwertung von Sekundärrohstoffen entsprechend zu würdigen47.

§ 37 Krw-/AbfG ist lediglich auf Bundesebene eine Neuheit. Auf Landesebene – mit Ausnahme der jüngeren Gesetze in den Bundesländern Bremen und Saarland - sind parallele Bestimmungen bereits seit längerem in Kraft48. Die dort geregelten Beschaffungs- und Vergabemaßnahmen lassen sich in drei Kategorien einteilen:

Eine reine Empfehlung zur umweltfreundlichen Beschaffung enthalten die „Soll-Vorschriften" in § 2 Abs. 2 Nr. 1 LABfWG-SH und neuerdings § 2 Abs. 1 LAbfG NW.

---

45 Frenz, Walter, Kommentar zum Kreislaufwirtschafts- und Abfallgesetz, § 37 Rndr. 1.
46 Verstyl in: Kunig/Paetow/Verstyl, Kreislaufwirtschafts- und Abfallgesetz, § 37 Rdnr. 9.
47 BT-Drucksache 12/5672, S. 50.
48 Eine Übersicht zu den nachfolgend aufgeführten Landesgesetzen findet sich bereits in Henning von Köller, Kreislaufwirtschafts- und Abfallgesetz, Anmerkungen zu § 37 Krw-/AbfG, S. 281 ff..

Eine abstrakte oder einfache Verpflichtung zur umweltfreundlichen Beschaffung ist in § 3 Abs. 1 Satz 1 AWG Saarl. und in § 3 Abs. 3 Satz 1 ThAbfAG normiert.

Eine qualifizierte, uneingeschränkte Verpflichtung ist in § 5 Abs. 2 LAbfG BW, § 2 Satz 1 LAbfWAG RP, § 3 Abs. 1 Satz 1 hBgAbfG, § 3 Abs. 2 NabfG, § 2 Abs. 1 HAKA, § 2 Abs. 1 AbfG LSA, § 27 Abs. 2 BbgAbfG, § 3 Abs. 2 Satz 2 Brem-AGKrw-/AbfG, § 2 Abs. 1 Satz 2 AbfAlG MV, Art. 2 Abs. 1 Satz 2 BayAbfG, § 1 Abs. 3 Satz 3 SächsABG,und § 23 Abs. 2 Krw-/AbfG Bln. geregelt.

Im Unterschied hierzu wurde – im Gegensatz zu der Gegenäußerung des Bundesrates zum Entwurf der Bundesregierung – auf bundesgesetzlicher Ebene in § 37 Krw-/AbfG eine bloße Prüfpflicht und damit die schwächste Form der Priorität der Verwendung und Beschaffung umweltfreundlicher Produkte festgeschrieben.

Aus der Sicht des Umweltschutzes sind diese Vorschriften zwar zu begrüßen, sie tangieren jedoch den problematischen Bereich der vergabefremden Beschaffungskriterien.. Im Rahmen der vorliegenden Untersuchung von besonderem Interesse ist die Frage, ob § 37 Krw-/AbfG und die entsprechenden landesgesetzlichen Bestimmungen mit dem Gemeinschaftrecht in Einklang stehen. Die europarechtliche Zulässigkeit der abfallgesetzlichen Regelungen ist entsprechend der genannten Kategorien differenziert zu bewerten49.Im Rahmen dieser Zulässigkeit ist zu beachten, daß sämtliche öffentliche Ausgaben den Grundvoraussetzungen staatlicher Finanzwirtschaft unterliegen und an den Grundsätzen der Wirtschaftlichkeit und Sparsamkeit auszurichten sind. Aus Gründen der Transparenz und der Erreichung eines unverfälschten innergemeinschaftlichen Wettbewerbs stellt der wirtschaftliche Einkauf das primäre Ziel und gleichzeitig die Grenze für vergabefremde Umweltkriterien dar50. Das Gemeinschaftsrecht verbietet Mehraufwendungen für umweltfreundliche Produkte und Leistungen, wenn diese mit wirtschaftlicheren konventionellen Leistungen konkurrieren.

---

49 Schumacher, Vergabefremde Umweltkriterien im Abfallrecht und Gemeinschaftsrecht, DVBl 2000, 467 (468).

50 Schumacher, aaO., S. 470.

Die landesrechtlichen Regelungen, die eine qualifizierte Verpflichtung zur umweltfreundlichen Beschaffung enthalten, sind am weitest gehenden, da sie zugunsten des Umweltschutzes bewußt erhöhte Mehraufwendungen oder Minderungen der Gebrauchstauglichkeit in Kauf nehmen. Innerhalb dieser Kategorie werden zwar unterschiedliche Formulierungen gebraucht, die jedoch alle explizit Mehrkosten für umweltfreundliche Produkte und Leistungen für zulässig erklären, unabhängig davon ob diese gegen konventionelle Produkte konkurrieren. Durch die Verpflichtung zur umweltfreundlichen Beschaffung unter bewußter Inkaufnahme von Mehrkosten wird ein zusätzliches Zuschlagskriterium eingeführt, was in den nachfolgend unter Kapitel § 2 I näher zu untersuchenden EG-Richtlinien nicht festgelegt ist und die Grenze des dort normierten wirtschaftlich günstigsten Angebotes überschreitet51. Dies kann zu Diskriminierungen führen und widerspricht dem mit den EG-Richtlinien verfolgten Zweck der Erreichung einer größtmöglichen Transparenz des Vergabeverfahrens.

Anders zu beurteilen sind die einfachen Verpflichtungen zur Berücksichtigung umweltfreundlicher Produkte und Leistungen, die zu Mehrkosten bei der Auftragsvergabe keine Aussage treffen. Im Unterschied zu den qualifizierten Verpflichtungen, die bewußt Mehrkosten in Kauf nehmen, normiert der Landesgesetzgeber hier nur eine Verpflichtung zur umweltfreundlichen Beschaffung, wenn die Möglichkeit hierzu besteht („haben nach Möglichkeit zu verwenden"). Diese Formulierung läßt im Gegensatz zu den qualifizierten Verpflichtungen zumindest einen Raum zur Berücksichtigung des wirtschaftlich günstigsten Angebotes und steht diesbezüglich den EG-rechtlichen Bestimmungen nicht entgegen. Gleichwohl bleibt festzuhalten, dass die Verpflichtung zur Berücksichtigung von Umweltkriterien sich unter keines der in den EG-Richtlinien festgelegten Zuschlags- und Vergabekriterien subsumieren lässt und eine Anerkennung ökologischer Kriterien durch den EuGH bislang noch nicht erfolgt ist. Zwar ist die Kommission seit 1998 positiver gegenüber Umweltschutzaspekten im Vergabeerecht eingestellt, sie hält jedoch immer noch am Primärziel des wirtschaftlichen Einkaufs als Garant für die

---

51 Verstyl in: Kunig/Paetow/Verstyl, Kreislaufwirtschaft- und Abfallgesetz, § 37 Rdnr. 38; Schumacher aaO., S. 472.

Transparenz des Vergabeverfahrens fest52. Eine generelle Zulässigkeit solcher Kriterien ist jedenfalls nicht anzunehmen und ist für jeden Einzelfall gesondert zu prüfen.

Die bundesrechtliche Norm des § 37 Abs. 1 Krw-/AbfG ist schwächer in ihrer Ausgestaltung als die soeben dargestellten Verpflichtungen im Landesrecht, da hier lediglich eine Prüfpflicht bezüglich der Verwendung und Beschaffung abfallwirtschaftlich günstiger Produkte festgeschrieben ist. Gleichwohl ist die Vereinbarkeit dieser Regelung mit den europarechtlichen Bestimmungen in der Literatur strittig53. Die Formulierung „ob und in welchem Umfang" macht deutlich, dass sich die Prüfpflicht auf die Wirtschaftlichkeit beziehen muss und bereits vor dem eigentlichen Beschaffungsvorgang – d.h. vor der Erstellung des Leistungsverzeichnisses – ansetzt. Somit kann die Prüfpflicht für sich genommen keine Beeinträchtigung der EG-Richtlinien bewirken, da sie dem primären Zweck, einen wirtschaftlichen Einkauf zu erreichen, nicht zuwiderläuft und ein Konkurrenzverhältnis zu konventionellen Gütern in der Regel nicht entsteht. Ein Verstoß gegen Bestimmungen des EG-Vertrag könnte sich jedoch dann ergeben, wenn solche Produkte oder Leistungen nachgefragt werden, von denen von vorneherein feststeht, dass nicht alle Anbieter in der europäischen Gemeinschaft in der Lage sind, diese anzubieten. Somit kommt es auch hier auf den jeweiligen Einzelfall an.

Die bereits erwähnten „Sollvorschriften" in § 2 Abs. 2 LabfWG SH und in § 2 Abs. 1 LabfG NW stellen lediglich eine Empfehlung zu einer umweltfreundlichen Vergabe dar und lassen in jdem Fall das in den Richtlinien normierte primäre Ziel der wirtschaftlichen Vergabe unberührt.

---

52 Kommission, Das öffentliche Auftragswesen in der Europäischen Union, Mitteilung vom 11.03.1998, KOM 98, Nr. 143, 28 (31).

53 Gegen eine Vereinbarkeit mit dem Gemeinschaftsrecht spricht sich Verstyl in: Kunig/Paetow/Verstyl, § 37 Rdnr. 38,39 aus; für eine gemeinschaftsrechtliche Zulässigkeit der Vorschrift; Schulz in: Brandt/Ruchay/Weidemann, Kommentar zum Krw-/AbfG, § 37 Rdnr. 54; Schumacher, aaO., S. 471.

IV. Die wirtschaftliche Bedeutung der Auftragsvergabe

Die Stellung der öffentlichen Auftragsvergabe im wirtschaftlichen Gefüge hängt eng mit deren Zweckbestimmung zusammen.

Zur Erfüllung seiner Verwaltungsaufgaben muß der Staat die dafür benötigten Güter aus dem produzierenden Bereich beschaffen. Die Mittel, die ihm dabei zur Verfügung stehen, sind zum einen die Eigenproduktion der erforderlichen Güter in staatseigenen Betrieben und die Zwangsbeschaffung, bei der die Güter hoheitlich von Privaten beschafft werden[54]. Das bedeutendste Instrument ist aber die öffentliche Auftragsvergabe, die einer wettbewerbsneutralen wirtschaftlichen Bedarfsdeckung der öffentlichen Hand dient[55]. Bei dieser Art der Bedarfsdeckung tritt der Staat im Verhältnis zu den Produzenten als Kunde auf[56]. Er übernimmt hier die Rolle eines privaten Käufers. Folglich handelt es sich bei dieser Form staatlicher Tätigkeit um Nachfrage im wirtschaftlichen Sinne.

Im Laufe der Jahre ist der Anteil öffentlicher Nachfrage an der Gesamtnachfrage immer mehr gestiegen, so daß die öffentliche Hand heute einer der größten Nachfrager wirtschaftlicher Güter und Leistungen ist. In einigen Bereichen nehmen öffentliche Auftraggeber eine Monopolstellung ein, wirtschaftlich betrachtet sind sie dort Monopsonist. Zu erwähnen sind hier die Bundeswehr bei der Beschaffung von Rüstungsgütern sowie die öffentlichen Unternehmen, Deutsche Bahn AG bei der Beschaffung von Eisenbahnmaterial und Deutsche Telekom bei der Beschaffung von Fernmeldematerial[57]. Beachtlich ist auch der gesamte Hoch- und Tiefbau, wo der öffentlichen Hand eine überragende Marktstellung zukommt.

---

[54] Kunert, Staatliche Bedarfdeckungsgeschäfte und öffentliches Recht, S. 22.

[55] Seidel,Ingelore, Recht und Praxis der Auftragsvergabe in der Bundesrepublik Deutschland und in anderen Ländern der EG, Schriftenreihe des Forschungsinstituts für Europafragen, Wien 1991, 189 (190).

[56] Welter, Der Staat als Kunde, S. 19.

[57] Immenga-Mestmäcker-Emmerich, Kommentar zum GWB, München 1992, § 98 GWB, Rdnr. 48.

22

Das Marktposition öffentlicher Auftraggeber läßt sich anhand der folgenden Zahlen veranschaulichen:

In der Bundesrepublik Deutschland vergeben derzeit ca. 35.000 öffentliche Vergabestellen in Bund, Ländern und Gemeinden einschließlich der öffentlichen und privaten Sektorenauftraggeber im Bereich der Versorgung mit Wasser, Energie, Verkehrs- und Telekommunikationsleistungen Aufträge im Gesamtumfang von rund 400 Mrd. DM im Jahr. EG-weit wird der Anteil der öffentlichen Aufträge auf jährlich 700 Mrd. Euro geschätzt, was einem EG-BSP von 9-15% entspricht[58]. Annähernd 20 % aller Bauinvestitionen stammen von der öffentlichen Hand, ausgenommen der kommunalen und landeseigenen Wohnungsbauunternehmen[59]. Der Anteil der öffentlichen Aufträge, in der Finanzstatistik als laufender Sachaufwand (237,6 Mrd. DM) und Sachinvestitionen (Baumaßnahmen und Erwerb von Sachvermögen: 62,5 Mrd. DM) verbucht, beträgt annähernd 30% der öffentlichen Ausgaben der Bundesrepublik Deutschland[60]. Der laufende Sachaufwand verteilt sich ungefähr gleichmäßig auf Bund (37,4 %), Länder (28,1 %) und Gemeinden (34,5 %). Im Gegensatz dazu liegen im Bereich der Sachinvestitionen (Baumaßnahmen und Erwerb von Sachvermögen) die Gemeinden mit 66,2 % vor den Ländern (20,2 %) und dem Bund (13,6 %)[61]. Nach im September 1995 veröffentlichen Zahlen machen die öffentlichen Aufträge heute mit rund 390 - 450 Milliarden DM insgesamt 13-15 % des deutschen Bruttosozialproduktes aus[62].

Die genannten Zahlen lassen die Nachfragemacht öffentlicher Vergabestellen erkennen, die in erheblichem Maße die Struktur der Wirtschafts- und Wettbewerbsordnung beeinflußt. Öffentliche Auftraggeber müssen aber gerade bei ihrer Beschaffungstätigkeit auf Wettbewerbsneutralität achten, d.h. dafür

---

58 Däubler-Gmelin, EuZW 1997, 709; Cecchini, Euopa 1992, Baden-Baden, 1988, S. 37-

59 Wirtschaftswoche, Nr. 35 vom 22.08.1996, S. 24.

60 Brockhaus Enzyklopädie, 16. Bd., 19. Aufl. 1991, S. 110/111.

61 Brockhaus Enzyklopädie, 16. Bd., 19. Aufl. 1991, S. 110/111 (die Zahlen sind auf das Jahr 1989 bezogen).

62 Wirtschaftswoche, Nr. 37 vom 7. September 1995 (es ist nicht ersichtlich, aus welchem Jahr die Zahlen stammen).

sorgen, daß durch ihre Teilnahme an der Marktwirtschaft die Wettbewerbsstruktur nicht verzerrt wird.

Sich dieser Aufgabe unterzuordnen fällt schwer, da die öffentliche Hand eine Doppelrolle innehat. Zum einen ist sie Marktteilnehmer wie jeder private Nachfrager auch, zum anderen trägt sie politische Verantwortung für die Wirtschaftsentwicklung[63]. Die staatliche Verantwortung bezieht sich aber nicht nur auf wirtschaftliche Aspekte wie z.b. die angemessene Verwendung öffentlicher Mittel, sondern auch auf eine Verantwortlichkeit gegenüber den jeweiligen privaten Vertragspartnern, da diese zugleich der Staatsgewalt unterworfene Bürger sind[64]. Diese Doppelstellung verleitet öffentliche Auftraggeber nicht selten dazu, aus politischen Gründen weniger leistungsfähige Anbieter zu bevorzugen oder seine Machtposition auszunutzen, indem sie den Anbietern seine Preise und Konditionen aufnötigen[65].

Auf Märkten mit bestehendem Nachfragemonopol verstärken sich diese Tendenzen, so daß es dort ganz besonders auf die richtige Wahl der Vergabeart ankommt, weil die Anbieterseite bei dieser Marktstruktur einem besonders starken Druck ausgesetzt ist[66].

V. Die rechtliche Gestaltung der Auftragsvergabe

1. Die relevanten Vorschriften des Vergabeverfahrens

Die rechtliche Gestaltung der Vergabe öffentlicher Aufträge ergibt sich für den innerstaatlichen Bereich im wesentlichen aus den Verdingungsordnungen für Leistungen (VOL/A) und Bauleistungen (VOB/A).

---

[63] Pietzcker, Der Staatsauftrag als Instrument des Verwaltungshandelns, S. 309.

[64] Pietzcker, Staatsauftrag, S. 24.

[65] Immenga-Mestmäcker-Emmerich, § 98 GWB, Rdnr. 49

[66] Wasle, Berücksichtigung des Problems der Nachfragemacht der öffentlichen Hand im Rahmen der Novellierung der VOL/A, BB 1979, 915 (916).

Bei diesen handelt es sich um Richtlinien nach § 55 II BHO. Die Vorschrift räumt staatlichen Stellen die Kompetenz ein, für den Abschluß von Verträgen entsprechende Richtlinien zu erlassen. Die VOL und VOB haben keinen Rechtsnormcharakter, sondern sind teils Dienstanweisungen an die Beschaffungsstellen, teils Allgemeine Geschäftsbedingungen. Sie werden für den Bund und die Länder erst durch Ministerbeschluß bzw. durch Beschluß der betreffenden Regierung wirksam. Die Bindung der Gemeinden an die Vergaberichtlinien ist abhängig von den Gemeindehaushaltsverordnungen der Länder, soweit diese von den zuständigen Ministerien für allgemeinverbindlich erklärt wurden[67].

Die Verdingungsordnungen gliedern sich auf in Teil A, der sich mit dem Vergabeverfahren beschäftigt und in Teil B, der allgemeine Vorschriften für den Vertragsinhalt beinhaltet.

Als weitere rechtliche Grundlagen sind auf europäischer Ebene die von der EG-Kommission und dem Rat der EG erlassene Baukoordinierungsrichtlinie[68] und die Richtlinie über die Koordinierung der Verfahren zur Vergabe öffentlicher Lieferaufträge zu nennen[69]. Um die in den vorgenannten Richtlinien genannten Ausnahmebereiche nun doch zu reglementieren, hat der Rat der EG die sogenannte Sektorenrichtlinie betreffend die Auftragsvergabe durch Auftraggeber im Bereich der Wasser-, Energie - und Verkehrsversorgung sowie im Telekommunikationsbereich beschlossen[70]. Schließlich un-

---

[67] Rittner, Rechtsgrundlagen und Rechtsgrundsätze des öffentlichen Auftragswesens, S. 42.

[68] Richtlinie des Rates vom 26.07.71 über die Koordinierung des Verfahrens zur Vergabe öffentlicher Bauaufträge (71/305/EWG), geändert durch Richtlinie des Rates vom 18.07.89 zur Änderung der Richtlinie 71/305/EWG über die Koordination der Verfahren zur Vergabe öffentlicher Bauaufträge (89/440/EWG). Nunmehr gilt die RL 93/37/EWG vom 14.06.1993, ABl. der EG Nr. L 199/54 vom 09.08.1993 in der modifizierten Fassung gemäß RL 97/52/EWG, ABl. der EG Nr. 328 vom 13.10.1997.

[69] Richtlinie des Rates vom 22.03.88 (88/295/EWG, ABl. Nr. L 127/1 v. 20.05.1988) zur Änderung der Richtlinie 77/62/EWG über die Koordinierung der Verfahren zur Vergabe öffentlicher Lieferaufträge. Nunmehr gilt die RL 93/36/EWG vom 14.06.1993, ABl. Nr. L 199/1 vom 09.08.1993 in der modifizierten Fassung gemäß RL 97/52/EWG, ABl. der EG Nr. 328 vom 13.10.1997..

[70] RL 90/531/EWG vom 17.09.1990, ABl. Nr. L 297 S. 1 vom 28.10.1990. Derzeit gilt die RL 93/38/EWG vom 14.06.1993, ABl. der EG Nr. L 199/84 vom 09.08.1993.

terwarf die EU auch die Vergabe öffentlicher Dienstleistungsaufträge einer europaweiten Regelung, der sogenannten Dienstleistungskoordinierungsrichtlinie[71]. Um die Berücksichtigung dieser Richtlinien im konkreten Vergabeverfahren zu gewährleisten, wurden ergänzend zwei Rechtsmittelrichtlinien[72] erlassen.

Die Liefer- und Baukoordinierungsrichtlinie sowie die Sektorenrichtlinie wurde mit Hilfe von sogenannten „a-Paragraphen" , „b-Paragraphen" und „SKR-Paragraphen" in die VOL/A und VOB/A eingearbeitet. Die Umsetzung über untergesetzliche Vorschriften ist grundsätzlich zulässig, da Art. 249 III EGV/ Art. 189 III EGV a. F. es den Mitgliedstaaten überläßt, die Umsetzung in der von ihnen gewünschten Art vorzunehmen. Die Dienstleistungskoordinierungsrichtlinie wurde zunächst mit der am 01.11.1997 in Kraft getretenen 1. Änderungsverordnung zur Vergabeordnung[73] umgesetzt, wonach die Verdingungsordnung für freiberufliche Leistungen (VOF) sowie die neugeschaffene VOL/A in Kraft getreten sind. Die Rechtsmittelrichtlinien wurden zunächst durch eine Änderung haushaltsrechtlicher Vorschriften[74] in deutsches Recht umgesetzt.

Die haushaltsrechtliche Lösung wurde seit ihrem Inkrafttreten heftig kritisiert. Nach Einleitung eines Vertragsverletzungsverfahrens durch die Kommission aufgrund fehlerhafter Umsetzung der Vergaberichtlinien entschloss sich die Bundesregierung zu einer Änderung des Vergaberechts. Mit Inkrafttreten des Vergaberechtsänderungsgesetz am 1.1.1999 und der novellierten Vergabeverordnung am 1.2.2001 wurden die §§ 57 a-c HGrG sowie die Bestimmungen der Nachprüfungsverordnung aufgehoben. Die frühere Vergabeverordnung wurde hinfällig. Mit dem Vergaberechtsänderungsgesetz und

---

71 RL 92/50/EWG vom 18.06.1992, ABl. der EG Nr. L 209 vom 24.07.1992 in der modifizierten Fassung gemäß RL 97/52/EWG, ABl. der EG Nr. 328 vom 13.10.1997.

72 RL des Rates 89/665/EWG vom 21.12.1989, ABl.. der EG Nr. L 395/33 vom 30.12.1989, RL 92/13/EWG vom 25.02.1992, ABl. der EG Nr. L 76/14 vom 23.03.1992.

73 BGBl. 1997 I S. 2384.

74 2. Gesetz zur Änderung des Haushaltsgrundsätzegesetzes (HGrG) vom 26.11.1993, BGBl. I 1993, 1928, in Kraft seit dem 01.01.1994.

der darauf beruhenden novellierten Vergabeverordnung erfolgte ein erneuter Versuch einer fehlerfreien Umsetzung der Richtlinien in deutsches Recht[75].

Vorgenannte EG-Richtlinien gelten nicht für alle öffentlichen Aufträge, sondern sind wertmäßig beschränkt. Derzeit beträgt der Grenzwert für Lieferaufträge gemäß Art. 5 Abs. 1 lit. a der Lieferkoordinierungsrichtlinie 200.000 EURO (391.166 DM), für Bauaufträge gemäß Art. 6 Abs. 1 der Baukoordinierungsrichtlinie 5 Millionen EURO (9.779.150 DM) und für Lieferaufträge aus dem Verkehrs- und Energiesektor nach Art. 14 der Sektorenrichtlinie 400.000 EURO (782.332 DM) bei Lieferaufträgen im allgemeinen beziehungsweise 600.000 EURO (1.173.498 DM) bei Aufträgen im Telekommunikationssektor. Der Schwellenwert für Dienstleistungsaufträge liegt gemäß Art. 7 der Dienstleistungsrichtlinie bei 200.000 EURO (391.166 DM)[76].

2. Das Vergabeverfahren

Wie oben unter Gliederungspunkt § 1 IV 1 erläutert, enthalten die VOL und VOB Teil A die allgemeinen Bestimmungen über den Ablauf der öffentlichen Vergabe von Aufträgen.

Grund dieses Vergabeverfahrens ist zum einen das Gebot der Wirtschaftlichkeit, d.h. die sparsame Verwendung öffentlicher Mittel und zum anderen die gleichmäßige und faire Behandlung der Bewerber sowie das Erreichen einer größeren Transparenz des Vergabeverfahrens[77].

Im Gegensatz zu den Privatunternehmen schlägt sich die Wirtschaftlichkeit der staatlichen Beschaffung nicht in den Unternehmensbilanzen nieder. Unwirtschaftliches Handeln des Staates führt nicht zu einer Existenzgefährdung, da sich der Staat nicht selbst trägt, sondern seine finanziellen Mittel aus anderen Quellen schöpft; insbesondere aus Steuergeldern.

---

75 Siehe hierzu näher Kapitel § 2 I 4 a bb.

76 Ein EURO entspricht 1,95583 DM.

77 Pietzcker, Staatsauftrag, S. 251, 253.

Außerdem ist - wie oben erwähnt - eine politisch motivierte Auftragsvergabe keine Seltenheit, wobei diese Beeinflussung auf kommunaler Ebene weiter verbreitet sein wird als auf Bundesebene. So kann es zu Kollisionen mit den Vergabevorschriften kommen, wenn die kommunalpolitischen Vorstellungen der Mandatsträger mit in die Entscheidung über die Vergabe einfließen, z.b. die Vergabepolitik als Mittel der lokalen Wirtschaftsförderung eingesetzt wird[78].

Hinzu kommt, daß öffentliche Auftraggeber auf manchen Märkten die Nachfrage vollkommen beherrschen und aus diesem Grunde eine besondere Verantwortung für die Wettbewerbsstruktur tragen. Um die Beachtung des Wirtschaftlichkeitsgebotes und die gleichmäßige Behandlung der Bewerber gewährleisten zu können, ist ein formales Vergabeverfahren notwendig.

Es stehen verschiedene Vergabearten zur Verfügung, wobei das Vergaberecht durch eine strenge Rangfolge dieser Vergabearten gekennzeichnet ist[79].

Gemäß §§ 3 Nr. 2, 3 a Nr. 1 Abs. 1 VOL/A und §§ 3 Nr. 2, 3 a, Nr. 1 a VOB/A ist die öffentliche Ausschreibung als Regelfall vorgeschrieben. Diese Form der Vergabe beruht auf dem Grundsatz der Teilnahmemöglichkeit aller Interessierten, die dann zur Abgabe der Angebote gemäß §§ 17 Nr. 1, 17a, 18a VOL/A, 8 Nr. 2 Abs. 1, 8a Nr. 1 VOB/A öffentlich aufgefordert werden. Gemäß §§ 22 VOL/A und 22 VOB/A werden die Angebote zu einem festgelegten Zeitpunkt geöffnet, bis zu dem die Angebote geheimgehalten werden, so daß ein gesunder Wettbewerb entstehen kann.

Die beschränkte Ausschreibung unterscheidet sich von der öffentlichen Ausschreibung dadurch, daß lediglich bestimmte ausgewählte Bewerber Angebote abgeben dürfen (§§ 3 Nr. 1 Abs. 2, 3 Nr. 3, 3a Nr. 1 Abs. 1 VOL/A und §§ 3 Nr.1 Abs. 2, 3a Nr. 1 b VOB/A). Diese Form der Ausschreibung soll insbesondere dann stattfinden, wenn nur eine beschränkte Zahl von Bewerbern zur Verfügung steht oder die öffentliche Ausschreibung unwirtschaftlich wäre. Das übrige Verfahren entspricht weitestgehend dem der öffentlichen Ausschreibung.

---

[78] Altenmüller, Die Vergabe öffentlicher Aufträge durch die Kommunen, DVBL 1982, 241.

[79] Seidel, Ingelore, Recht und Praxis der Auftragsvergabe, S. 200.

Bei der freihändigen Vergabe werden Aufträge ohne ein förmliches Verfahren vergeben (§ 3 Nr. 1 Abs. 3 VOL/A und § 3 Nr. 1 III VOB/A). Diese Art der Vergabe ist in den Verdingungsordnungen nicht umfassend geregelt, so daß die Anwendung flexibel gestaltet werden kann. Die §§ 3 Nr. 4 VOL/A und 3 Nr. 4 VOB/A zählen die Voraussetzungen für die freihändige Vergabe auf. Gemäß §§ 19 Nr. 4 VOL/A und VOB/A erfolgt die Vergabe entsprechend der übrigen Vergabearten durch Zuschlag. Bei der freihändigen Vergabe kann die Beschaffungsstelle wie ein Privater mit dem Bewerber verhandeln, ohne daß diejenigen Beschränkungen eingreifen, die ihr bei den anderen Vergabearten vorgegeben sind[80]. Die freihändige Vergabe wird oberhalb der in den EG-Koordinierungsrichtlinien genannten Schwellenwerten durch das Verhandlungsverfahren gem. §§ 3 a Nr. 1 c VOB/A und 3 a Nr. 1 Abs. 3, Abs 4 VOL/A abgelöst, bei welchem der Auftraggeber ebenfalls die Möglichkeit hat, mit ausgewählten Unternehmen zu verhandeln. Es kommt vor allem dann in Betracht, wenn im Rahmen der standardisierten Verfahren keine ausreichenden Angebote vorliegen[81].

Der Teilnahmewettbewerb gemäß §§ 3 Nr.1 Abs. 4, 4 Nr. 2 Abs. 1 VOL/A und § 3 Nr. 1 Abs. 2 VOB/A wird der beschränkten Ausschreibung oder freihändigen Vergabe vorgeschaltet. Zweck dieses Verfahrens ist es, den durch die vorgenannten Vergabearten eingeengten Bewerberkreis zu erweitern, indem alle Interessenten von der Vergabe Kenntnis erlangen können[82]. Der öffentliche Auftraggeber erhält so einen Überblick über die in Frage kommenden Anbieter, ohne irgendeine Bindung für das weitere Verfahren einzugehen[83].

---

[80] Pietzcker, Staatsauftrag, S. 259.
[81] Stober, Wichtige Vorschriften zur öffentlichen Auftragsvergabe, S. 12.
[82] Pietzcker, Staatsauftrag, S. 259.
[83] Rittner, Rechtsgrundlagen, S. 97.

3. Die Vergabekriterien

Diese Eignungskriterien sollen verhindern helfen, daß die öffentlichen Auftraggeber die Anbieter aufgrund willkürlich gewählter Maßstäbe auswählen[84].

Die allgemeinen Zuschlagskriterien sind in §§ 2 VOL/A und VOB/A genannt. Die Bewerber müssen danach insbesondere fachkundig, leistungsfähig und zuverlässig sein. Die fehlende fachliche und persönliche Eignung sowie mangelnde wirtschaftliche, finanzielle und technische Leistungsfähigkeit kann gemäß § 7 Nr. 5 VOL/A und § 8 Nr. 5 VOB/A zum Ausschluß des Bewerbers führen.

Nach Durchführung der fachlichen und persönlichen Eignung wird aus den verbliebenen Angeboten der engeren Wahl der endgültige Bewerber ermittelt, der dann den Zuschlag erhält.

Der Zuschlag ist gemäß § 25 Nr. 3 VOL/A und § 25 Nr. 3 VOB/A demjenigen Bewerber zu erteilen, der das wirtschaftlichste Angebot abgibt. Dabei ist der niedrigste Preis nicht allein entscheidend. Dies bedeutet, daß das Verhältnis zwischen Preis und Leistung nicht in einem offensichtlichen Mißverhältnis stehen darf, d.h. sowohl überhöhte Preise als auch Schleuderpreise müssen ausgeschlossen werden[85].

In den Erläuterungen ist bestimmt, daß der Grundsatz der Wirtschaftlichkeit und Sparsamkeit Grundlage für die Auswahl des wirtschaftlichsten Angebotes ist. Entscheidend ist, das günstigste Angebot zwischen der gewünschten Leistung und dem angebotenen Preis zu finden. In die Wertung fließen alle auftragsbezogenen Umstände ein, wozu u.a. technische, funktionsbedingte, gestalterische und ästhetische Gesichtspunkte zählen[86].

Ist nach alledem das wirtschaftlichste Angebot gefunden, wird diesem Bewerber der Zuschlag gemäß § 28 VOL/A und § 28 VOB/A erteilt. Rechtlich bedeutet dieser Zuschlag die Annahmeerklärung des öffentlichen Auftragge-

---

[84] Kohlhepp, NVwZ 89, 338 (340).

[85] Walthelm, Das öffentliche Auftragswesen, S. 68.

[86] Daub/Eberstein, Kommentar zur VOL/A, 4. Aufl. 1998, § 25, Rdnr. 37.

bers entsprechend den §§ 146 ff BGB. Der Bieter wird damit zum Auftrag-nehmer[87].

4.   Die Bedeutung des Vertragsrechts

Bei der Vergabe öffentlicher Aufträge wird die öffentliche Hand nicht ho-heitlich tätig. Der Zuschlag ist somit kein Verwaltungsakt.

Nach ganz h.M. schließt die öffentliche Hand bei der Auftragsvergabe einen zivilrechtlichen Vertrag mit dem ausgewählten Bewerber. Dabei handelt es sich in der Regel um einen Kauf- oder Werkvertrag[88].

Der mit Zugang der Mitteilung beim Bewerber über den erfolgten Zuschlag wird der jeweilige Vertrag wirksam, wobei diese Mitteilung innerhalb der Zuschlagsfrist des §§ 28 Nr.1, 19 VOL/A und §§ 28 Nr. 1, 19 VOB/A in den Zugriffsbereich des Bewerbers gelangt sein muß[89]. Wird die Zuschlagsfrist überschritten, ist der Bieter nicht mehr an sein Angebot gebunden.

Wie schon die Verdingungsordnungen und die zur Auftragsvergabe erlasse-nen EG-Richtlinien aufzeigen, ist der Staat im Rahmen der Beschaffungstä-tigkeit einer Privatperson doch nicht vollkommen gleichgestellt. Infolgedes-sen mehren sich die Auffassungen, daß der Staat auch hier nicht völlig frei ist von öffentlich- rechtlichen Bindungen, welche selbst der BGH anerkennt[90]. Die bedeutsamsten Bindungen erwachsen der öffentlichen Hand wohl aus Art. 3 I GG. Die Darstellung dieser Problematik soll in einem gesonderten Gliederungspunkt behandelt werden.

Sämtliche Klagen, die das Vergabeverfahren und die Beziehung Auftragge-ber - Auftragnehmer betreffen, sind auf dem Zivilrechtsweg durchzusetzen[91].

---

[87] Daub/Eberstein, § 28, Rdnr. 7.
[88] Pietzcker, Rechtsschutz bei der Vergabe öffentlicher Aufträge, NVwZ 1983, 121.
[89] Daub/Eberstein, § 28, Rdnr. 14, 15.
[90] BGH, NJW 1977, 628
[91] Seidel, Recht und Praxis, S. 196.

VI. Fallgruppen der umweltpolitischen Instrumentalisierung öffentlicher Aufträge

Es gibt verschiedene Anzeichen dafür, daß der Staat den Umweltschutz verstärkt in das Vergabeverfahren aufnehmen will. So hat beispielsweise das Land Hessen per Runderlaß die Beschaffungsstellen aufgefordert, die mit dem Umweltzeichen ausgezeichneten Produkte bevorzugt zu behandeln, sofern wirtschaftliche, technischen oder Sicherheitsgründe nicht entgegenstehen[92]. Gemäß § 37 Krw-/AbfG und den entsprechenden landesrechtlichen Bestimmungen sind die Bundes- und Landesbehörden angehalten, Güter zu beschaffen, die aus Reststoffen hergestellt sind. Auch die novellierte VOL/A in der Bekanntmachung vom 24.10.2000 berücksichtigt im § 4 VOL/A den ökologischen Gesichtspunkt insoweit , als eine Markterkundung vorgesehen ist, die der umweltfreundlichen Vergabe dienen soll. Im Rahmen des § 8 VOL/A wurde jedoch der Umweltschutz nicht verankert. Der Hauptausschuß einigte sich lediglich darauf, die Berücksichtigung des Umweltschutzes in den Erläuterungen zu § 8 Nr. 3 I VOL/A vorzusehen[93].

Im Rahmen der umweltpolitischen Instrumentalisierung der öffentlichen Auftragsvergabe lassen sich verschiedenen Fallgruppen bilden, denen gemeinsam ist, daß der öffentliche Auftraggeber die Vergabe von einem bestimmten Verhalten des Bewerbers abhängig macht. Die Anknüpfung der Vergabe an ein konkretes Bewerberverhalten kann auf unterschiedliche Art und Weise erfolgen, was im folgenden dargestellt wird:

• Gesetzliche Verpflichtungen

Hier verlangt der öffentliche Auftraggeber vom Bewerber die Einhaltung bestehender gesetzlicher Verpflichtungen wie beispielsweise die Zahlung von Steuern oder Sozialabgaben oder auch Umweltschutzauflagen. Diese Verknüpfung kann sich sowohl auf ein in der Vergangenheit praktiziertes gesetzestreues Verhalten beziehen als auch auf das zukünftige Verhalten gerichtet

---

[92] Staatsanzeiger für das Land Hessen Nr. 23/ 1983, S. 1186.

[93] Daub/Eberstein-Zdzieblo, Kommentar zur VOL/A, 3. Aufl., 1985, § 8, Rdnr. 9.

sein. Einige Autoren halten diese Verknüpfung für rechtlich bedenklich, da die Durchsetzung gesetzlicher Verpflichtungen außerhalb des Zuständigkeitsbereiches des öffentlichen Auftraggebers liegt. Die Durchsetzung von Rechtsvorschriften und die Bestrafung von Gesetzesverstößen sollte mittels der gesetzlich vorgeschriebenen Methoden geschehen, so daß auf öffentliche Aufträge als Druckmittel verzichtet werden sollte[94]. Andere sehen zwar die Kompetenzproblematik, finden aber, daß dieses Argument nicht ausreicht, um den Staat als Auftraggeber dazu zu bewegen, Verstöße gegen Umweltschutzbestimmungen bei der Auftragsvergabe nicht zu berücksichtigen[95]. Der letzteren Auffassung ist vor allem deshalb zuzustimmen, weil gerade dieses Verhalten die Zuverlässigkeit des Bewerbers in Frage stellt.

• Anforderungen, die über den gesetzlichen Rahmen hinausgehen

Diese Fallgruppe, die sich in verschiedene weitere Untergruppen aufgliedern läßt, bildet aufgrund ihrer rechtlichen Problematik den zentralen Ausgangspunkt für die im Rahmen dieser Arbeit vorzunehmende Untersuchung.

Die nachfolgend dargestellten Untergliederungen lassen sich zunächst in zwei große Komplexe einteilen, von denen ein Komplex die Anknüpfung des Auftraggebers an ein Verhalten des Bewerbers in der Vergangenheit zum Gegenstand hat, während der andere das Verhalten des Bewerbers in der Zukunft betrifft. Beide Komplexe sind rechtlich getrennt zu beurteilen.

• Produktspezifische Anforderungen an das Verhalten der Bewerber in der Vergangenheit oder Zukunft

Im Rahmen dieser Fallgruppe geht es um die Bevorzugung solcher Bewerber, die umweltfreundliche Produkte herstellen, beispielsweise solche Produkte, die mit nationalen oder internationalen Umweltzeichen ausgezeichnet sind. In

---

[94] Daub/Eberstein, Kommentar zur VOL/A, 3. Aufl., 1985, § 8, Rndr. 58; Kirchhof, Verwalten durch "mittelbares" Einwirken, S. 345 f..

[95] Weissenberg, DB 1984, 2289; so auch Pietzcker, AÖR 107 (1982), 61 (93).

diesen Bereich fällt auch die Beschaffung von schadstoff- oder geräuscharmen Nutzfahrzeugen.

- Verfahrensspezifische Anforderungen an das Verhalten der Bewerber in der Vergangenheit oder Zukunft

Umweltpolitisch betrachtet gehören hierher die Fälle, bei denen der Auftraggeber umweltfreundliche Produktionsverfahren vorschreibt —wie beispielsweise die Herstellung von Waren ohne Asbest - oder verlangt, bestimmte umweltbelastende Produktionsverfahren zu vermeiden. Darunter läßt sich aber auch die Forderung des öffentlichen Auftraggebers fassen, die angebotenen Waren mit Hilfe umweltfreundlicher Produktionsanlagen zu fertigen.

- Auftragsbezogene Anforderungen an das Verhalten der Bewerber

Diese Fallgruppe umfaßt die Fälle, bei denen der öffentliche Auftraggeber Anforderungen an das Verhalten der Bewerber stellt, die in einem sachlichen Zusammenhang mit dem zu erteilenden Auftrag stehen. Im Rahmen eines Straßenbauprojektes im Landschaftsschutzgebietes könnte der öffentliche Auftraggeber beispielsweise verlangen, besonders umweltverträgliche Baustoffe zu verwenden. Ein anderer Fall könnte den Straßenbau in einem Ballungsgebiet betreffen, wo wegen des Entsorgungs- und Transportproblems gefordert wird, den Straßenaushub an Ort und Stelle wiederzuverwerten.

- Generelle, nicht auftragsbezogene Anforderungen an das Verhalten der Bewerber

Von dieser Fallgruppe wird die Forderung öffentlicher Auftraggeber erfaßt, generell, d.h. unabhängig von dem zu erteilenden Auftrag, umweltverträgliche Produktionsmethoden anzuwenden.

§ 2 EG-rechtliche Bindungen öffentlicher Auftraggeber bei der Koppelung der Auftragsvergabe mit umweltschutzbezogenen Zielen

Im Rahmen der EG-rechtlichen Prüfung sind einerseits die für die Auftragsvergabe entwickelten Koordinierungsrichtlinien zu untersuchen, die erst ab dem Erreichen bestimmter im folgenden noch darzustellenden Schwellenwerte für Liefer- und Bauaufträge Relevanz erlangen und andererseits das primäre Gemeinschaftsrecht, wobei insbesondere auf Art. 28 ff., 49, 81-86, 87 EGV/ Art.30 ff., 59, 85-90, 92 EGV a. F. einzugehen ist. Zentraler Prüfungspunkt bildet die Vereinbarkeit der umweltpolitischen Instrumentalisierung öffentlicher Aufträge mit dem Gemeinschaftsziel der Herstellung und Wahrung eines freien Waren- und Dienstleistungsverkehrs, welchem der EGV und das auf ihm beruhende Sekundärrecht - d.h. die Koordinierungsrichtlinien - gleichermaßen dienen.

An dieser Stelle sei bereits darauf hingewiesen, daß der am 2. Oktober 1997 unterzeichnete Vertrag von Amsterdam[96], der im wesentlichen den Vertrag von Maastricht nachbessern und fortentwickeln soll[97], Modifizierungen des EG-Vertrages zur Folge haben wird, wenn er nach Ratifizierung durch alle 15 Mitgliedstaaten in Kraft tritt. Zieldatum für das Inkrafttreten ist der 1.1.1999. Für die vorliegende Arbeit von besonderer Bedeutung ist die weitere Stärkung der bisher schon ausgeprägten Bedeutung des Umweltschutzes für alle Politiken der Gemeinschaft. Er erweitert die Aufgaben der Gemeinschaft in Art. 2 n.F. um die Pflicht zur Förderung eines hohen Maßes an Umweltschutz und an Verbesserung der Umweltqualität[98]. Ansonsten hat der Vertrag für den Bereich der vorliegenden Arbeit keine materiellen Änderungen zur Folge. Die relevanten EG-rechtlichen Vorschriften erhalten lediglich eine andere Numerierung.

---

[96] AblEG 1997 Nr. C 340, S. 1 = BT-Europaausschuß, 13. Wahlperiode, Ausschuß-Dr 13/1590 = BR-Dr 784/97.

[97] Hilf/Pache, Der Vertrag von Amsterdam, NJW 1998, S. 705.

[98] Hilf/Pache, aaO. , S. 705 (708 – FN 44).

I. Die EG-Richtlinien zur öffentlichen Auftragsvergabe

1. Der Rechtscharakter der EG-Richtlinien

Mit der Richtlinie steht dem Gemeinschaftsrecht eine Regelungsform zur Verfügung, die einen eigentümlichen Rechtscharakter aufweist und keinerlei Entsprechung im nationalen Recht hat[99]. Es handelt sich dabei um sekundäres Gemeinschaftsrecht, da die Gemeinschaftsorgane erst aufgrund verschiedener Ermächtigungsgrundlagen im EG-Vertrag als primäre Rechtsquelle autorisiert sind, verbindliche Rechtsakte vorzunehmen, sprich Sekundärrecht zu schaffen[100]. Die Art. 83 I und 86 III EGV/ Art. 87 I und 90 III EGV a. F. bilden die Ermächtigungsgrundlage zum Erlaß von Richtlinien, die der Verwirklichung eines unverfälschten Wettbewerbs innerhalb des Gemeinsamen Marktes dienen sollen.

Nach der Legaldefinition des Art. 249 III EGV/ Art. 189 III EGV a. F. ist die Richtlinie für jeden Mitgliedstaat, an den sie gerichtet ist hinsichtlich des zu erreichenden Ziels verbindlich, überläßt den staatlichen Stellen jedoch die Wahl der Form und der Mittel.

a. Adressat der Richtlinie

Nach dem Wortlaut des Art. 249 III EGV/ Art. 189 III EGV a. F. wendet sich die Richtlinie als Rechtsakt der Gemeinschaftsorgane zunächst unmittelbar nur an die Mitgliedstaaten. Um eine Geltung auch für die EG-Bürger, die EG-Unternehmen sowie die Träger der öffentlichen Verwaltung zu erreichen, bedarf es einer Umsetzung der Richtlinie in nationales Recht. Die Mitgliedstaaten sind verpflichtet, ihr jeweiliges nationales Recht innerhalb einer be-

---

[99] Oldenbourg, Die unmittelbare Wirkung von EG-Richtlinien im innerstaatlichen Bereich, S. 4.

[100] Grabitz in: Grabitz/Hilf, Kommentar zur Europäischen Union, Stand September 1992, Art. 189, Rdnr. 20.

stimmten Umsetzungsfrist an die EG-Bestimmungen anzupassen[101]. Erst nach diesem zweistufigen Rechtsetzungsverfahren – als erste Stufe die Beschlußfassung über die Richtlinie und deren Adressierung an die Mitgliedstaaten, als zweite Stufe der Transformationsakt durch die Mitgliedstaaten – wirken die Richtlinien nicht mehr nur für die Mitgliedstaaten, sondern auch im Mitgliedstaat[102]. Die eigentlichen Adressaten sind daher letztlich die EG-Bürger und – Unternehmen sowie die Träger der öffentlichen Verwaltung, deren Rechtsbeziehungen in zivil- und öffentlich-rechtlicher Hinsicht durch die Richtlinie geregelt werden sollen, was einerseits durch die Einräumung von Rechten und Befugnissen, andererseits durch Verpflichtungen und Belastungen erreicht wird[103]. Zusammenfassend läßt sich festhalten, daß sich die Bürger, Unternehmen und Verwaltungen grundsätzlich nur kraft der Vermittlung durch die Richtlinie umsetzende nationale Gesetzgebung – also mittelbar – auf die Richtlinie berufen können. Nur in Ausnahmefällen wird eine unmittelbare Wirkung der Richtlinie für die oben genannte Adressaten anerkannt. Bezüglich nicht fristgemäß oder unzulänglich umgesetzter Richtlinien hat der EuGH eine solche unmittelbare Geltung angenommen[104]. Auf diese Rechtsprechung wird unter Gliederungspunkt § 3 I 2 näher eingegangen.

b. Bindungen und Freiräume der innerstaatlichen Stellen bei der Umsetzung

Bei der Umsetzung der Richtlinien in nationales Recht sind die Mitgliedstaaten nach dem Wortlaut des Art. 249 III EGV/ Art. 189 III EGV a. F. an die Ziele der Richtlinie gebunden. Das Gemeinschaftsrecht gibt den nationa-

---

101 Bach, Albrecht, Direkte Wirkungen von EG-Richtlinien, JZ 1990, 1108 (1111).

102 Götz, Europäische Gesetzgebung durch RichtlinienZusammenwirken von Gemeinschaft und Staat, NJW 1992, 1849 (1852).

103 Pieper, Die Direktwirkung von Richtlinien in der Europäischen Gemeinschaft, DVBl. 1990, 684 (685); so auch: Götz, NJW 1992, 1852; Elverfeld, Europäisches Recht und kommunales öffentliches Auftragswesen, S. 91.

104 EuGH, Urteil vom 22.06.89, Rs 103/88 (Costanzo/Stadt Mailand)= NVwZ 1990, 649; EuGH, Urteil vom 20.09.88, Rs 31/87 (Beentjes/Niederlande), Slg. 1988, 4635 = NVwZ 1990, 353.

len Stellen den Inhalt des zu schaffenden Rechtes zwingend vor[105]. Gemeint sind aber nicht die allgemeinen EG-Vertragsziele, sondern die Rechtswirkungen, die sich aus dem Inhalt der Richtlinie ergeben, also die Richtlinienergebnisse[106].

c. *Entscheidungsspielraum hinsichtlich der formellen Umsetzung von Richtlinien*

Hinsichtlich der Form und der Mittel der Umsetzung ist den nationalen staatlichen Stellen eine Wahlfreiheit eingeräumt, damit nationalen Besonderheiten Rechnung getragen werden kann. Diese Wahlfreiheit findet aber ihre Grenze im Prinzip der praktischen Wirksamkeit (effet utile), d.h. die Mitgliedstaaten haben dasjenige Mittel zu wählen, das den Richtlinieninhalt am besten zur Geltung bringt und eine effektive Anwendung des Gemeinschaftsrecht in ihrem Hoheitsgebiet sicherstellt[107].

2. Die unmittelbare Anwendbarkeit von EG-Richtlinien

Richtlinien entfalten grundsätzlich keine unmittelbare Geltung für die EG-Bürger, sondern werden erst wirksam mit der Umsetzung in nationales Recht durch die Mitgliedstaaten.

Nach der Rechtsprechung des EuGH ist eine unmittelbare Wirkung von Richtlinien ausnahmsweise dann anzunehmen, wenn die Mitgliedstaaten die Umsetzung in nationales Recht nicht oder nicht ordnungsgemäß innerhalb der festgesetzten Frist durchführen und die konkret betroffene Richtlinienbestimmung inhaltlich unbedingt und hinreichend genau ist.

Tragende Begründung dieser Rechtsprechung ist bis heute der Rechtsschutzgedanke, der die Stärkung des Individualrechtsschutzes zum Gegenstand hat.

---

[105] Lenz, Entwicklung und unmittelbare Geltung des Gemeinschaftsrechts, DVBl. 1990, 903 (908).

[106] Ipsen, Hans-Peter, Europäisches Gemeinschaftsrecht, S. 458.; so auch: Grabitz in: Grabitz/Hilf, aaO., Art. 189, Rdnr. 57.

[107] EuGH, Rs. 48/75 (Royer), Slg. 1976, 497, 517.

Denn nur im Falle der Kenntnis der EG-Bürger von ihren Rechten und Befugnissen einerseits und ihren Verpflichtungen und Belastungen andererseits besteht die Möglichkeit, diese gegebenenfalls vor den staatlichen Gerichten geltend zu machen.

Bereits in der Ausgangsentscheidung „van Duyn" hat der EuGH darauf abgestellt, daß die Richtlinie Rechte einzelner begründen könne, die auch vor dem staatlichen Gericht zu wahren seien[108]. Als weitere Grundlage für diese Rechtsprechung wurde in der „van-Duyn"-Entscheidung der Grundsatz der praktischen Wirksamkeit (effet utile) angeführt. Diese sehr weitreichende zweite Begründung wurde in späteren Entscheidungen, beginnend mit der Entscheidung „Ratti"[109] wieder eingeschränkt. In der jüngeren Rechtsprechung des EuGH wird die unmittelbare Wirkung von Richtlinien auf das Rechtsprinzip der Verwirkung als Ausfluß des Grundsatzes von Treu und Glauben (estoppel-Prinzip) gestützt[110]. Dieses Prinzip besagt, daß die verpflichteten Mitgliedstaaten den EG-Bürgern nach Ablauf der Umsetzungsfrist nicht entgegenhalten können, daß sie die Richtlinie nicht oder nicht ordnungsgemäß umgesetzt haben, denn in diesem Fall würden sie sich auf eine Verletzung einer gemeinschaftsrechtlichen Pflicht berufen[111]. Das estoppel-Prinzip bildete schließlich auch die Grundlage für die Auffassung des EuGH, daß zunächst nur der Staat aus der nicht umgesetzten Richtlinie verpflichtet wird[112], so daß sich die unmittelbare Wirkung lediglich als Ableitung aus der in Art. 249 III EGV/ Art. 189 III EGV a. F. geregelten Verbindlichkeit der Richtlinie gegenüber den Mitgliedstaaten darstellt[113].

Im Rahmen der öffentlichen Auftragsvergabe sind insbesondere die Urteile vom 20.09.1988 in der Rechtssache 31/87 (Beentjes/Niederlande) und vom

---

[108] EuGH, Rs. 41/74 (van Duyn), Slg. 1974, 1337 (1339).

[109] EuGH, Slg. 1979, 1629 – „Ratti"

[110] EuGH, Rs. 8/81 (Becker gegen Finanzamt Münster-Innenstadt), Slg. 1982, 53; Rs. 152/84 (Marshall), Slg. 1986, 723 (737); Rs. 80/86 (Kolpinghuis Nijmegen), Slg. 1987, 3969; Rs. 103/88 (Fratelli Costanzo), Slg. 1989, 1839.

[111] Lenz, Entwicklung und unmittelbare Geltung des Gemeinschaftsrechts, DVBl. 1990, 903 (908 ff.); Götz, Europäische Gesetzgebung durch Richtlinien – Zusammenwirken von Gemeinschaft und Staat, NJW 1992, 1849 (1855 ff.)

[112] EuGH, Slg. 1986, 723 (Marshall) = NJW 1986, 2178.

[113] Götz, aaO., S. 1855.

22.06.1989 in der Rechtssache 103/88 (Costanzo/ Stadt Mailand) hervorzuheben[114]. In beiden Fällen ging es um Bestimmungen der Baukoordinierungsrichtlinie, 71/305 EWG, betreffend die Eignungs- und Zuschlagskriterien bei der Vergabe öffentlicher Bauaufträge, denen der EuGH unmittelbare Wirkung zugesprochen hat. Darüber hinaus wurde in der Beentjes-
Entscheidung festgestellt, daß sich jeder einzelne EG-Bürger vor den nationalen Gerichten auf die Einhaltung dieser Bestimmung berufen kann. Entsprechend diesem Urteil wurde in der Rs. 103/89 (Costanzo/ Stadt Mailand)
entschieden, daß sämtliche kommunale Verwaltungen verpflichtet sind, die
Richtlinienbestimmungen anzuwenden.

Das Bundesverwaltungsgericht und Bundesverfassungsgericht[115] haben sich
der Ansicht des EuGH angeschlossen und unter den genannten Voraussetzungen eine Außenwirkung von Richtlinien anerkannt. Die Rechtsfortbildung
des EuGH wird auch von der überwiegenden Meinung in der Literatur befürwortet[116].

3.   Die für die Auftragsvergabe relevanten EG-Richtlinien

Wichtigstes Ziel der EG- Richtlinien zur öffentlichen Auftragsvergabe ist die
Schaffung eines auf Dauer angelegten wirksamen und unverfälschten Wettbewerbs zwischen den Wirtschaftsteilnehmern aller Mitgliedstaaten. Dieses
Ziel soll zum einen durch die Verbesserung der Transparenz des Vergabeverfahrens, d.h. durch eine ausreichende Publizität gesichert werden, zum

---

[114] EuGH, Rs 31/87 (Beentjes/Niederlande), NVwZ 1990, 353; Rs 103/88, NVwZ 1990,
    649.

[115] BVerwG, RIW 1985, 143 (145); so auch BVerfGE 75, 223 (237ff).

[116] Grabitz in: Grabitz/Hilf, aaO., Art. 189, Rdnr. 60, Oldenbourg; Die unmittelbare
    Wirkung, 50 ff.; Pieper, Die Direktwirkung von Richtlinien der Europäischen Ge-
    meinschaft, DVBl 1990, 684 (686); Bach, JZ 1990, 1108 ff.; Lenz, DVBl 1990, 903
    ff.; Schabel, Das offensichtlich niedrigste Angebot bei der Vergabe öffentlicher
    Bauaufträge - Entscheidung des EuGH vom 22.06.1989, BauR 1990, 55 ff.; Götz,
    NJW 1992, 1849 ff.; Stober, Einführung in Wichtige Vorschriften zur öffentlichen
    Auftragsvergabe, S. 10; Rabe, Europäische Gesetzgebung - das unbekannte Wesen,
    NJW 1993, 1 ff..

anderen durch die Anwendung objektiver Eignungs- und Vergabekriterien, die diskriminierende Ausschreibungsmethoden ausschließen sollen[117].

Weite Bereiche der Auftragsvergabe wurden in den letzten Jahren durch EG-Richtlinien reglementiert, die im einzelnen im folgenden dargestellt werden sollen.

a. Die Lieferkoordinierungsrichtlinie

Die am 01.01.1989 in Kraft getretene und inzwischen geänderte EG-Richtlinie[118] erfaßt sämtliche öffentlichen Lieferaufträge, wobei dieser Begriff sich neben dem Kaufvertrag auch auf Leasing, Miet-, Pacht- und Ratenverträge erstreckt[119].

Ziel der Richtlinie ist es, gleiche Bedingungen für die Marktteilnehmer aller EG-Mitgliedstaaten zu schaffen, um so einen freien, unbeschränkten Wettbewerb zu erreichen.

Gemäß Art. 5 I lit. a LKR liegt der Schwellenwert, ab dem die Richtlinie auf öffentliche Lieferaufträge Anwendung findet, bei 200 000 EURO (391.166 DM). Von besonderer Wichtigkeit sind im Rahmen der vorliegenden Arbeit die in den Art. 20-24 und 25 der LKR aufgeführten Eignungs- und Zuschlagskriterien, da anhand dieser Bestimmungen untersucht werden muß, ob sachfremde Kriterien überhaupt Berücksichtigung finden können oder nicht.

---

[117] Kohlhepp, NVwZ 1989, 338 (339); Elverfeld, Europäisches Recht, S. 71; Stober, Einführung, S. 9; Vademukum über öffentliches Auftragswesen in der Gemeinschaft, 87/C 358/01 ABl. Nr. C 385/1 v. 31.12.1987, S. 15.

[118] Richtlinie des Rates vom 22.03.88 zur Änderung der Richtlinie 77/62/EWG; 88/295/EWG, ABl. Nr. L 127/1 v. 20.05.1988. Nunmehr gilt die RL 93/36/EWG vom 14.06.1993, ABl. der EG Nr. L 199/1 vom 09.08.1993 in der modifizierten Fassung gemäß RL 97/52/EWG, ABl. der EG Nr. 328 vom 13.10.1997.

[119] Schmittmann, Die EG-Rechtmittelrichtlinie zur Vergabe öffentlicher Liefer- und Bauaufträge, EuZW 1990, 536 (538).

b.   *Die Baukoordinierungsrichtlinie*

Die Neuregelung der Baukoordinierungsrichtlinie[120] zielt in die gleiche Richtung wie die LKR, insbesondere soll die Transparenz des Vergabeverfahrens verbessert werden, um Praktiken zu vermeiden, die eine volle Beteiligung der Marktteilnehmer anderer Mitgliedstaaten verhindern könnten[121]. Relevant wird die Baukoordinierungsrichtlinie gemäß Art. 6 Abs. 1 BKR erst für Aufträge mit einem Volumen von 5 Millionen EURO (9.779.150 DM), da nur bei einer entsprechenden Größenordnung eine EG-weite Ausschreibung sinnvoll ist[122].

Art. 1 lit. a BKR definiert den Begriff des öffentlichen Bauauftrages, wonach dies ein schriftlicher entgeltlicher Vertrag zwischen einem Unternehmer und einem öffentlichen Auftraggeber über die Ausführung bzw. die gleichzeitige Ausführung und Planung von Bauvorhaben im Zusammenhang mit einer der in Anhang II aufgeführten Tätigkeiten oder eines Bauwerkes oder der Erbringung einer Bauleistung durch Dritte, gleichgültig mit welchen Mitteln, gemäß den vom öffentlichen Auftraggeber genannten Erfordernissen ist.

Die für das Thema dieser Arbeit wichtigen Bestimmungen über die Eignungs- und Zuschlagskriterien sind in den Art. 24 – 32 der BKR enthalten.

c.   *Die Sektorenrichtlinie*

Ziel dieser Richtlinie[123] ist es in den Schlüsselsektoren Trinkwasser,- Energie- und Verkehrsversorgung sowie im Telekommunikationsbereich größere Bau- und Lieferaufträge von Auftraggebern, die im Allgemeininteresse lie-

---

[120] RL 89/440/EWG vom 18.07.89 zur Änderung der RL 71/305/ EWG, ABl.EG Nr. L 210, S. 1 v. 21.07.89. Nunmehr ist die RL 93/37/EWG (Baurichtlinie) vom 14.06.1993, ABl. der EG Nr. L 199/54 vom 09.08.1993in der modifizierten Fassung gemäß RL 97/52/EWG, ABl. der EG Nr. 328 vom 13.10.1997 zu beachten.

[121] Elverfeld, Europäisches Recht, S. 75.

[122] Schmittmann, EuZW 1990, 536 (538).

[123] RL 90/531/EWG betreffend die Auftragsvergabe durch Auftraggeber im Bereich der Wasser-, Energie- und Verkehrsversorgung sowie im Telekommunikationssektor vom 17.09.1990, ABl. Nr. L 297 S. 1 vom 28.10.1990. Derzeit gilt die Sektorenrichtlinie 93/38/EWG vom 14.06.1993, ABl. der EG Nr. L 199/84 vom 09.08.1993.

gende Aufgaben zu erfüllen haben und entweder staatliche Behörden sind oder als Unternehmen in enger Beziehung zur öffentlichen Hand stehen oder aufgrund einer Konzession tätig sind, einem EG- weiten Wettbewerb zuzuführen. Die Schwellenwerte liegen gemäß Art. 14 der Richtlinie im Bereich der allgemeinen Lieferaufträge- und Dienstleistungsaufträgen bei 400 000 EURO (782.332 DM), der Lieferaufträge im Telekommunikationssektor bei 600 000 EURO (1.173.498 DM) und der Bauaufträge bei 5 Millionen EURO (9.779.150 DM).

Die Mitgliedstaaten waren verpflichtet, diese Richtlinie bis zum 01.07.1992 in nationales Recht umzusetzen, wobei allerdings eine Anwendung der Vorschriften erst ab dem 01.01.1993 erfolgt ist.

d. Die Dienstleistungsrichtlinie

Nach einem Richtlinienvorschlag für eine Richtlinie des Rates über die Koordinierung der Verfahren zur Vergabe öffentlicher Dienstleistungsaufträge[124] unterwarf die EU auch die Vergabe öffentlicher Dienstleistungsaufträge einer europaweiten Regelung. Es handelt sich dabei um die Dienstleistungskoordinierungsrichtlinie[125].

Erfaßt werden sollen bis auf geringe Ausnahmen alle Aufträge, die durch die bisherigen Richtlinien noch nicht erfaßt sind[126]. Als Ausnahmebereiche sind gemäß Art. 1 der Dienstleistungsrichtlinie vor allem die Rundfunk- und Fernsehleistungen, Fernsprechdienstleistungen, Immobilien- und Wertpapierkäufe zu nennen. Der Schwellenwert für Dienstleistungsaufträge wurde in Art. 7 DKL auf 200 000 EURO (391.166 DM) festgelegt.

---

[124] Dok.KOM (90) 372, vom 19.09.1990.

[125] Richtlinie 92/50/EWG über die Koordinierung der Verfahren zur Vergabe öffentlicher Dienstleistungsaufträge vom 18.06.1992, ABl. der EG Nr. L 209/1 vom 24.07.1992 in der modifizierten Fassung gemäß RL 97/52/EWG, ABl. der EG Nr. 328 vom 13.10.1997-

[126] Seidel, Ingelore, Gemeinsamer Markt im öffentlichen Auftragswesen - Stand und Perspektiven, WUR 1990, 155 (157).

e. Die Rechtsmittelrichtlinien

Um zu gewährleisten, daß die Vorgaben der EU-Richtlinien auch im konkreten Vergabeverfahren beachtet werden, wurden 1989 und 1992 für den öffentlichen Liefer- und Baubereich Rechtsmittelrichtlinien verabschiedet.

Es handelt sich dabei um die Richtlinie zur Kontrolle der Auftraggeber betreffend die Auftragsvergabe im Rahmen der Vergabe öffentlicher Liefer- und Bauaufträge[127] sowie der Vergabe aus den sogenannten bislang ausgeschlossenen Sektoren[128].

Ihr Ziel ist es, Verstöße gegen Vorschriften der Sektoren- und Koordinierungsrichtlinien in erhöhtem Maße auszuschalten und dadurch eine stärkere Garantie von Gleichbehandlungen zu erreichen.

Zu diesem Zweck sollen von den Vergabebehörden unabhängige Kontrollinstanzen geschaffen werden, denen die Befugnis eingeräumt wird, Verstöße gegen Vergabebestimmungen im Wege der einstweiligen Verfügung zu beseitigen, rechtswidrige Entscheidungen aufzuheben oder die Aufhebung zu verlangen bzw. den geschädigten Bewerbern Schadensersatz zu zahlen.

Die Einleitung dieses Verfahrens erfolgt entweder von Amts wegen oder auf Antrag eines Verfahrensbeteiligten.

Die Sektoren-Rechtsmittelrichtlinie sieht wahlweise ein weiteres Nachprüfungsverfahren - das sogenannte Attestationsverfahren - vor, in dem die Vergabeentscheidung von unabhängigen privaten Unternehmen oder Privatpersonen überprüft werden kann.

---

[127] RL des Rates 89/665/EWG vom 21.12.1989 zur Koordinierung der Rechts- und Verwaltungsvorschriften für die Anwendung der Nachprüfungsverfahren im Rahmen der Vergabe öffentlicher Liefer- und Bauaufträge, ABl. der EG Nr. L 395/33 vom 30 12.1989.

[128] RL 92/13/EWG zur Koordinierung der Rechts- und Verwaltungsvorschriften für die Anwendung der Gemeinschaftsvorschriften über die Auftragsvergabe durch Auftraggeber im Bereich der Wasser-, Energie- und Verkehrsversorgung sowie im Telekommunikationssektor vom 25.02.1992, Abl. der EG Nr. L 76/14 vom 23.03.1992.

Gemäß Art. 2 VIII der Richtlinie 89/665 EWG muß in letzter Instanz eine Überprüfung durch ein Gericht oder eine gerichtsähnliche Institution garantiert werden. Ausreichend ist im diesem Zusammenhang eine Nachprüfung im Umfang einer Revision[129].

4. Die Transformation der EG-Richtlinien zur öffentlichen Auftragsvergabe in innerstaatliches Recht

Wie unter Kapitel § 2 I 1 c bereits erörtert, können die Mitgliedstaaten gemäß Art. 249 III EGV/ Art. 189 III EGV a. F. selbst Form und Mittel der Anpassung des nationalen Rechts an die EG-Richtlinie bestimmen. Es muß nur sichergestellt sein, daß die Richtlinieninhalte praktisch wirksam werden, d.h. tatsächlich gelten und durchgesetzt werden können[130].

a. Die Umsetzung der EG-Richtlinien zur Auftragsvergabe in innerstaatliches Recht

Eine Umsetzung der Lieferkoordinierungs-, Baukoordinierungs- und Sektorenrichtlinie in nationales Recht sollte zunächst durch Einarbeitung in die Verdingungsordnung für Leistungen (VOL) und Bauleistungen (VOB) erreicht werden. Der Richtlinieninhalt ist in den sogenannten „a-Paragraphen" beziehungsweise soweit die Sektorenrichtlinie betroffen ist in den „b-Paragraphen sowie den „SKR-Paragraphen" dieser Vorschriften wiedergegeben.

Die Dienstleistungskoordinierungsrichtlinie war an sich bis zum 30.06.1993 in nationales Recht umzusetzen. Tatsächlich erfolgte die Umsetzung jedoch erst mit der am 01.11.1997 in Kraft getretenen 1. Änderungsverordnung zur Vergabeordnung[131], wodurch die neue Verdingungsordnung für freiberufli-

---

129 Seidel, Ingelore, WUR 1990, 155 (159/160).

130 Hailbronner, Europarechtliche Aspekte der Vergabe öffentlicher Aufträge, RIW 1992, 553 (559); Beyerlin, Umsetzung von EG- Richtlinien durch Verwaltungsvorschriften, EuR 1987, 126 (134/135).

131 BGBl. 1997 I. S. 2384.

che Leistungen (VOF) sowie die neugeschaffene VOL/A in Kraft getreten sind. Die geänderte VOL/A behält die ursprüngliche Einteilung in vier Abschnitte bei. Die „a-Paragraphen" im zweiten Abschnitt beinhalten die Bestimmungen der EG-Koordinierungsrichtlinie und der Dienstleistungsrichtlinie. In den „SKR-Paragraphen im vierten Abschnitt sind die Bestimmungen der Sektorenrichtlinie für die Vergabe von Liefer- und Dienstleistungsaufträgen, die den Schwellenwert der Sektorenrichtlinie erreichen, enthalten.

Die Rechtmittelrichtlinien (Allgemeine Überwachungsrichtlinie und SKR-Überwachungsrichtlinie) wurden 1994 über eine Änderung haushaltsrechtlicher Vorschriften[132] – Neueinfügung der Vorschriften der §§ 57 a – 57 c in das Haushaltsgrundsätzegesetz (HGrG) - in deutsches Recht umgesetzt. Auf der Grundlage dieser Vorschriften sind die VergabeVO[133] und die NachprüfungsVO[134] erlassen worden.

Nachdem diese Umsetzung in deutsches Recht auf starke Kritik gestoßen ist und seitens der Kommission ein Vertragsverletzungsverfahren eingeleitet wurde, entschloss sich die Bundesregierung zu einer Neuregelung des Vergaberechts. Die §§ 57 a- c HGrG und die darauf beruhende Vergabeverordnung und Nachprüfungsverordnung wurden von dem am 1.1.1999 in Kraft getretenen Vergaberechtsänderungsgesetz und der am 01.02.2001 in Kraft getretenen neuen Vergabeverordnung abgelöst[135]. Die Schwellenwerte für die Liefer- und Dienstleistungsaufträge, Bauaufträge sowie für Aufträge im Sektorenbereich sind nunmehr ausdrücklich in § 2 der Vergabeverordnung geregelt. In den a-, b- und SKR-Paragraphen der VOL/A 2000 in der Bekanntmachung vom 24.10.2000 sind die Schwellenwerte nicht mehr aufgeführt. Dagegen sind in den a-, b- und SKR-Paragraphen der VOB 2000 in der Bekanntmachung vom 30.05.2000 entsprechende Streichungen unterblieben. Auch die VOF in der Bekanntmachung vom 25.07.2000 enthält weiterhin Schwellenwerte, verweist aber gleichzeitig auf die Vergabeverordnung.

---

[132] 2. Gesetz zur Änderung des Haushaltsgrundsätzegesetzes (HGrG) vom 26.11.1993, BGBl. I 1993, 1928, in Kraft seit dem 01.01.1994.

[133] VO über die Vergabebestimmungen für öffentliche Aufträge vom 22.02.1994, BGBl. I 1994, 321.

[134] VO über die Vergabebestimmungen für öffentliche Aufträge vom 22.02.1994, BGBl. I 1994, 324.

[135] Siehe hierzu näher Kapitel § 2 I 4 a bb.

aa.   Der Rechtscharakter der Verdingungsordnungen

Nach überwiegender Auffassung handelt es sich bei den Verdingungsordnungen um rechtlich bindende Verwaltungsvorschriften, mit denen die nachgeordneten Behörden innerdienstlich angewiesen werden, die
öffentliche Auftragsvergabe nach dem dort vorgeschriebenen Verfahren
durchzuführen[136]. Die Verdingungsordnungen werden zunächst als „rechtlich unverbindliche Vorschläge" von Ausschüssen aufgestellt, die sich aus
Vertretern des Bundes, der Länder und Kommunen, von Wirtschafts- und Be-
rufsverbänden sowie von Gewerkschaften zusammensetzen. Erst die Einführung durch Verwaltungsvorschriften macht sie selbst zu verbindlichen inner-
behördlichen Verwaltungsanweisungen[137].

bb.   Die Problematik der Umsetzung in Verwaltungsvorschriften

Problematisch ist, ob die praktische Anwendung der EG-Richtlinien bei der
Umsetzung in Verwaltungsvorschriften in hinreichender Bestimmtheit und
Klarheit gewährleistet wird.

Es ist im Sinne des Gemeinschaftsrechts, daß die nationalen Maßnahmen zur
Transformation der Richtlinien eine gewissen Grad an Rechtsbeständigkeit
und Publizität aufweisen, damit der einzelne sich ein zuverlässiges Bild davon verschaffen kann, welche Rechte und Pflichten ihm aus der entsprechenden Richtlinie erwachsen[138]. Die in den Richtlinien enthaltenen individual-
schützenden Rechtspositionen müssen effektiv geltend gemacht werden können.

---

[136] Vgl. Altenmüller, DVBl. 1982, 241 (243); Daub/Eberstein-Eberstein, VOL/A Kommentar, Einl. Rdnr. 33 ff., 36; Ingenstau/Korbion, VOB/A Kommentar, Einl. Rdnr.
18 ff.; Stober, Wirtschaftsverwaltungsrecht, § 38 III; ders. in Wichtige Vorschriften,
S. 10; Jank/Zdzieblo, Einführung in das öffentliche Auftragswesen, S. 45; Rittner,
Rechtsgrundlagen, S. 41 ff.; Seidel, Ingelore, Die Anwendung der EG-Richtlinien
für öffentliche Aufträge in der Bundesrepublik Deutschland, EuR 1990, 158 (159);
Schmittmann, EuZW 1990, 537; BVerwGE 58, 45 (49); BGHZ 86, 135 ff..

[137] Pietzcker, AöR 107 (1982), 61 (79)

[138] Hailbronner, RIW 1992, 553 (560); Beyerlin, EuR 1987, 132.

Entsprechend seiner ständigen Rechtsprechung verlangt der EuGH nicht unbedingt die Umsetzung in ein Gesetz oder eine Verordnung, sofern die effektive Wirksamkeit der Richtlinie auch auf andere Weise erreicht werden kann beziehungsweise die Rechtsklarheit und -bestimmtheit ausreichend berücksichtigt wird[139]. Soweit die Richtlinie insbesondere subjektive Ansprüche begründen soll, müssen die Begünstigten in der Lage sein, über ihre Rechte Kenntnis zu erlangen und diese - sofern gewünscht - vor den Gerichten geltend zu machen[140].

Ein ministerielles Rundschreiben bzw. eine bloße Verwaltungspraxis hat der EuGH ausdrücklich als nicht ausreichend angesehen, da diese nur unzureichend publiziert werden und gerade deshalb beliebig abänderbar sind[141].

Bei der Umsetzung der Koordinierungsrichtlinien in Verwaltungsvorschriften ist nach der herrschenden Auffassung in der Literatur[142] den Anforderungen, die der EuGH an die Umsetzung der Richtlinien gestellt hat, in ausreichendem Maße Rechnung getragen worden. Zwar fehlt den Verdingungsordnungen als Verwaltungsvorschriften die unmittelbare Außenwirkung, sie sind jedoch entgegen einer bloßen Verwaltungspraxis eindeutig festgeschrieben und im Bundesanzeiger publiziert und damit jedermann zugänglich. Folglich handelt es sich gerade nicht um eine schwer kontrollierbare und leicht veränderbare Rechtsquelle. Die effektive Durchsetzbarkeit der Koordinierungsrichtlinie wird dadurch erreicht, daß neben dem normalen innerstaatlichen Gerichtsschutz das Verfahren vor den Vergabeprüfungsstellen als gerichtsähnliche, aber unabhängige Instanz geschaffen wird, was durch die umgesetzte Überwachungsrichtlinie gewährleistet werden soll[143].

---

[139] Siehe hierzu z.B.: EuGH, Rs 145/82, Slg. 1983, 711 (718); Rs C 361/88 (Kommission/Deutschland), Slg. 1991, I -2567, Rdnr. 15.

[140] So zuletzt EuGH, Rs C-433/93, (Kommission/Deutschland), Urteil vom 11. August 1995, Slg. I 1995, 2203 = EuZW 1995, 635.

[141] EuGH, Rs 145/82, Slg. 1983, 718; Rs 102/79, Slg. 1980, 1486.

[142] So die herrschende Meinung: vgl. Elverfeld, Europäisches Recht, S. 101/102; Grabitz in: Grabitz/Hilf, aaO., Stand September 1992, Art. 189, Rdnr. 57; Pietzcker, AöR 107 (1982), 61 (79).

[143] Hailbronner, RIW 1992, 553 (562/563).

Im Gegensatz dazu sah die EU-Kommission die Forderung nach Rechtsklarheit und Rechtsbeständigkeit durch die Umsetzung in Verwaltungsanweisungen nicht gewährleistet und hat demzufolge im Jahre 1993 eine Vertragsverletzungsklage beim EuGH gegen die Bundesrepublik Deutschland erhoben. Vorausgegangen waren bereits Klagen der Kommission gegen die Bundesrepublik Deutschland wegen der Umsetzung der Luftreinhaltungsrichtlinie in die TA Luft[144].

Im Urteil vom 11. August 1995 hat der EuGH[145] der im Jahre 1993 erhobenen Klage stattgegeben und der Bundesrepublik Deutschland einen Verstoß gegen ihre Verpflichtung aus dem EG-Vertrag vorgeworfen, die Bau- und Lieferkoordinierungsrichtlinien nicht fristgemäß in die erforderlichen Rechts- und Verwaltungsvorschriften umgesetzt zu haben. Insbesondere führt der EuGH aus, daß die unmittelbare Wirkung der Richtlinien als Mindestgarantie nicht als Rechtfertigung für einen Mitgliedstaat dienen kann, sich seiner Verpflichtung zur rechtzeitigen ordnungsgemäßen Umsetzung zu entziehen. Die Umsetzung in die Verdingungsordnungen als Verwaltungsanweisungen seien ungeeignet, da diese keine einklagbaren Rechte der Betroffenen begründen[146].

Durch Einführung eines Paketes von Rechtsnormen[147], das als „globalhaushaltsrechtliche-Lösung" bezeichnet wird, änderte sich die Rechtsqualität der Vergabevorschriften für Aufträge oberhalb der Schwellenwerte grundlegend. . Durch Ergänzung des Haushaltsgrundsätzegesetzes (HGrG) um § 57 a HGrG erhielten die Vergabevorschriften, soweit sie EG-Richtlinien umset-

---

[144]EuGH, Slg. I 1991, 2567, Tz 15 (Kommission/ Bundesrepublik Deutschland) = NVwZ 1991, 866 (Luftreinhaltungsrichtlinie; Schwefeldioxid; EuGH, Slg. I 1991, 2609, Tz. 17 (Kommission /Bundesrepublik Deutschland) = NVwZ 1991, 866 (Luftreinhaltungsrichtlinie; Blei).

[145] EuGH, Rs C-433/93 (Kommission/Deutschland), Urteil vom 11.8.1995, Slg. I 1995, 2203 = EuZW 1995, 635.

[146] Siehe FN 129, Rdnr. 24.

[147] Zweites Gesetz zur Änderung des HGrG vom 26.11.1993, veröffentlicht im BGBl. I, 1928; die Verordnung über die Vergabebestimmungen für öffentliche Aufträge (VgV) vom 22.2.1994, veröffentlicht im BGBl.I, 321 und die Verordnung über das Nachprüfungsverfahren für öffentliche Aufträge (NpV) ebenfalls vom 22.2.1994, veröffentlicht im BGBl. I, 324.

zen, die Qualität von Rechtsverordnungen [148]. Soweit die Vergabevorschriften Aufträge oberhalb der Schwellenwerte betreffen, entfalteten diese folglich auch nach der damaligen Regelung eine Außenwirkung. Mit der Einfügung des §§ 57 b und 57 c HGrG wurde ein zweistufiges Vergabeverfahren geschaffen. § 57 b regelte die Überprüfung des Vergabeverfahrens durch die sogenannte Vergabeprüfstelle. Gemäß § 57 c HGrG wurden Bund und Länder verpflichtet, zur Überwachung des Vergabewesens - sozusagen als 2. Instanz - sogenannte Vergabeüberwachungsausschüsse einzurichten.

Die dargestellte haushaltsrechtliche Lösung war nicht Gegenstand des EuGH-Urteils vom 11.08.1995. Die Europäische Kommission hat jedoch schon sehr bald grundsätzliche Bedenken gegen die „haushaltsrechtliche Lösung laut werden lassen. Im Beanstandungsschreiben der Kommission vom 31.10.1995[149], mit dem ein weiteres, Vertragsverletzungsverfahren gegen die Bundesrepublik Deutschland eingeleitet wurde, kritisierte die Kommission, daß die derzeite Lösung nicht geeignet sei, einen wirksamen Individualrechtsschutz der Bieter gegen willkürliche Vergabeentscheidungen zu gewährleisten. Insbesondere seien die Entscheidungen der Vergabeüberwachungsausschüsse nicht vollstreckbar und daher ohne jede rechtliche Wirkung. Darüber hinaus spricht die Kommission den Vergabeüberwachungsausschüssen die Gerichtsqualität i. S. d. Art. 234 EGV/ Art. 177 EGV a. F. ab. Zur Begründung wurde zum einen angeführt, daß das im HGrG geregelte Verfahren nicht die Voraussetzung eines kontradiktorischen Verfahrens erfüllt, da die Betroffenen über keinerlei Antrags,- Anhörungs- oder Verteidigungsrecht verfügen, zum anderen wurde gerügt, daß die Unabhängigkeit und Unabsetzbarkeit der Mitglieder nicht ausreichend geregelt ist[150]. Da

---

[148] Seidel in: Dauses, Handbuch zum EG-Wirtschaftsrecht, H. IV Rdnrn. 174 ff..

[149] Beanstandungsschreiben der EG-Kommission vom 31.10.1995, ZIP 1995, S. 1940 (1941 ff.); siehe dazu Brenner, Die Umsetzung der Richtlinien über öffentliche Aufträge in Deutschland, in: Schwarze/Müller-Graff, Das öffentliche Auftragswesen in der EG, EuR – Beiheft 1 – 1996, S. 23 (31 ff.); Boesen, Deutsches Vergaberecht auf dem Prüfstand des Gemeinschaftsrechts, EuZW 1997, 713 (714); Heiermann, Neuregelung des Vergaberechtsschutzes, EU Magazin, Heft 4, 1995, Seite 28 (30); ders., Neue Entwicklungen im Vergaberecht, EU Magazin, Heft 12, 1997, Seite 22 (23 ff.).

[150] Vgl. dazu Prieß, Das öffentliche Auftragswesen in den Jahren 1994 und 1995, EuZW, 1996, 357 (360); Pietzcker, Die deutsche Umsetzung der Vergabe- und Nachprü-

beide Rechtsmittelrichtlinien (Art. 2 VIII der Richtlinie 89/665/EWG und Art. 2 IX der Richtlinie 92/13/EWG) jedoch eine endgültige Entscheidung über die Vergabeentscheidung durch ein Gericht verlangt, ist die Kommission der Auffassung, daß eine ordnungsgemäße Umsetzung der EG-Richtlinien nicht erfolgt ist.

Obwohl die Bundesregierung die Beanstandungen der Kommission zunächst mit Schreiben vom 29.02.1996 als unbegründet zurückgewiesen hatte, faßte das Bundeskabinett am 25.09.1996 im Hinblick auf die EuGH-Entscheidung vom 11. August 1995, der zunehmenden Kritik aus der Wissenschaft[151] und der Einleitung eines Vertragsverletzungsverfahrens durch die Kommission wegen unrichtiger Umsetzung der Rechtsmittelrichtlinien einen Grundsatzbeschluß über die Neuregelung des Rechtsschutzes bei der Vergabe öffentlicher Aufträge.

Aufgrund des Kabinettbeschlusses erarbeitete das Bundeswirtschaftsministerium einen Entwurf für ein „Gesetz zur Änderung der Rechtsgrundlagen für die Vergabe öffentlicher Aufträge –Vergaberechtsänderungsgesetz", dessen Kernbereich das „6. Gesetz zur Änderung des Gesetzes gegen Wettbewerbsbeschränkungen" darstellt. Das Bundeskabinett verabschiedete den Referentenentwurf am 3. September 1997 als Regierungsentwurf und leitete diesen dem Bundesrat zur Stellungnahme zu. Aufgrund einer neuen einschlägigen Entscheidung des EuGH[152] vom 17.09.1997 verschob sich die Stellungnahme des Bundesrates. Gegenstand der Entscheidung war eine Vorlage des Vergabeüberwachungsausschusses. Als Vorfrage hatte der EuGH erstmals die Gerichtsqualität der Vergabeüberwachungsausschüsse nach Art. 234 EGV/ Art. 177 EGV zu klären, da nur unter dieser Bedingung eine Vorlagebefugnis der Ausschüsse in Betracht kommt. Der EuGH bejahte das Vorliegen aller notwendigen Kriterien – wie beispielsweise die gesetzliche Grund-

---

fungsrichtlinien im Lichte der Rechtsprechung, NVwZ 1996, 313 (315 ff.); Schäfer, Grundzüge des öffentlichen Auftragswesens, Beilage 12 zu BB 1996, 1 (12 ff.).

151 Pietzcker, NVwZ, 1996, 313 (315 ff.); Noch, Die Revision des Vergaberechts ZfBR 1997, 221 ff; Boesen, Die Gerichtsqualität der Vergabeüberwachungsausschüsse i.S.d. Art. 177 EGV, EuZW 1996, 583 (584 ff.); Dreher, Perspektiven eines europa- und verfassungsrechtlich konformen Vergaberechtsschutzes, NVwZ 1996, 345 ff..

152 EuGH, Rs. C - 54/96 Dorsch Consult Ingenieurgesellschaft mbH/ Bundesbaugesellschaft mbH – Urteil vom 17.09.1997.

lage der Einrichtung, deren ständiger und obligatorischer Charakter, die Anwendung von Rechtsnormen und die Unabhängigkeit der Einrichtung – und bestätigte die Vorlageberechtigung der Vergabeüberwachungsausschüsse. Eine kontradiktorische Verfahren sei nicht erforderlich. Vielmehr reiche die in § 3 der NachprüfungsVO niedergelegte Anhörungsverpflichtung der Beteiligten vor der Vergabeprüfstelle aus[153]. Der EuGH widersprach damit sowohl der Auffassung der Kommission als auch der des Generalanwalts Tesauro. Zu der zentralen Frage des Vergaberechtsschutzes, ob der durch die haushaltsrechtliche Lösung geschaffene Rechtsschutz eine ordnungsgemäße Umsetzung der Rechtsmittelrichtlinie 89/665/EWG darstellt, äußerte sich der EuGH nicht.

Die positive Einschätzung der Gerichtsqualität der Vergabeüberwachungsausschüsse durch den EuGH vermindert zumindest die Dringlichkeit der Vergaberechtsänderung[154], zumal die haushaltsrechtliche Lösung noch nicht durch den EuGH verworfen wurde.

Nach rund 18monatiger Beratungszeit und Einschaltung des Vermittlungsausschusses hat der Bundestag das sogenannte Vergaberechtsänderungsgesetz beschlossen. Als vierter Teil des gleichzeitig neu verkündeten Gesetzes gegen Wettbewerbsbeschränkungen –GWB – trat es am 1.1.1999 in Kraft. Das im Jahr 1995 von der Kommission eingeleitete Vertragsverletzungsverfahren gegen die Bundesrepublik Deutschland wurde aufgrund der Neuregelung des Vergaberechts nicht mehr entschieden.

Die sogenannte kartellrechtliche Lösung, sprich die Verankerung der Vergabevorschriften (§§ 97-129 GWB) als im GWB unterstreicht den systematischen Zusammenhang des Vergaberechts mit dem Wettbewerbsrecht[155]. Im Unterschied zur haushaltsrechtlichen Lösung sind nach der kartellrechtlichen Lösung die grundlegenden Vorschriften für Vergabeverfahren und Rechtsschutz bereits im GWB enthalten. Die zweite Ebene des unverändert dreistu-

---

[153] EuGH, Rs. C - 54/96 (Dorsch), EuZW 1997, 625, Tz. 31.

[154] Es werden sogar Stimmen laut, die die Notwendigkeit einer solchen Änderung aufgrund dieses EuGH-Urteils in Frage stellen – vgl. dazu: Heiermann, Ax, Neue Entwicklungen im Vergaberecht, EU Magazin, Heft 12 1997, 22 (24).

[155] Knauff, Die Europäisierung des deutschen Vergaberechts, Verwaltungsrundschau 2000, 379 (403); BT-Drucksache 13/9340, S. 14.

figen Normaufbaus bildet die am 1.2.2001 in Kraft getretene novellierte VergabeVO. Die noch auf dem aufgehobenen § 57 a HGrG beruhenden Vorgän-
ger-VergabeVO sind damit obsolet geworden. Als dritte Ebene bleiben die
Verdingungsverordnungen erhalten.

Die Vergabeverordnung stellt das Bindeglied zwischen den Vergabevorschriften im GWB mit der Regelung für öffentliche Aufträge oberhalb der
Schwellenwerte einerseits und den Verdingungsordnungen (VOL, VOB und
VOF) mit den Regelungen für öffentliche Aufträge unterhalb der Schwellenwerte andererseits dar[156].

Der im Vorfeld der Neuregelung besonders in der Kritik befindliche Vergaberechtsschutz ist nunmehr in den §§ 102 – 124 GWB normiert und wurde
weitgehend dem kartellrechtlichen Rechtsschutzsystem angeglichen. Der
Vergaberechtsschutz soll durch einh zweistufiges System gewährleistet werden, dessen primäre Kontrollinstanz in einer Vergabekammer besteht und
zweitinstanzlich durch einen sogenannten Vergabesenat beim OLG ergänzt
wird. Nach einer verwaltungsrechtlichen Prüfung vor der Vergabekammer
schließt sich im Rahmen eines Beschwerdeverfahrens eine gerichtliche Überprüfung der erstinstanzlichen Entscheidung durch den Vergabesenat an. Das
gerichtliche Überprüfungsverfahren entspricht in weiten Teilen dem kartellrechtlichen Verfahren nach §§ 63 ff. GWB[157].

Der sachliche Anwendungsbereich und das Vergabeverfahren ist in den §§ 97
– 101 GWB geregelt. Wichtigste Neuerung in diesem Bereich ist die ausdrückliche Anerkennung subjektiver Rechte der Unternehmen auf Einhaltung
der Vergabevorschriften gegenüber dem Auftraggeber in § 97 VII GWB. Für
die vorliegende Arbeit von Interesse ist vor allem der § 97 IV HS. 2 GWB.
Hiernach steht es dem Bundes- oder Landesgesetzgeber grundsätzlich offen,
neben den Eignungskriterien der Fachkunde, Leistungsfähigkeit und Zuverlässigkeit weitere politisch wünschenswerte Kriterien im Rahmen der Auftragsvergabe vorzusehen. Es kann somit festgestellt werden, daß das neue
deutsche Vergaberecht kein ausdrückliches Verbot beschaffungsfremder

---

156 Berrisch/Nehl, Novellierung der Vergabeverordnung, DB 2001, 184.

157 Däubler-Gmelin, Kann das neue Vergaberecht noch bis zum Ende der Legislaturperi-
    ode beschlossen werden?, EuZW 1997, 709 (711), Prieß, Das Öffentliche Auf-
    tragswesen im Jahre 1996, EuZW 1997, 391 (393 ff.).

Kriterien enthält. Gleichwohl ist der Zuschlag gemäß § 97 V GWB allein auf das wirtschaftlichste Angebot zu erteilen.

Die Öffnungsklausel des § 97 IV HS. 2 GWB stellt insoweit eine Durchbrechung des EG-rechtlichen Vergabegrundsätze dar, als dass im Gegensatz zu dem Wortlaut der europäischen Vergaberichtlinien die Möglichkeit besteht, vergabefremde Aspekte zu berücksichtigen[158]. Nach europäischem Vergaberecht sind solche Kriterien jedenfalls dann verboten, wenn sie zu Diskriminierungen ausländischer Bieter oder anderen Behinderungen des Binnenmarktes führen[159].Im Hinblick auf den abweichenden Wortlaut der Koordinierungsrichtlinien sowie die Vereinbarkeit mit den einschlägigen Vorschriften des EG-Vertrages – hier vor allem die Art. 12, 28, 81 ff EGV - wird die Regelung in § 97 IV HS. 2 GWB in der Literatur sehr kritisch betrachtet, teilweise wird der dauerhafte Bestand dieser Vorschrift angezweifelt[160]. Die Anwendung des § 97 IV HS. 2 GWB sollte demzufolge in enger Abstimmung mit der einschlägigen EuGH-Rechtsprechung und unter strenger Beachtung der in Art. 3 lit g EGV normierten Zielrichtung eines uneingeschränkten und unverfälschten Wettbewerbs im Binnenmarkt erfolgen. Das nationale Recht im Anwendungsbereich der Koordinierungsrichtlinien muss in jedem Fall den Anforderungen und Vorgaben des EG-Vertrages als dem höherrangigen Gemeinschaftsrecht genügen[161]. Hierbei ist zu berücksichtigen, daß trotz der umweltrechtlichen Querschnittsklausel des Art. 6 EGV/ Art. 130 r EGV a. F. nicht von einer generellen europarechtliche Zulässigkeit einer umweltfreundlichen Beschaffung auszugehen ist, da dem Art. 6 EGV/ Art. 130 r EGV a. F. ein allgemeiner Anwendungsvorrang des Umweltschutzes vor den anderen in Art. 3 EGV genannten Politiken nicht entnommen werden kann[162].

---

158 Knauff, Die Europäisierung des deutschen Vergaberechts, VR 2000, 397 (403).

159 Neßler, Politische Auftragsvergabe durch den Staat, DöV 2000, 145 (151).

160 Schneevogl/Horn, Das Vergaberechtsänderungsgesetz, NVwZ 1998, 1242 (1243); Martin-Ehlers, Die Unzulässigkeit vergabefremder Kriterien, WuW 1999, 685 (694) spricht sich dafür aus, den § 97 Abs. 4 GWB erst gar nicht zu aktivieren; zur Zeit beschäftigt sich das BVerfG auf Vorlage des BGH mit dem Berliner Tariftreuefall – BGH, JZ 2000, 514.

161 Götz, Die Zulässigkeit beschaffungsfremder Vergabekriterien nach Europarecht, EuR 1999, 621 (622).

162 Schumacher, Vergabefremde Umweltkriterien im Abfallrecht und Gemeinschaftsrecht, DVBl 2000, 467 (470).

b. *Die Rechtsverbindlichkeit der Verdingungsordnungen für die kommunalen Auftraggeber*

Klärungsbedürftig war vor Änderung des Haushaltsgrundsätzegesetzes (HGrG), ob es den Umsetzungserfordernissen genügt, daß die Kommunen im Wege einer dynamischen Verweisung an die Verdingungsordnungen gebunden sind.

Gemäß § 31 II GemHVO sind die Gemeinden bei der Vergabe von Aufträgen an die Vergabegrundsätze gebunden, die der Bundesinnenminister durch Verwaltungsvorschriften bestimmt. Verwiesen wird dabei auf die jeweils gültige Fassung der Verdingungsordnungen.

Als unbedenklich kann eine dynamische Verweisung nur angesehen werden, wenn dem Gebot der Bestimmtheit und Publikation ausreichend Rechnung getragen wird[163]. Nach überwiegender Auffassung ist die Verweisung auf die jeweils aktuelle Fassung der Verdingungsordnung unbedenklich, da zum einen die Bekanntgabe der Verdingungsordnungen im Bundesanzeiger erfolgt und zum anderen auf Grund des Wortlautes des § 31 II GemHVO eindeutig erkennbar ist, auf welche Vorschriften verwiesen wird[164].

Bereits nach der Einfügung der §§ 57 a – c HGrG durch das 2. Gesetz zur Änderung des Haushaltsgrundsätzegesetzes vom November 1993, der Vergabeverordnung vom 22.02.1994 und der 1. Änderungsverordnung zur Vergabeverordnung 01.11.1997 war der kommunale Auftraggeber zur Anwendung der VOL/A, VOL/B und der VOF unmittelbar verpflichtet, soweit die jeweiligen Schwellenwerte überschritten sind und eine EU-weite Ausschreibung erforderlich ist. Diese Rechtsnormen wurden durch das am 1.1.1999 in Kraft getretene Vergaberechtsänderungsgesetz und er darauf beruhenden am 01.02.2001 in Kraft getretenen Vergabeverordnung abgelöst.

---

163 BVerfGE 47, 285 (315).
164 BVerwG, NVwZ-RR 1989, 378; Hailbronner, RIW 1992, 553 (564); Burmeister, Bindungen der Gemeinden an die VOB, S.52.

Für Aufträge unterhalb der Schwellenwerte ergibt sich die Anwendungsverpflichtung der Verdingungsordnungen weiterhin aus der GemHVO.

5. Der Anwendungsbereich der Vergaberichtlinien im Verhältnis zum Anwendungsbereich des Primärrechts

Der Anwendungsbereich der Vergaberichtlinien als sekundäres Gemeinschaftsrechts beschränkt sich entsprechend dem Wortlaut der Richtlinien ausschließlich auf Aufträge oberhalb der oben bereits genannten Schwellenwerte.

Der Anwendungsbereich des primären Gemeinschaftsrechts ist dagegen weiter gefasst. Im Bereich der Auftragsvergabe oberhalb der Schwellenwerte wendet der EuGH primäres und sekundäres Recht parallel an. Der Grund hierfür liegt in der Normhierarchie des Gemeinschaftsrecht. Als abgeleitetes, sekundäres Gemeinschaftsrecht müssen sich die Richtlinien an den höherrangigen Bestimmungen des EG-Vertrages messen lassen[165]. Ausfluss dieses Vorranges des Primärrechts vor dem Sekundärrecht ist das vom Gerichtshof in ständiger Rechtsprechung formulierte Gebot der primärrechtskonformen Auslegung des Sekundärrechtes. Hiernach ist eine Bestimmung des abgeleiteten Gemeinschaftsrechts so auszulegen, daß sie mit dem EGV und den allgemeinen Grundsätzen des Gemeinschaftsrechtes vereinbar ist[166].

Darüber hinaus findet das Primärrecht im Gegensatz zum Sekundärrecht auch unterhalb der in den Vergaberichtlinien genannten Schwellenwerten Anwendung, sofern eine Beeinträchtigung des innergemeinschaftlichen Handels möglich erscheint. Auch in diesem Bereich muss die Auftragsvergabe so erfolgen, daß die Bieter aus anderen Mitgliedstaaten der europäischen Gemein-

---

165 Ruffert in: Callies/Ruffert (Hrsg.), Kommentar zum EUV/EGV, Art. 249, Rdnr. 9 ff.; Hailbronner/Webert, Die Neugestaltung des Vergaberechts durch die EG, EWS 1997, 73 (75); Riese, Vergaberecht, S. 36; Neßler, Politische Auftragsvergabe durch den Staat?, DöV 2000, 145 (151).

166 EuGH, Rs. 218/82 (Kommission/Rat), Slg. 1983, 4063, Rz. 15; Verb. Rs. 201 und 202/85 (Klensch/Staatssekretär); Slg. 1986, 3477, Rz. 21; Rs. 45/87 R (Kommission gegen Irland – Dundalk), Slg. 1987, 1369 (1375), Rz. 19; Rs. C-314/89 (Rauh), Slg. 1991, 1647, Rz. 17; Rs. C-98/91 (Herbrink), Slg. 1994, I-248, Rz. 9.

schaft nicht faktisch diskriminiert werden[167]. Da sich das sekundäre Gemeinschaftsrecht aus dem primären Gemeinschaftsrecht ableitet und demzufolge dem Primärrecht im Range nachsteht, kann es den Anwendungsbereich des Primärrechts nicht begrenzen, sondern ist vielmehr daran zu messen. Demzufolge kann auch bei Aufträgen unterhalb der Schwellenwerte unmittelbar auf die Vorschriften des EG-Vertrages zurückgegriffen werden[168].

6. <u>Vereinbarkeit der umweltpolitischen Instrumentalisierung der Auftragsvergabe mit den EG-Richtlinien</u>

Die Anwendbarkeit der EG-Richtlinien ist auf die Vergabe größerer Aufträge beschränkt. Die entscheidenden Schwellenwerte betragen für Lieferaufträge gemäß Art. 5 I a LKR 200 000 EURO (391.166 DM), für Bauaufträge gemäß Art. 6 I BKR 5 Mio. EURO (9.779.150 DM) und für Lieferaufträge aus dem Verkehrs- und Energiesektor gem. Art. 14 I a RL 93/38 (Sektorenrichtlinie) in der Regel 400 000 EURO (782.332 DM) beziehungsweise für Lieferaufträge im Telekommunikationsbereich gemäß Art. 14 I b der Richtlinie 600 000 EURO (1.173.498 DM).

Die Frage der Zulässigkeit sachfremder Koppelungen soll im folgenden exemplarisch anhand der Liefer- und Baukoordinierungsrichtlinie dargestellt werden.

Zunächst kann festgestellt werden, daß die Vergabekriterien in den Richtlinien (Art. 20 – 27 LKR, Art. 24 – 32 BKR) grundsätzlich abschließend geregelt sind und allesamt eine strenge Auftragsbezogenheit aufweisen. Maßgebend

167 Huber, Der Schutz des Bieters im öffentlichen Auftragswesen unterhalb der sogenannten Schwellenwerte, JZ 2000, 877 (880); Hailbronner/Weber, aaO., S. 75; Stickler in: Reidt/Stickler/Glahs, Vergaberecht, Kommentar, § 100 GWB, Rdnr. 10; Riese, Vergaberecht, S. 35; Pietzcker, Die neue Gestalt des Vergaberechts, ZHR 162 (1998), 427 (435); Ax, Zulässigkeit vergabefremder Kriterien, insbesondere Tariftreueerklärungen, ZVgR 1997, 46 (49); Byonk, Das neue Vergaberecht, NJW 1998, 2774 (2776); vgl. auch Entwurf einer Mitteilung der Kommission, ABl. 1999, C 94/4 ff..

168 Hailbronner/Weber, aaO, S. 75.

für den öffentlichen Auftraggeber ist entweder das Kriterium des niedrigsten Preises oder wenn der Zuschlag auf das wirtschaftlich günstigste Angebot erfolgt, verschiedene Kriterien, die je nach Auftrag wechseln. Bei der Vergabe von Lieferaufträgen ist das beispielsweise der Preis, die Lieferfrist, die Betriebskosten, die Rentabilität, die Qualität, die Ästhetik, die Zweckmäßigkeit, der technische Wert, der Kundendienst und die technische Hilfe, bei den Bauaufträgen der Preis, die Ausführungsfrist, die Betriebskosten, die Rentabilität und der technische Wert[169]. Auftragsfremde Kriterien sind daher im allgemeinen unzulässig[170].

An diesem Grundsatz hat der EuGH auch in der Beentjes- Entscheidung[171] festgehalten und festgestellt, daß gerade diese Auftragsbezogenheit bei der Beschäftigungpflicht von Langzeitarbeitslosen fehle, so daß die Bevorzugung eines Bewerbers aufgrund dieses Kriteriums als klar richtlinienwidrig anzusehen sei.

Diese Argumentation muß grundsätzlich in gleichem Maße gelten, wenn besondere, von dem eigentlichen Auftragsgegenstand unabhängige Umweltschutzanforderungen zum Vergabekriterium bei öffentlichen Ausschreibungen erklärt werden. Gemeint sind hier die Fälle, wo der öffentliche Auftraggeber an ein vergangenes Verhalten des Bewerbers anknüpft, d.h. solche Bewerber bevorzugt, die bereits in der Vergangenheit umweltverträgliche Produktionsanlagen angeschafft haben, umweltfreundliche Produktionsverfahren angewendet oder umweltfreundliche Produkte hergestellt haben.

Trotzallem ist eine Instrumentalisierung der Auftragsvergabe nicht generell unzulässig. Aus der Beentjes-Entscheidung des EuGH folgt vielmehr weiter, daß vergabefremde Kriterien Berücksichtigung finden dürfen, sofern sie als

---

[169] Art 25 RL 77/62 EWG.

[170] Hailbronner, Die Vergabe öffentlicher Aufträge nach europäischem Gemeinschaftsrecht, WiVerw 1994, 173 (204); Seidel in: Dauses, Handbuch des EG-Wirtschaftsrechts, H.IV, Rdnr. 107, vgl. hierzu auch die Rspr des EuGH: EuGH Rs. 10/76 (Kommission/Italien), Slg. 1976, 1359 (1364, Rz. 3/8; Rs. 274/83 (Kommission/Italien), Slg. 1985, 1077 (1092), Rz. 29, 30; Rs. C-360/89 (Kommission/Italien), Slg. 1992 I-3401 (3420), Rz. 19,20; Rs. C-272/91 (Kommission/Italien), Slg. 1994, I-1409 (1442), Rz. 35.

[171] EuGH, Rs 31/87 (Beentjes/Niederlande), Slg. 1988, S. 4635 (4662 ff.) = NVwZ 1990, 353 (354/355).

vertragliche Verpflichtungen vereinbart sind, d.h. als Auflagen oder zusätzliche Vertragsbedingungen qualifiziert werden können und weder unmittelbar noch mittelbar zu einer Diskriminierung der Bieter aus anderen Mitgliedstaaten der Gemeinschaft führen[172].

Der EuGH weist in diesem Zusammenhang darauf hin, daß die Richtlinie
kein einheitliches und erschöpfendes Gemeinschaftsrecht schafft, sondern
daß es den Mitgliedstaaten vorbehaltlich der Beachtung aller wesentlichen
Vorschriften des Gemeinschaftsrechts unbenommen bleibt, materiellrechtliche oder verfahrensrechtliche Bestimmungen auf dem Gebiet der öffentlichen
Aufträge aufrechtzuerhalten oder zu erlassen[173]. Daraus läßt sich ableiten,
daß der Gerichtshof eine abschließende Regelung des Gemeinschaftsrechts
nur in Bezug auf die wirtschaftliche, technische und finanzielle Leistungsfähigkeit des Bieters und in Bezug auf die Zuschlagskriterien annimmt[174]. Davon unabhängige Auftragsbedingungen, die ein bestimmtes umweltbewußtes
Verhalten des Bewerbers in der Zukunft vorschreiben, sind jedoch nicht von
vornherein richtlinienwidrig.

Demzufolge sind die EU-Staaten auch nach Auffassung des Gerichtshofes
grundsätzlich befugt, die Vergabe öffentlicher Aufträge im Anwendungsbereich der genannten EG-Richtlinien für Ziele zu instrumentalisieren, die außerhalb des eigentlichen Beschaffungszweckes liegen. Dies gilt nach Auffassung der Kommission nicht nur für die dem Beentjes-Urteil zugrundeliegende
Bedingung der Einstellung von Langzeitarbeitslosen, sondern für eine Vielzahl anderer Ziele[175]. Folglich steht auch einer umweltpolitischen Instrumentalisierung der Auftragsvergabe in den vom Gerichtshof gesetzten Grenzen nichts im Wege.

Sofern die besonderen Umweltschutzanforderungen als zusätzliche Auftragsbedingung qualifiziert werden, deren Erfüllung zwingende Voraussetzung für
die Vergabe ist, besteht die Möglichkeit des Ausschlusses sämtlicher Bewerber, die sich dieser Bedingung nicht unterwerfen können oder wollen,

---

172 EuGH, Rs 31/87 (Beentjes/Niederlande), Slg. 1988, 4635 (4661 Ziff. 37).

173 EuGH, Rs. 31/87 (Beenjes), aaO, S. 4657, Ziff. 20.

174 Hailbronner, aaO., S. 226.

175 Mitteilung der Kommission vom 22.09.1989, ABl. der EG vom 12.12.1989, Nr. C
311/7 (12).

obwohl sie nach den Kriterien der fachlichen Eignung und nach dem Prinzip der Wirtschaftlichkeit geeignet gewesen wären[176]. Der rechtliche Maßstab, anhand dessen die Vereinbarkeit solcher Bedingungen mit dem EG-Recht überprüft wird, bietet das primäre EG-Recht, insbesondere die Diskriminierungsverbote des EG-Vertrages. D.h. solange im jeweiligen Einzelfall nicht festgestellt werden kann, daß die Verwendung solcher zusätzlichen Bedingungen zu einer Behinderung des Handels innerhalb der Gemeinschaft führt, sind diese zulässig.

Der Grund für die strenge Differenzierung zwischen unzulässigen auftragsfremden Auswahl- und Zuschlagskriterien einerseits und zulässigen zusätzlichen Auftragsbedingungen andererseits ist das Streben nach einer möglichst großen Transparenz des Auftragsverfahrens zur Erreichung eines freien Waren- und Dienstleistungsverkehrs. Die Möglichkeit, umweltschutzbezogene Gesichtspunkte beispielsweise beim Kriterium der Leistungsfähigkeit miteinzubeziehen, scheitert vor allem an dieser Zielsetzung.

Kritisch anzumerken ist zum einen, daß die EG-Richtlinien nach der Rechtsprechung des Gerichtshofes zwar Raum lassen für umweltpolitisch orientierte vertragliche Bedingungen, der nationale Handlungsspielraum aufgrund der Regelungen der § 9 AGBG, § 1 UWG und § 26 II GWB a.F./ § 20 Abs. 3 GWB n.F.[177] jedoch in stärkerem Maße eingeschränkt ist. Umgekehrt sind Bevorzugungsregelungen im nationalen Recht zumindest bei annähernd gleichwertigen Angeboten zulässig, während die EG-Richtlinien solche Auswahlkriterien in Anbetracht der abschließenden Beurteilung nach dem Kriterium des niedrigsten Preises oder des wirtschaftlichen Angebotes generell ablehnen.

Die Wertung des Gerichtshofes ist gerade in Anbetracht der strengen Bindung an die Zuschlagskriterien widersprüchlich. Zwar ist die Motivation des Gerichtshofes, eine möglichst große Transparenz des Vergabeverfahrens zu erreichen, verständlich. Nicht nachvollziehbar ist jedoch, daß der Gerichtshof mit den zusätzlichen Auftragsbedingungen eine Instrumentalisierung der Auftragsvergabe zuläßt, die gegenüber den potentiellen Auftragnehmern ein-

---

[176] Osterloh, Frauenförderung im Rahmen der öffentlichen Mittelvergabe, Gutachten im Auftrag des MWMT NRW, 1991, S. 123.

[177] Die Darstellung dieser Regelungen erfolgt in einem eigenen Gliederungsabschnitt.

schneidender wirken kann als Auswahlkriterien, die einen grundsätzlichen Vorrang der Zuschlagskriterien des niedrigsten Preises oder des wirtschaftlichen Angebotes beachten und nur geringfügige Bevorzugungen aus verfassungsrechtlich oder EG-rechtlich zulässigen Gründen erlauben. Denn wenn die Auftragnehmer die zusätzlich auferlegte Bedingung nicht akzeptieren, aus welchen Gründen auch immer, können sie ausgeschlossen werden unabhängig davon, ob sie die Eignungs- und Zuschlagskriterien erfüllen.

Im Rahmen der umweltpolitischen Instrumentalisierung sollten neben den zusätzlichen Auftragsbedingungen bei annähernd gleichwertigen Angeboten zumindest solche Vergabekriterien akzeptiert werden, die auftragsbezogen sind, d.h. in einem konkreten Zusammenhang mit der zu erbringenden Leistung stehen, da diese anders zu beurteilen sind als eine von dem Auftrag unabhängige Forderung nach der Einstellung von Langzeitarbeitslosen. Selbst Generalanwalt Darmon hat im Schlußantrag zur Rechtssache Beentjes festgestellt, daß die Zuschlagskriterien im Bereich des wirtschaftlichsten Angebotes nicht erschöpfend dargestellt sind, jedoch allesamt ein gemeinsames Merkmal aufweisen: „Sie müssen, ebenso wie die ausdrücklich angeführten, die zu erbringende Leistung oder die Modalitäten ihrer Ausführung betreffen, dürfen sich jedoch nicht auf die Person des „Leistungserbringers" beziehen[178]." In Anbetracht des Ziels einer weitgehenden Transparenz des Vergabeverfahrens werden solche komplizierten Differenzierungen allerdings schwer durchzusetzen sein[179].

In einem Urteil vom 26.09.2000 hat der EuGH[180] erneut über die Zulässigkeit politischer Auftragskriterien – hier das Zuschlagskriterium der Erfüllung von Beschäftigungsanforderungen zur Bekämpfung der lokalen Arbeitslosigkeit entschieden. Der EuGH bezieht sich auch in dieser Entscheidung zunächst wieder auf die in den Richtlinien genannten Zuschlagskriterien des niedrigsten Preises und des wirtschaftlich günstigsten Angebotes, stellt aber gleichzeitig unter Bezugnahme auf das Beentjes-Urteil fest, daß der öffentliche Auftraggeber nach der Baukoordinierungsrichtlinie nicht in jedem Fall

---

[178] EuGH, Rs. 31/87 (Beentjes), Slg. 1988, 4649, Ziff. 35 der Schlussanträge des Generalanwaltes Darmon.

[179] Osterloh, aaO., S. 127.

[180] EuGH, Rs. C-225/98 /Kommission/Französische Republik), JZ 2001, 138.

daran gehindert ist, eine mit dem Kampf gegen die Arbeitslosigkeit zusammenhängende Bedingung als Kriterium zu verwenden, sofern diees mit den Vorschriften des primären Gemeinschaftsrechts vereinbar ist.

Obwohl das Urteil sich auf das Beentjes-Urteil bezieht, steht es doch im Widerspruch zu diesem Entscheidung wie auch im Widerspruch zu den EG-Vergaberichtlinien. In der Beentjes-Entscheidung hatte der EuGH lediglich zusätzliche Bedingungen zugelassen, ansonsten aber an seiner Rechtsprechung des abschließenden Charakters der Zuschlagskriterien festgehalten. Der EuGH hatte in dem damaligen Urteil eindeutig festgestellt, daß es bei der Beschäftigungspflicht von Langzeitarbeitslosen weder um ein Eignungskriterium, noch um ein Zuschlagskriterium handelt. Im Gegensatz hierzu läßt der EuGH in seiner Entscheidung aus dem Jahre 2000 – ohne nähere Begründung – ein weiteres Zuschlagskriterium mit dem Hinweis zu, dass es schon damals bei der Zuweisung von Langzeitarbeitslosen als Auftragsbedingung in Wirklichkeit um ein Zuschlagskriterium gegangen sei. Hiergegen spricht wie bereits dargelegt die eindeutige Aussage des EuGH in Rdnr. 28 des Beentjes-Urteils[181].

Von wesentlicher Bedeutung ist allerdings, daß der EuGH auch in diesem Urteil an der Fortgeltung der „wesentlichen Grundsätze des Gemeinschaftsrechts" festhält, so daß jedes Vergabekriterium außerhalb der in den EG-Vergaberichtlinien aufgeführten Kriterien auf Verstöße gegen die Bestimmungen des EG-Vertrages überprüft werden muß.

Es bleibt daher abschießend festzuhalten, daß die Vereinbarkeit der im Rahmen der Auftragsvergabe verfolgten umweltpolitischen Ziele mit dem EG-Recht endgültig anhand des primären Gemeinschaftsrechts – dem EG-Vertrag zu klären ist.

---

181 Vgl. Dreher, Anmerkung zum Urteil des EuGH vom 26.09.2000, JZ 2001, 138 (141).

II. Der EG-Vertrag

1. Art. 28 EGV/ Art. 30 EGV a. F.

Bei Art. 28 EGV/ Art. 30 EGV a. F. handelt es sich um eine der wichtigsten Vorschriften des Primärrechts zum Schutz des freien Warenverkehrs innerhalb der Gemeinschaft.

Verboten sind zum einen mengenmäßige Einfuhrbeschränkungen, die Einfuhr von Waren oberhalb eines gewissen Kontingents und Wertes generell verhindern und andererseits die Maßnahmen gleicher Wirkung (MglW), die die Einfuhr auf andere Art und Weise erschweren[182]. Das Verbot der Maßnahmen gleicher Wirkung stellt damit eine Ergänzung des Verbots der mengenmäßigen Einfuhrbeschränkung dar[183]. Durch Art. 28 EGV/ Art. 30 EGV a. F. sollen umfassend alle Handelshemmnisse für den Warenverkehr im Gemeinsamen Markt beseitigt und verdeckter nationaler Protektionismus verhindert werden[184].

Nach dem Wortlaut des Art. 28 EGV/ Art. 30 EGV a. F. fallen in seinen Anwendungsbereich lediglich die öffentlichen Lieferaufträge. Öffentliche Bauaufträge unterliegen Art. 49 EGV/ Art. 59 EGV a. F.. Beachtenswert ist allerdings, daß die Beschränkung auf bestimmte zu verwendende Materialien im Rahmen der Ausschreibung eines öffentlichen Bauauftrages ebenfalls von Art. 28 EGV/ Art. 30 EGV a. F. erfaßt wird[185].

---

[182] Matthies/vonBorries in: Grabitz, Kommentar zur Europäischen Union, 10. Erg. Lieferung, Stand Oktober 1996, Art. 30, Rdnrn. 1-3.

[183] Müller-Graff in: Groeben/Thiesing/Ehlermann, Kommentar zum EU-/EG-Vertrag, 5. Aufl., 1997, Art. 30, Rdnr. 31.

[184] EuGH, Rs 132/80 (United Foods),Slg. 1981, 995 (1023); Müller-Graff in: Groeben/Thiesing/Ehlermann, Art. 30, Rdnr. 31, 32 ff..

[185] EuGH, Rs.45/87 (Kommission/Irland), Slg. 1988, 4929 (Ziff. 17).

a. Der Begriff der Maßnahme gleicher Wirkung

Genau wie die mengenmäßige Einfuhrbeschränkung wird auch der Begriff der MglW im EG-Vertrag nicht definiert.

Nach einhelliger Auffassung muß es sich bei der MglW um eine staatliche oder dem Staat zurechenbare Maßnahme handeln, die geeignet ist, die Ein- und Ausfuhren zu behindern[186].

Der EuGH hat im Urteil „Geddo"[187] erstmals den Begriff der mengenmäßigen Einfuhrbeschränkung definiert und ist dabei davon ausgegangen, daß es sich um eine staatliche Maßnahme handeln muß. Da die zentralen Begriffe in Art. 28 EGV/ Art. 30 EGV a. F. nicht beziehungslos nebeneinander stehen, muß auch im Falle einer MglW eine staatliche Handlung vorliegen.

aa.   Die Staatlichkeit der Maßnahme und deren Bedeutung für den Anwendungsbereich des Art. 28 EGV/ Art. 30 EGV a. F. auf dem Gebiet der instrumentalisierten Auftragsvergabe

Entscheidend im Rahmen des Art. 28 EGV/ Art. 30 EGV a. F. ist die Ausübung hoheitlicher Gewalt[188]. In der Hauptsache handelt es sich bei den staatlichen Maßnahmen um Rechts- oder Verwaltungsvorschriften, die eine unbestimmte Vielzahl von Einzelfällen regeln und damit einen allgemeinen Charakter aufweisen. Im Gegensatz dazu wird die Regelung von Einzelfällen grundsätzlich nicht von Art. 28 EGV/ Art. 30 EGV a. F. erfaßt. Eine andere Beurteilung hat jedoch dann zu erfolgen, wenn es sich um die gleichförmige Regelung mehrerer Einzelfälle handelt. Auf dieser Grundlage bezieht der EuGH auch Verwaltungspraktiken ein, jedenfalls soweit diese sich hinrei-

---

186 Ehlermann, Das Verbot der Maßnahmen gleicher Wirkung in der Rechtsprechung des Gerichtshofes, Festschrift für Hans-Peter Ipsen, s. 579 (580); Oppermann, Europarecht, Rdnr. 1160,1162; Vademecum über das öffentliche Auftragswesen in der Gemeinschaft vom 31.12.1987, ABl.EG C 358/9.

187 EuGH, Slg. 1973, 865 (879).

188 Matthies/von Borries in: Grabitz, aaO., Art. 30, Rdnr. 5.

chend verfestigt haben und einen bestimmten Grad an Allgemeinheit aufweisen[189].

Aufgrund dieser Feststellungen muß im Bereich der öffentlichen Auftragsvergabe eine Zweiteilung erfolgen. Hoheitliches Handeln ist demzufolge immer dann gegeben, wenn der Staat oder einer seiner Untergliederungen eine gleichgerichtete Verwaltungspraxis für die Vergabe öffentlicher Liefer- oder Bauaufträge vorschreibt, beispielsweise nur noch Unternehmen zu berücksichtigen, die eine bestimmte Verpackungsart der Produkte gewährleisten können oder bestimmte Baumaterialien verwenden.

Anders zu beurteilen sind aber die Fälle, in den Umweltschutzanforderungen an das Bewerberverhalten im Rahmen der Ausschreibung jeweils für einen bestimmten Auftrag gestellt werden, da hier keine gleichförmige Verwaltungspraxis gegeben ist, sondern im Gegenteil Regelungen für einen bestimmten Einzelfall getroffen werden. Im übrigen fällt auch die konkrete Vergabeentscheidung, also die wirtschaftliche Nachfrage als solche, nicht unter Art. 28 EGV/ Art. 30 EGV a. F., da der Zuschlag immer für ein bestimmtes Projekt vergeben wird. Darüber hinaus handelt der Staat - wie bereits dargestellt - bei der konkreten Auftragsvergabe privatrechtlich, indem er mit dem Auftragnehmer je nach Art des Auftrages einen Kauf- , Werk-, Werklieferungs- oder Dienstvertrag abschließt[190].

Bezüglich der Einordnung als staatliche Tätigkeit muß zwischen der Aufstellung von generellen Regelungen zur Auftragsvergabe einerseits und Regelungen für einen konkreten Auftrag sowie der Auftragsvergabe als solcher andererseits unterschieden werden. Ersteres Verhalten muß entsprechend obigen Ausführungen hoheitlich sein, während das letztere als wirtschaftliche Tätigkeit einzustufen ist und somit nicht Art. 28 EGV/ Art. 30 EGV a. F. unterliegt.

---

[189] EuGH, Rs 21/84 (Kommission/Frankreich), Slg. 1985, 1355; a.A. wohl Müller-Graff in Groeben/Thiesing/Ehlermann, Art. 30, Rdnr. 291, der auch Einzelakte der Verwaltung dem Anwendungsbereich des Art. 30 EGV zuschlagen will.

[190] Siehe Kapitel § 1 V 4; Jank/Zdzieblo, Einführung in das öffentliche Auftragswesen, S. 27.

bb. Die Abgrenzung der verbotenen Maßnahmen gleicher Wirkung von den erlaubten Staatshandlungen

Ausgangspunkt der Betrachtung ist der Konflikt zwischen dem in Art. 28 EGV/ Art. 30 EGV a. F. geschützten freien innergemeinschaftlichen Warenverkehr einerseits und den verbliebenen Regelungskompetenzen der Mitgliedstaaten im Bereich des innerstaatlichen Handels andererseits. Es besteht Einigkeit darüber, daß der EG-Vertrag den Mitgliedstaaten nicht die generelle Befugnis zu wirtschaftspolitischen Handeln entzieht[191]. Das in Art. 28 EGV/ Art. 30 EGV a. F. enthaltene Verbot der MglW bewirkt jedoch eine Einschränkung dieser Kompetenzen. Der Umfang des danach verbleibenden Handlungsspielraumes der Mitgliedstaaten, welcher abhängig ist vom Anwendungsbereich der MglW, wird innerhalb der Literatur unterschiedlich bewertet. Im Vordergrund steht dabei die Diskussion, ob neben den Voraussetzungen „staatliche Maßnahme" und „Geeignetheit zur Handelsbehinderung" weitere Voraussetzungen vorliegen müssen.

(1) Die extensive Auslegung

Die Vertreter der extensiven Auslegung gewichten den Grundsatz des freien Warenverkehrs stärker als die Regelungskompetenzen der EG-Staaten. Danach sind alle Maßnahmen, die zur Handelsbehinderung geeignet sind MglW, ohne Rücksicht darauf, ob es sich um unterschiedliche oder unterschiedslose Maßnahmen handelt[192]. Die Regelungsbefugnis der Mitgliedstaaten beschränkt sich demzufolge auf die in Art. 30 EGV/ Art. 36 EGV a. F. enthaltenen Ausnahmetatbestände.

---

[191] Ehlermann, Festschrift für Hans-Peter Ipsen, S. 579 (581); Matthies/von Borries in: Grabitz, Kommentar zur EU, Art. 30, Rdnr. 8; Matthies, Festschrift für Hans-Peter Ipsen, S. 669 (670).

[192] Verloren van Themaat, Sociaal-Economische Wetgeving, 1970, S. 258 ff..

(2)   Die restriktive Auslegung

Nach der restriktiven Auslegung[193] wird der Anwendungsbereich der MglW auf diejenigen Maßnahmen beschränkt, die ausländische und inländische Waren formal unterschiedlich behandeln. Der gesamte Bereich der unterschiedslosen Maßnahmen ist vom Wirkungsbereich des Art. 28 EGV/ Art. 30 EGV a. F. ausgenommen. Hiernach wird der Handlungsspielraum der Mitgliedstaaten eindeutig höher bewertet als der ungehinderte Warenverkehr im Gemeinsamen Markt.

(3)   Die vermittelnde Auslegung

Die extensive Auslegung setzt sich dem Vorwurf aus, eine ausufernde Anwendung des Art. 28 EGV/ Art. 30 EGV a. F. zu befürworten, während gegen die restriktive Lehre vorgebracht wird, sie leiste der Umgehung des Art. 28 EGV/ Art. 30 EGV a. F. Vorschub.

Aus dieser Kritik heraus hat sich eine vermittelnde Ansicht entwickelt, zu deren Vertretern ursprünglich auch die Kommission zählte. Insbesondere die Richtlinie 70/50/EWG vom 22.12.1969 zu Art. 33 Abs. 7 EGV a.f. verdeutlicht den damaligen Standpunkt[194]. In dieser Richtlinie nahm die Kommission eine Differenzierung zwischen solchen Maßnahmen vor, die unterschiedslos auf inländische und ausländische eingeführte Waren Anwendung finden und solchen, die diese Waren unterschiedlich behandeln.

Die unterschiedlich wirkenden Maßnahmen sind in der Regel- wie allgemein anerkannt - stets MglW, während die unterschiedslosen Maßnahmen nur dann dem Anwendungsbereich des Art. 28 EGV/ Art. 30 EGV a. F unterfallen, wenn „deren beschränkende Wirkungen auf den Warenverkehr den Rahmen der solchen Handelsregelungen eigentümlichen Wirkungen überschreiten". Eine grundsätzliche Anwendung des Art. 28 EGV/ Art. 30 EGV a. F. im Falle der unterschiedslos geltenden Maßnahmen lehnte die Kommission

---

193 Seidel, Martin, Der EWG-rechtliche Begriff der Maßnahmen gleicher Wirkung, NJW 1967, 2081 ff.; Graf, Der Begriff "Maßnahmen gleicher Wirkung wie mengenmäßige Einfuhrbeschränkungen" in dem EWG-Vertrag, S. 31 ff..
194 Abl.1970 Nr. L 13/29 vom 19.01.1970.

folglich ab. Die Einstufung als MglW war danach auf Ausnahmefälle beschränkt. Art. 3 II der genannten Richtlinie erkennt einen solchen Ausnahmefall insbesondere an, wenn „die den freien Warenverkehr beschränkende Wirkung außer Verhältnis zu dem angestrebten Ziel steht" oder „wenn das gleiche Ziel durch ein anderes Mittel erreicht werden kann, das den Warenaustausch am wenigsten behindert".

Dazu zählen vor allem diejenigen Maßnahmen, die die Einfuhren völlig unterbinden oder sie schwieriger oder kostspieliger gestalten als den Absatz inländischer Erzeugnisse[195].

Diese Auffassung der Kommission wurde im Schrifttum im Hinblick auf das Ziel eines ungehinderten zwischenstaatlichen Warenverkehrs als zu eng kritisiert[196].

In der Zwischenzeit hat sich die Kommission im wesentlichen den vom EuGH herausgearbeiteten Grundsätzen angeschlossen.

(4)   Die Rechtsprechung des EuGH

(a)   Die Definition des Gerichtshofes

In seinem grundlegenden Urteil „Dassonville"[197] hat der EuGH erstmals eine Definition des Begriffes der MglW gegeben.

Nach der sogenannten „Dassonville-Formel" ist eine Maßnahme gleicher Wirkung grundsätzlich „jede Handelsregelung der Mitgliedstaaten, die geeignet ist, den innergemeinschaftlichen Handel unmittelbar oder mittelbar, tatsächlich oder potentiell zu behindern"[198]. Bis heute hat der EuGH diesen

---

[195] 10. Erwägungsgrund der Richlinie 70/50/EWG, Abl. 1970 Nr. L 13/29.

[196] Vgl. dazu Veelken, Maßnahmen gleicher Wirkung wie mengenmäßige Beschränkungen, EuR 1977, 311 (320); Ehlermann, Festschrift für Hans-Peter Ipsen, 579 (584); Matthies/von Borries in: Grabitz, aaO., Art. 30, Rdnr. 11.

[197] EuGH, Rs 8/74-Slg. 1974, 837 ff.

[198] EuGH, Rs 8/74-Slg. 1974, 837 (847).

Grundsatz in den einschlägigen Entscheidungen wiederholt und bekräftigt[199].

Anders als die ursprüngliche Auffassung der Kommission unterscheidet der EuGH nicht zwischen unterschiedlich und unterschiedslos geltenden Maßnahmen. Damit fallen nicht nur diskriminierende Maßnahmen unter das Verbot des Art. 28 EGV/ Art. 30 EGV a. F., sondern auch solche, die gleichermaßen für inländische und ausländische Waren gelten[200]. Diese weite Auslegung des Begriffes der MglW beruht darauf, daß auch unterschiedslos anwendbare Maßnahmen geeignet sind, nationale Anbieter verdeckt zu protektionieren, was gerade durch das Verbot des Art. 28 EGV/ Art. 30 EGV a. F. verhindert werden soll[201].

Neben den allgemein anerkannten Voraussetzungen der Staatlichkeit der Maßnahme[202] und deren Eignung zur Handelsbehinderung hat der EuGH keine zusätzlichen Voraussetzungen eingeführt.

Für die Geeignetheit der Maßnahme ist eine mittelbare und potentielle Handelsbehinderung, die überwiegend im Bereich des Warenabsatzes auftritt, ausreichend. Die Feststellung einer konkreten Behinderung ist nicht erforderlich[203].

Anders als in den Art. 81 ff. EGV/ Art. 85 ff. EGV a. F. sind Feststellungen hinsichtlich Ausmaß und Intensität der Handelsbehinderung (Spürbarkeit) nicht zu treffen[204].

---

[199] Vgl. dazu die neuere Rspr. des EuGH, Rs. 229/83 (Leclerc),Slg. 1985, 12; Rs 269/83 (Kommission/Frankreich), Slg. 1985, 837; Rs 103/84 (Kommission/Italien,-Slg. 1986, 1759 (1760); Rs 407/87 (Drei Glocken), Slg. 1988, 4233; Rs 69/88 (Krantz GmbH & Co), Slg. 1990, 583 (597 - Ziff. 9).

[200] Montag, Umweltschutz und EG-Recht, RIW 1987, 935 (937); Ahlt, Europarecht, S. 79.

[201] Müller-Graff in: Groeben/Thiesing/Ehlermann, Art. 30, Rdnr. 32 ff..

[202] Siehe dazu Kapitel § 2 II 1 a aa.

[203] EuGH Rs 124/85 (Kommission/Griechenland), Slg. 1986, 3935 (3948); Matthies/von Borries in: Grabitz, aaO., Art. 30, Rdnr. 15; Müller-Graff in: Groeben-Thiesing-Ehlermann, Art. 30, Rdnrn. 64, 65.

[204] Müller-Graff in: Groeben/Thiesing/Ehlermann, Art. 30, Rdnr. 59; Dauses, Dogmatik des freien Warenverkehrs in der Europäischen Gemeinschaft, RIW 1984, 197 ff..

Angesichts dieser weiten Auslegung des Begriffes der MglW durch den EuGH und der damit zusammenhängenden starken Einschränkung der Regelungsbefugnis der Mitgliedstaaten muß zugunsten der im Allgemeininteresse stehenden Maßnahmen eine Eingrenzung der Dassonville-Formel erfolgen.

(b)   Die „Cassis de Dijon-Rechtsprechung"

In der Rechtssache „Cassis de Dijon"[205] war der EuGH mit einer unterschiedslos anwendbaren deutschen Regelung befaßt, die sowohl für ausländische als auch für einheimische Liköre einen Mindestalkoholgehalt von 25 % vorschrieb. Diese Regelung führte dazu, daß der französische Cassis de Dijon, der lediglich zwischen 15 und 20 % Alkoholgehalt hat, nicht in Deutschland vertrieben werden konnte. In konsequenter Anwendung der Dassonville-Rechtsprechung lag damit eine verbotene Behinderung gemäß Art. 28 EGV/ Art. 30 EGV a. F. vor, die auch nicht durch die eng zu interpretierenden Ausnahmetatbestände des Art. 30 EGV/ Art. 36 EGV a. F. gerechtfertigt war.

Der EuGH hat in dem geschilderten Fall festgestellt, daß es in Ermangelung einer gemeinschaftlichen Regelung Sache der Mitgliedstaaten sei, alle die Herstellung und Vermarktung betreffenden Regelungen zu erlassen. Behinderungen, die sich aus den unterschiedlichen nationalen Regelungen ergeben „müssen hingenommen werden, soweit diese Bestimmungen notwendig sind, um zwingenden Erfordernissen gerecht zu werden, insbesondere den Erfordernissen einer wirksamen steuerlichen Kontrolle, des Schutzes der öffentlichen Gesundheit, der Lauterkeit des Handelsverkehrs und des Verbraucherschutzes[206]".

Kurz zusammengefaßt bedeutet dies, daß eine unterschiedslos für ausländische und einheimische Waren geltende Regelung, die zur Handelsbehinderung geeignet ist, dann nicht als MglW anzusehen ist, wenn sie notwendig ist, um zwingenden Erfordernissen gerecht zu werden[207].

---

[205] EuGH, Rs 120/78 (Cassis de Dijon), Slg. 1979, 649.
[206] EuGH, Rs 120/78 (Cassis de Dijon), Slg. 1979, 649 (662).
[207] Ursprünglich bestand ein Streit darüber, ob diese EuGH-Rechtsprechung eine inhaltliche Ausgestaltung des Begriffes der MglW darstellt oder eine Ausweitung der

(aa)   Unterschiedslos anwendbare Maßnahmen

Die Anwendbarkeit der Cassis-Rechtsprechung ist beschränkt auf unterschiedslos anwendbare Maßnahmen. Im Falle des Vorliegens sonstiger Maßnahmen kann nur auf die in Art. 30 EGV/ Art. 36 EGV a. F. aufgeführten Rechtfertigungsgründe zurückgegriffen werden.

Der Auslegung des obengenannten Begriffes kommt damit eine entscheidende Bedeutung zu. Nur wenn keinerlei Differenzierung zwischen den inländischen und ausländischen Waren feststellbar ist, kann von einer unterschiedslos anwendbaren Regelung gesprochen werden.

Im Falle einer materiellen Diskriminierung, d.h. einer faktischen Erschwernis für ausländische Waren durch eine nationale Regelung stellt sich die Frage, ob eine Rechtfertigung durch die Cassis-Rechtsprechung möglich ist. Da faktische Schlechterstellungen aufgrund der großen nationalen Unterschiede in den einzelnen Mitgliedstaaten durch einzelstaatliche Maßnahmen häufig vorkommen können, besteht die Gefahr einer Aushöhlung der Cassis-Rechtsprechung, wenn der Anwendungsbereich der materiellen Diskriminierung weit gefaßt würde.

Aus diesem Grund bleibt eine Rechtfertigung mittels der Cassis-Rechtsprechung nur versagt, wenn die unterschiedslos geltende Regelung gerade und ausschließlich den Zweck einer Einfuhrerschwernis verfolgt[208].

Rechtfertigungstatbestände des Art. 36 EWGV beinhaltet. Nach heute herrschender Auffassung ist Art. 36 EWGV als Ausnahmevorschrift zu Art. 30 EWGV eng auszulegen, da diese Vorschrift mit Art. 30 EWGV im Spannungsverhältnis steht, d.h. eine Abwägung zwichen dem Grundsatz des freien Warenverkehrs einerseits und den Regelungsbefugnissen der Mitgliedstaaten andererseits getroffen werden muß. Die Aufzählung der dort genannten Rechtfertigungstatbestände ist daher abschließend- Vgl. hierzu: Matthies/von Borries, Art. 36 EGV, Rdnrn. 2,3; Moench, Der Schutz des freien Warenverkehrs im Gemeinsamen Markt, NJW 1987, 2689 (2691, 2692); Müller-Graff in: Groeben-Thiesing-Ehlermann, Art. 36, Rdnr. 28.

208 Müller-Graff in: Groeben-Thiesing-Ehlermann, Art. 30, Rdnr. 196.

(bb) Zwingende Erfordernisse

Die durch die nationale Maßnahme ausgelösten Handelshemmnisse sind nur aufgrund zwingender Erfordernisse gerechtfertigt.

Mit dieser Formulierung meint der Gerichtshof Ziele oder Erwägungen, die im Interesse des Gemeinwohls liegen[209]. Die im Urteil „Cassis de Dijon" aufgezählten Ziele haben keinen abschließenden Charakter, sondern stellen lediglich eine Konkretisierung des Allgemeininteresses dar[210].

Damit können auch sonstige Gründe des Gemeinwohls als zwingendes Erfordernis eingestuft werden; so geschehen im Bereich des Umweltschutzes. Erste Anzeichen für eine Einstufung des Umweltschutzes als zwingendes Erfordernis durch den Gerichtshof bietet das „Kramer-Urteil"[211]. Zum Schutz der Meeresschätze erklärte der EuGH nationale Fischfangbeschränkungen als mit Art. 28 EGV/ Art. 30 EGV a. F. vereinbar.

Diese Entwicklung setzt sich fort in den Entscheidungen zu den französischen Altölfällen. Insbesondere in der Rechtssache 240/83 (ADBHU)[212] bezeichnete der EuGH den Umweltschutz als ein „wesentliches Ziel der Gemeinschaft", welches geeignet ist, bestimmte Beschränkungen des freien Warenverkehrs zu rechtfertigen.

In seiner Entscheidung über die dänische Regelung für Getränkeflaschen[213] hat der EuGH den Umweltschutz erneut als zwingendes Erfordernis im Sinne der Cassis de Dijon-Rechtsprechung anerkannt und damit dem Ziel der Ab-

---

[209] EuGH, Rs 120/78-(Cassis de Dijon), Slg. 1979, 646 (664); Rs 130/80 (Keldermann), Slg. 1981, 527.

[210] Montag, Umweltschutz und EG-Recht, RIW 1987, 935 (937); so auch Steindorff, Umweltschutz in Gemeinschaftshand?, RIW 1984, 767 (769); Müller-Graff in: Groeben-Thiesing-Ehlermann, Art. 30, Rdnr. 203.

[211] EuGH, Rs 3 und 4/76, Slg. 1976, 1279 (1314).

[212] EuGH, Slg. 1985, 531 (549).

[213] EuGH, Rs 302/86 (EG-Kommission/Dänemark), Slg. 1988, 4607.

fallvermeidung durch die Pfandflaschenregelung hohes Gewicht ver-
liehen[214].

Die Auffassung des Gerichtshofes wird sowohl von der Kommission[215] als
auch von der rechtswissenschaftlichen Literatur[216] geteilt. Die Art. 174 –
176 EGV/ Art. 130 r – Art. 130 t EGV a. F. schreiben den Umweltschutz als
Gemeinschaftsziel fest und auch Art. 2 des EGV zählt das umweltverträgliche Wachstum zu den Aufgaben der Gemeinschaft. Kohlhepp[217] sieht in den
Art. 174 – 176 EGV/ Art. 130 r – 130 t EGV a. F. immanente Schranken des
freien Warenverkehrs.

(cc) Rechtmäßigkeit der nationalen Umweltschutzmaßnahme

Prüfungsmaßstab des EuGH für die Rechtmäßigkeit nationaler Maßnahmen
zum Schutz der Umwelt bildet der Verhältnismäßigkeitsgrundsatz, welcher
auch innerhalb der Prüfung des Art. 30 EGV/ Art. 36 EGV a. F. herangezogen wird. Erforderlich ist demnach eine Abwägung zwischen dem Grundsatz
des freien Warenverkehrs einerseits und dem Umweltschutz andererseits, innerhalb der auf die Regeln des Art. 30 S. 2 EGV/ Art. 36 S. 2 EGV zurückgegriffen werden soll[218]. Ein Vorrang der nationalen Maßnahmen ist danach
abzulehnen, wenn feststeht, daß diese ein Mittel zur willkürlichen Diskriminierung darstellen oder auf eine verschleierte Beschränkung des innergemeinschaftlichen Handels gerichtet sind. Der letztgenannte Grundsatz findet
seinen Ausdruck auch in Art. 95 IV EGV/ Art. 100 a IV EGV a. F..

---

214 Everling, Umweltschutz durch Gemeinschaftsrecht in der Rechtsprechung des EuGH,
Forum Umweltrecht, Umweltschutz in der europäische Gemeinschaft, Bd. 6, 29
(38).

215 siehe Kommission, Antwort auf die schriftliche Anfrage Nr. 749/81, Abl. Nr. C
309/7.

216 Müller-Graff in: Groeben-Thiesing-Ehlermann, Art. 30, Rdnr. 224; Matthies/von
Borries in: Grabitz, aaO., Art. 30, Rdnr. 19; Steindorff,RIW 1984, 767 (769); Montag, RIW 1987, 935 (937 ff.); Zils, Die Wertigkeit des Umweltschutzes in Beziehung zu anderen Aufgaben der Europäischen Gemeinschaft, S. 90 ff..

217 Kohlhepp, Beschränkung des freien Warenverkehrs in der EG durch nationale Um-
weltschutzbestimmungen- Anmerkung zum EuGH-Urteil über die dänische Pfand-
flaschenbestimmung, DB 1989, 1455 (1456).

218 Müller-Graff in: Groeben-Thiesing-Ehlermann, Art. 30, Rdnr. 231.

Der Grundsatz des freien Warenverkehrs tritt nur zurück, wenn die Maßnahme zur Erreichung des Zieles Umweltschutz notwendig, d.h. erforderlich, geeignet und angemessen ist[219]. Besonderen Wert legt der EuGH darauf, daß die Mitgliedstaaten Maßnahmen wählen, die den freien Warenverkehr innerhalb der Gemeinschaft am wenigsten belasten[220].

(c)   Neuere Tendenzen in der EuGH-Rechtsprechung

In seiner neuesten Rechtsprechung[221] zum Art. 28 EGV/ Art. 30 EGV a. F. scheint der EuGH von der weiten Auslegung des Art. 28 EGV/ Art. 30 EGV a. F. durch die Dassonville-Formel Abstand zu nehmen. In der Ausgangsentscheidung „Keck und Mithouard" ging es um das gesetzliche Verbot Frankreichs, Erzeugnisse im unveränderten Zustand unter dem Einkaufspreis weiterzuveräußern. Entgegen seiner bisherigen Rechtsprechung führte der EuGH aus, daß eine nationale Rechtsvorschrift, die bestimmte Verkaufsmodalitäten verbietet oder einschränkt dann nicht als MglW im Sinne von Art. 28 EGV/ Art. 30 EGV a. F. angesehen werden könne, sofern diese Regelung den Absatz aller inländischen und ausländischen Erzeugnisse rechtlich wie faktisch in gleicher Weise betreffe. Statt einer Einzelfallabwägung unter Berücksichtigung der Cassis-Rechtsprechung oder des Art. 30 EGV/ Art. 36 EGV a. F. ist die Anwendung der Dassonville-Formel grundsätzlich bei allgemein geltenden, bestimmten Verkaufsmodalitäten unter bestimmten Voraussetzungen auszuschließen[222]. In diesem Fall ist die Regelung dem An-

---

[219] Matthies/von Borries in: Grabitz, aaO., Art. 30, Rdnr. 21; Everling, Zur neueren EuGH-Rechtsprechung zum Wettbewerbsrecht, EuR 1982, 301 (306); Müller-Graff in: Groeben-Thiesing-Ehlermann, Art. 30, Rdnr. 231; Art. 36, Rdnr. 94; zuletzt - EuGH Rs. C-470/93 (Mars), Slg. 1995, I-1923, 1941 f. Ziff. 15 und Rs. C 368/95 (Vereinigte Familiapress/Heinrich Bauer Verlag), Slg. I 1997, 3709 (3716).

[220] EuGH, Rs 261/81 (Rau), Slg. 1982, 396; Kohlhepp, DB 1989, 1455 (1456).

[221] EuGH, Rs. C- 267/91 und C 268/91 (Strafverfahen gegen Bernhard Keck und Daniel Mithouard), Urt. vom 24.11.1993, NJW 1994 = Slg. 1993 I-6097, Rdnrn. 16 u. 17; EuGH, Urt. vom 15.12. 1993 (Hünermund), EuZW 1994, 119; EuGH, Rs C-401 und C-402/92 (Tankstation Boermans), Slg. 1994, 2199 (2233 f.); Rs C-69 und C-258/93 (Punto Casa), Slg. 1994, 2355 (2368); verbundene Rs. C.401/92 und C.402/93 (Tankstation ′t-Heukske),Slg. I 1994, 2199 (2227); Rs. C-63/94 (Belgapom-Kartoffelhandel), Slg. 1995, I-2467; Rs. C-387/93 (Banchero), Slg. 1995, I-4663 (4694 f, Ziff. 35 ff.).

[222] Müller-Graff in: Groeben-Thiesing-Ehlermann, Art. 30 Rdnr. 239.

wendungsbereich des Art. 28 EGV/ Art. 30 EGV a. F. grundsätzlich entzogen[223]. Der Grund für diese neue Rechtsprechung des EuGH ist die ausufernde Berufung der Wirtschaftsteilnehmer auf Art. 28 EGV/ Art. 30 EGV a. F..

Zu beachten ist, daß der EuGH zwischen produktbezogenen Bestimmungen einerseits und bestimmten Verkaufsmodalitäten andererseits unterscheidet und die ersteren nach wie vor dem Anwendungsbereich des Art. 28 EGV/ Art. 30 EGV a. F. unterstellt. Für den Bereich der Verkaufsmodalitäten soll Art. 28 EGV/ Art. 30 EGV a. F. weiterhin Anwendung finden, wenn verschleierte faktische Vermarktungshindernisse geschaffen werden oder die Regulierung der Verkaufsmodalität nicht von der Ware abgekoppelt werden kann[224].

Die Bedeutung der Keck-Entscheidung liegt in ihrer Begründung, da die nationale Regelung nicht wegen ihrer Verhältnismäßigkeit, sondern wegen ihrer fehlenden diskriminierenden Wirkung vor Art. 28 EGV/ Art. 30 EGV a. F. bestehen konnte[225]. Für bestimmte Verkaufsmodalitäten wird Art. 28 EGV/ Art. 30 EGV a. F. demzufolge auf ein Diskriminierungsverbot begrenzt[226].

Schwachpunkt der Entscheidung ist der wenig konturierte Begriff der bestimmten Verkaufsmodalität und die damit zusammenhängende Problematik der Abgrenzung zwischen produkt- und vertriebsbezogenen Regelungen. Als Verkaufsmodalität kann jede Bedingung eingestuft werden, die der Absatzförderung eines Produktes dient, folglich auch Regelungen über Produktzusammensetzung oder Verpackung. Die schärfere Eingrenzung dieses Begriffes wird wohl erst anhand einer typisierenden Fallgruppenbildung möglich sein[227].

---

[223] Müller-Graff in: Groeben-Thiesing-Ehlermann, Art. 30 Rdnr. 248.

[224] Möschel, Kehrtwende in der Rechtsprechung des EuGH zur Warenfreiheit, NJW 1994, 429 (430).

[225] Bernhard, „Keck" und „Mars" – die neueste Rechtsprechung des EuGH zu Art. 30 EGV, EWS 1995, 404 (409).

[226] Bernhard, aaO. S. 409; Müller Graff in: Groeben-Thiesing-Ehlermann, Art. 30, Rdnr. 240.

[227] Müller-Graff, aaO., Art. 30 Rdnr. 247.

Die mit der Keck-Entscheidung eingeleitete Entwicklung zu einer einge-
schränkteren Anwendbarkeit des Art. 28 EGV/ Art. 30 EGV a. F. ist mit dem
Mars-Urteil[228] des EuGH wieder etwas gebremst worden. In dieser Entscheidung hatte der Gerichtshof darüber zu befinden, ob ein Verbot der kurz-
zeitigen Werbung mit der Aussage „+10%" auf der Verpackung mit Art. 28
EGV/ Art. 30 EGV a. F. vereinbar ist. Während der BGH[229] noch kurz zuvor
in Anwendung der Keck-Rechtsprechung entschieden hatte, ein Verbot der
Werbung mit einem „2 für 1-Vorteil" verstoße nicht gegen Art. 28 EGV/ Art.
30 EGV a. F. wendete der EuGH in dem genannten Fall Art. 28 EGV an. Zur
Begründung führte er aus, daß nicht alle Regelungen, die die Werbung betreffen, in die Kategorie „Verkaufsmodalität" einzuordnen   seien. Sofern
Werbeverbote sich unmittelbar auf die Produktdarstellung auswirken und für
die Umstellung der Verpackung Mehrkosten entstehen, stelle ein solches
Verbot keine Verkaufsmodalität im Sinne der Keck-Rechtsprechung dar.
Vom Anwendungsbereich des Art. 28 EGV/ Art. 30 EGV a. F. seien eben nur
bestimmte Verkaufsmodalitäten ausgeschlossen[230]. Die nationale Doppel-
natur solcher Werberegelungen zwingt folglich zu einer stärkeren Differenzierung[231]. In die gleiche Richtung zielt ein Urteil des EuGH aus dem Jahre
1997. Dort hat der EuGH entschieden, daß selbst dann, wenn eine nationale
Regelung eine verkaufsfördernde Maßnahme betreffen sollte – der Fall betraf
die in einer Zeitung offerierte Möglichkeit der Teilnahme an einem Preisaus-
schreiben   - , dies   keine   Verkaufsmodalität im Sinne der Keck-
Rechtsprechung darstelle, wenn sich die verkaufsfördernde Maßnahme auf
den Inhalt des Erzeugnisses selbst bezieht, also Bestandteil des Produktes
ist[232].

Auf die Problemstellung dieser Arbeit haben die Urteile keinerlei Auswirkungen, da diese sich nicht mit der Nachfrageseite befassen, sondern das
Verhalten auf der Angebotsseite zum Gegenstand haben. Es bleibt abzuwar-
ten, ob der EuGH zukünftig nicht auch eine Einschränkung der Anwendbar-

---

[228] EuGH, Rs. C-470/93 (Mars), Slg. 1995, I-1923 (1941, Ziff. 13 und 14).

[229] BGH, Urteil vom 23.03.1995, EWS 1995, 246.

[230] EuGH, Rs. C-470/93 (Mars), Slg. 1995, I-1923 (1941).

[231] Lüder, Mars: Zwischen Keck und Cassis, EuZW 1995, 609.

[232] EuGH, Rs. C-368/95 (Vereinigte Familiapress/Heinrich Bauer Verlag), Slg. 1997, I-
3709 (3714, Ziff. 11).

keit des Art. 28 EGV/ Art. 30 EGV a. F. im Hinblick auf das Nachfrageverhalten befürworten wird. Unter Berücksichtigung der Sensibilisierung des EuGH für die Beibehaltung staatlicher Besonderheiten durch die Maastricht-Debatte ist dies nicht auszuschließen[233]. Für den Fall der Ausdehnung der EuGH-Rechtsprechung auf die Nachfrage werden sich Änderungen im produktbezogenen Bereich wohl nicht ergeben[234].

b.   *Konsequenzen der EuGH-Rechtsprechung für die umweltpolitische Instrumentalisierung der Auftragsvergabe*

Wie oben dargelegt ist die „Cassis de Dijon-Rechtsprechung" nur dann anwendbar, wenn es sich um unterschiedslos anwendbare Regelungen handelt. Eine generelle, dem Umweltschutz dienende Vergabepraxis stellt eine solche Regelung dar, da alle Anbieter, ob inländische oder ausländische gleichermaßen davon betroffen sind und sich ihr unterordnen müssen. Oftmals werden bei umweltpolitischen Maßnahmen zwar faktische Erschwernisse für ausländische Waren geschaffen, da der Umweltschutz in den EU-Staaten im Produktionsbereich unterschiedlich stark berücksichtigt wird, man wird aber wohl kaum unterstellen können, daß die unterschiedslos geltende Regelung ausschließlich dazu dienen soll, die Einfuhr ausländischer Produkte zu erschweren. In Betracht kommt hier die Beschaffung umweltfreundlicher Produkte, wie zum Beispiel von kommunalen Nutzfahrzeugen (Müllsammel- und Kehrfahrzeuge, Spül-, Saug- und Kanalreinigungsfahrzeuge), die besonders lärmarm, schadstoffarm oder lösemittelarm konzipiert sind bzw. von besonders lärm- oder schadstoffarmen Baumaschinen und Omnibussen zur Beförderung des Personals von Bundeswehr, Bundesgrenzschutz und Polizei[235].

---

233 Ress, Abschied von Cassis de Dijon und Dassonville?, EuZW 1993, 745.

234 In diese Richtung deutet bereits EuGH, Rs. C-315/92, (Clinique), Slg. 1994, I-317 (338, Ziff. 24): Hier hat der EuGH daran festgehalten, produktbezogene Beschränkungen dem Anwendungsbereich des Art. 30 EGV zu unterstellen, wenn sie Inländer und Ausländer gleichermaßen betreffen, also nichtdiskriminierend ausgestaltet sind.

235 Umweltbundesamt, Umweltfreundliche Beschaffung, 3. Aufl., 1993, S.105 ff..

Darunter fallen aber auch Vorgaben hinsichtlich des Gebrauchs von umwelt-schonenden Baustoffen -z.B. Benutzung von Rindenmulch statt Quarzsand bei Kinderspielplätzen- oder eigenhändig wiederaufbereitete Baustoffen wie ordnungsgemäß aufbereiteter Bauschutt oder Straßenaufbruch oder As-phalt[236].

Wie oben bereits dargelegt ist nach überwiegender Auffassung der Umwelt-schutz als Gemeinschaftsziel anerkannt. Art. 2 EGV erhebt das Streben nach einem umweltfreundlichen Wachstum zur Gemeinschaftsaufgabe. Auf dieser Grundlage schreibt Art. 3 lit. l EGV/ Art. 3 lit. k EGV a. F. eine Politik auf dem Gebiet der Umwelt vor und Art. 174 EGV/ Art. 130 r EGV a. F. stellt unter anderem die Erhaltung und den Schutz der Umwelt als Ziel der Um-weltpolitik heraus.

Die umweltpolitische Instrumentalisierung der Auftragsvergabe in dem ge-nannten Sinne mit den Folgen einer faktischen Handelserschwernis für aus-ländische Anbieter ist nur dann nicht vom Verbot des Art. 28 EGV/ Art. 30 EGV a. F. umfaßt, wenn sichergestellt ist, daß der Grundsatz des freien Wa-renverkehrs nicht unverhältnismäßig stark zugunsten des zwingenden Erfor-dernisses Umweltschutz eingeschränkt wird.

Im Rahmen der Prüfung der Notwendigkeit dieser Maßnahme ist nun heraus-zustellen, daß die umweltfreundliche Beschaffung des Staates zum Zwecke des Umweltschutzes geeignet, erforderlich und angemessen ist, also den An-forderungen des Verhältnismäßigkeitsgrundsatzes entspricht[237].

Wegen der engen Beziehungen des Umweltschutzes zum Ge-sundheitsschutz[238] ist es interessengerecht, die Kriterien für die Verhältnis-mäßigkeitsprüfung der gerichtlichen Ausgestaltung des Rechtfertigungsgrun-des Gesundheitsschutzes (Art. 30 EGV/ Art. 36 EGV a. F.) anzupassen[239]. Um den Mitgliedstaaten die Durchsetzung nationaler Wünsche im Bereich des Umweltschutzes zu ermöglichen - wie von Art. 95 a IV EGV /Art 100 a

---

[236] Umweltbundesamt, aaO., S. 259 ff..

[237] Müller-Graff in: Groeben-Thiesing-Ehlermann, Art. 30, Rdnr. 231.

[238] Für die Bedeutung der Gesundheit innerhalb des Umweltschutzes siehe Seewald, Die Bedeutung der Gesundheit im Umweltrecht, Natur und Recht 1988, 161 - 164.

[239] so auch Montag, RIW 1987, 935 (938).

IV EGV a. F. vorgesehen - steht diesen hinsichtlich der Ausgestaltung konkreter umweltpolitischer Zielsetzungen ein Beurteilungsspielraum zu, der durch den EuGH nicht überprüfbar ist. Zu nennen sind in diesem Zusammenhang insbesondere die Lärmbekämpfung, die Wasser- und Luftreinhaltung, der Naturschutz und die Landschaftspflege und der Schutz der Bevölkerung vor Gefahrenstoffen. In jedem Falle muß die staatliche Maßnahme zur Erreichung dieser Ziele innerhalb des gemeinschaftsrechtlichen Verständnisses des Umweltschutzes bleiben[240].

Im Rahmen der Geeignetheit ist zu prüfen, ob die umweltpolitische Instrumentalisierung der Auftragsvergabe tauglich und effektiv ist, die ökologischen Zielsetzungen zu realisieren und die Gefahren für die Umwelt einzudämmen und nicht etwa lediglich dazu dient, Anbieter anderer Mitgliedstaaten zu verdrängen. Die Beweislast dafür trägt der jeweilige Mitgliedstaat. Die Beschaffung geräusch- und schadstoffärmerer Nutzfahrzeuge bzw. von Fahrzeugen mit lösemittelarmer Lackierungen hat unmittelbar eine Verringerung der Umweltbelastung zur Folge, da eine verminderte Lärm-, Schadstoff- und Lösemittelemission auftritt. Ebenso effektiv ist die Auflage, umweltfreundliche Produktionsverfahren anzuwenden.

Das Beschaffungswesen von Bund, Ländern und Gemeinden stellt ein enormes Nachfragepotential dar und ist demzufolge geeignet, den Umweltschutz in breitem Rahmen zu fördern. Die „ökologische Beschaffung" verdeutlicht die umweltpolitische Verantwortlichkeit des Staates nach außen, was auch private Nachfrager zur Nachahmung veranlassen könnte.

Erforderlich ist die Maßnahme, wenn sie notwendig ist, um das mit ihr intendierte Ziel zu erreichen, also kein milderes Mittel zur Verfügung steht, das angestrebte Ziel in gleichem Maße durchzusetzen[241]. Innerhalb dieses Prüfungspunktes ist der Vergleichsmaßstab problematisch. Fraglich ist, ob nur solche Maßnahmen einbezogen werden sollen, die im Rahmen der Auftragsvergabe ergriffen werden können oder alle Maßnahmen, die generell geeignet sind, dem Umweltschutz zu fördern wie zum Beispiel Umweltabgaben, Verbote oder besondere Genehmigungserfordernisse.

---

240 Epiney/Möllers, Freier Warenverkehr und nationaler Umweltschutz, 1992, S. 73.

241 Becker, Der Gestaltungsspielraum der EG-Mitgliedstaaten im Spannungsfeld zwischen Umweltschutz und freiem Warenverkehr, S. 82.

Eine Einbeziehung aller dem Umweltschutz dienenden Maßnahmen muß abgelehnt werden, da sonst eine ökologische Instrumentalisierung der Auftragsvergabe weitestgehend ausgeschlossen wäre, was im Widerspruch zu den Ausführungen des EuGH bezüglich der EG-rechtlichen Vergaberichtlinien stünde, wo der Gerichtshof nochmals klarstellt, daß die Richtlinien kein einheitliches und erschöpfendes Gemeinschaftsrecht schaffen, sondern es den Mitgliedstaaten vorbehaltlich der Beachtung aller einschlägigen Vorschriften des EG-Vertrages unbenommen bleibt, materiellrechtliche Bestimmungen auf dem Gebiet des Auftragswesens aufrechtzuerhalten oder zu erlassen[242]. Sofern die Bestimmungen des EG-Rechts eingehalten werden, steht es den Mitgliedstaaten grundsätzlich frei, auch ökologische Ziele zu verfolgen[243]. Da der Schutzzweck der Koordinierungsrichtlinien ebenso wie Art. 28 EGV/ Art. 30 EGV a. F.auf einen unverfälschten innergemeinschaftlichen Handel gerichtet ist, darf es nicht zu unterschiedlichen Wertungen innerhalb der einzelnen Regelungswerke des EG-Rechts kommen, insbesondere deshalb nicht, weil die Koordinierungsrichtlinien als Sekundärrecht am Primärrecht des EG-Vertrages zu messen sind[244]. Konsequenterweise muß der Vergleichsrahmen auf die Möglichkeiten innerhalb der Auftragsvergabe beschränkt werden, wo ein milderes, ebenso taugliches Mittel nicht gefunden werden kann.

Fraglich ist in diesem Zusammenhang auch, ob die Berücksichtigung ökologischer Gesichtspunkte auch bei Aufträgen unterhalb der Schwellenwerte nur im Rahmen der Möglichkeiten bleiben darf, die die EG-Koordinierungsrichtlinien erlauben[245]. Da es sich beim EG-Vertrag um Primärrecht handelt, das den äußeren Rahmen für das Sekundärrecht bildet, ist es durchaus möglich, daß die Bestimmungen des EG-Vertrages, konkretisiert durch die Rechtsprechung des EuGH, einen größeren Handlungsspielraum der Mitgliedstaaten zur Durchsetzung umweltpolitischer Ziele vorsieht als die speziellen Richtlinien. Dies gilt umsomehr als die Umweltpolitik aufgrund der umweltrechtlichen Querschnittklausel des Art. 6 EGV, nach a.F. Art. 130 r II 2

---

[242] EuGH, Rs. 31/87 (Beentjes), Slg. 1988, 4635 (4657, Ziff. 20).

[243] So auch Mitteilung der Kommission vom 22.09.1989, ABl. 89/C 311/07, Ziff. 46.

[244] Hailbronner,/Weber, Die Neugestaltung des Vergabewesens durch die Europäische Gemeinschaft, EWS 1997, 73 (75); EuGH, Rs. 45/87 (Dundalk-Beschluß), Slg. 1987, 1369.

[245] siehe dazu Gliederungspunkt § 2 I 6.

EGV bei der Festlegung und Durchführung der in Art. 3 genannten Gemeinschaftspolitiken – somit auch der Wirtschaftspolitik - Eingang finden muß. Bezogen auf die vorliegende Arbeit bedeutet dies, daß im Rahmen der „Cassis de Dijon-Rechtsprechung" nicht nur wie Vertragsbestandteile wirkende umweltpolitische Gesichtspunkte miteinbezogen werden können, sondern auch echte Vergabekriterien. Da der Berücksichtigung des mildesten Mittels zur Vermeidung einer unverhältnismäßigen Beanspruchung der innergemeinschaftlichen Warenverkehrsfreiheit jedoch eine herausragende Rolle zukommt, ist es angemessen neben den zusätzlichen verbindlichen Auftragsbedingungen – in diesem Bereich sind sowohl solche ökologische Maßgaben denkbar, die in einem konkreten Zusammenhang mit dem Auftrag stehen als auch generelle ökologische Forderungen für die Zukunft – lediglich solche Auftragskriterien vom Verbot des Art. 28 EGV/ Art. 30 EGV a. F. auszunehmen, die einen konkreten Bezug zu dem jeweiligen Auftrag aufweisen, allerdings nur soweit die zu berücksichtigenden Angebote wirtschaftlich in etwa gleichwertig sind.

Im Rahmen der Angemessenheit ist eine Rechtsgüterabwägung zwischen dem Umweltschutz einerseits und dem freien Warenverkehr anderseits vorzunehmen. Die Grundfreiheiten des EG-Vertrages sollen nicht in unzumutbarer Weise zugunsten anderer Ziele eingeschränkt werden[246]. Ein wesentliches Kriterium für die Angemessenheitsprüfung ist die Bedeutung der Maßnahme für den Umweltschutz einerseits und für die Beeinträchtigung der Warenverkehrsfreiheit andererseits[247]. Eine rechtmäßige Einschränkung des Art. 28 EGV/ Art. 30 EGV a. F. kann nur angenommen werden, wenn durch die Maßnahme ein spürbarer Erfolg für den Umweltschutz eingetreten ist. Gerade für die umweltpolitische Instrumentalisierung der Auftragsvergabe ist dies zu bejahen. Zum einen bietet die ökologisch ausgerichtete Beschaffung des Staates die Möglichkeit, den Umweltschutz aufgrund der Motivationswirkung auf die potentiellen Auftragnehmer auf breiter Ebene zu fördern. Zum anderen kommt dem Staat eine Vorbildfunktion zu, die auf längere Sicht dazu führen kann, daß auch Private ihre Wirtschaftstätigkeit ökologisch ausrichten. Aufgrund des Art. 174 II 1 EGV/ Art. 130 r II 1 EGV in Verbindung

---

[246] Müller-Graff in: aaO., Art. 30, Rdnr. 232.

[247] Ulrich, Der Gestaltungsspielraum der EG-Mitgliedstaaten im Spannungsfeld zwischen Umweltschutz und freiem Warenverkehr, S. 91.

mit Art. 174 II 2 EGV/ Art. 130 r II 2 EGV a. F. kommt solchen präventiven umweltpolitischen Maßnahmen für die Abwägung mit der Warenverkehrsfreiheit eine herausgehobene Bedeutung zu[248]. Im übrigen ist in die Abwägung miteinzubeziehen, daß Umweltschutzmaßnahmen langfristig auch wirtschaftliche Vorteile begründen und daher mit dem Gemeinschaftsziel eines qualitativen Wachstums konform sind[249]. Bezüglich der im Rahmen der Erforderlichkeit erwähnten zulässigen Fallgruppen der umweltpolitisch instrumentalisierten Auftragsvergabe genießt der Umweltschutz eine stärkere Position, so daß Art. 28 EGV/ Art. 30 EGV a. F. nicht unangemessen stark beeinträchtigt wird[250].

2. Art. 49 EG-Vertrag/ Art. 59 EG-Vertrag a. F.

a. Der Begriff der Dienstleistung

Die h.M. sieht als Dienstleistung jede Tätigkeit an, die zeitlich beschränkt ist, aus Erwerbszwecken erfolgt und in irgendeiner Weise die Grenze eines Mitgliedstaates überschreitet[251]. Das Kriterium der zeitlichen Beschränkung ist notwendiges Unterscheidungsmerkmal zum Art. 43 EGV/ Art. 52 EGV a. F., der nur dauerhafte Leistungserbringungen erfaßt.

Als Dienstleistungen werden von Art. 50 EGV/ Art. 60 EGV a. F. insbesondere gewerbliche, kaufmännische, handwerkliche und freiberufliche Tätigkeiten erfaßt. Es handelt sich dabei um keine abschließende Aufzählung, so daß auch Leistungen der öffentlichen Verwaltung und Bauleistungen darunter fallen[252].

---

[248] Ulrich, aaO., S. 91.

[249] Ulrich, aaO. mit Hinweis auf den Umweltbericht 1990, vorgelegt in BT Dr. 11/7168.

[250] Siehe auch Scheuing, der im Konfliktfall von einem Vorrang des Umweltschutzes ausgeht, EuR 1989, 176.

[251] Randelzhofer in: Grabitz, Kommtentar zur Europäischen Union, 5. Erg.lieferung, Stand September 1992, Art. 60, Rdnr. 3.

[252] Steindorff, RIW 1983, 831 (832); so auch Randelzhofer in: Grabitz, aaO., Art. 60, Rdnr. 9.

Aufgrund der Einbeziehung der Bauleistungen in den Dienstleistungsbegriff ist Art. 49 EGV/ Art. 59 EGV a. F. für die Vergabe öffentlicher Bauaufträge von Bedeutung. Sobald allerdings Reglementierungen hinsichtlich der Baumaterialien vorliegen, ist die Warenfreiheit des Art. 28 EGV/ Art. 30 EGV a. F. tangiert.

Im Bereich der Grenzüberschreitung sind mehrere Konstellationen denkbar. Neben dem Fall, in dem der Leistungserbringer sich in den Heimatstaat des Leistungsempfängers begibt, wird auch die umgekehrte Konstellation erfaßt. Darüber hinaus findet Art. 49 EGV/ Art. 59 EGV a. F. auf die Fälle Anwendung, in denen nur die Dienstleistung selbst die Staatengrenze überschreitet[253].

b.   *Bedeutung des Art. 49 EGV/ Art. 59 EGV a. F.*

Wie sich aus Art. 3 lit. c EG-Vertrag ergibt, gehört die Dienstleistungsfreiheit neben der Waren-, Kapital- und Niederlassungsfreiheit zu den Grundfreiheiten des Gemeinschaftsrechts[254]. Das Angebot von Dienstleistungen aus anderen Mitgliedstaaten soll auf dem Markt eines Mitgliedstaates unter gleichen Bedingung möglich sein wie dies für inländische Dienstleistungen der Fall ist[255].

Es handelt sich bei der in Art. 49 EGV/ Art. 59 EGV a. F. geregelten Dienstleistungsfreiheit um einen Auffangtatbestand, der laut Art. 50 I EGV/ Art. 60 I EGV a. F. alle Vorgänge erfaßt, die nicht dem Waren- oder Kapitalverkehr unterliegen[256]. Daraus folgt eine subsidiäre Anwendbarkeit des Art. 49 EGV/ Art. 59 EGV a. F. .

---

[253] vgl. Schweitzer/Hummer, Europarecht, S. 290; Randelzhofer in: Grabitz, aaO., Art. 60, Rdnr. 4.

[254] Steindorff, RIW 1983, 831 (832); so auch Goerlich, DVBl 1986, 1192 (1193).

[255] Randelzhofer in:Grabitz, aaO., Art. 60, Rdnr. 5.

[256] Seidel, Martin, Rundfunk, insbesondere Werbefunk und innergemeinschaftliche Dienstleistungsfreiheit in: Das Europa der zweiten Generation - Gedächtnisschrift

Von besonderer Wichtigkeit für die Bedeutung der Dienstleistungsfreiheit ist ihre unmittelbare innerstaatliche Geltung[257]. Zum einen erwächst daraus eine unmittelbare Verpflichtung für die Organe der Mitgliedstaaten, zum anderen werden die Marktbürger ohne Transformationsakt zu Adressaten des Art. 49 EGV/ Art. 59 EGV a. F., was zur Folge hat, daß Ihnen eigene subjektive Rechte aus Art. 49 EGV/ Art. 59 EGV a. F. zustehen, die gegenüber den nationalen Gerichten geltend gemacht werden können.

Nach absolut herrschender Auffassung entspricht die Dienstleistungsfreiheit der Waren- und Kapitalfreiheit und unterscheidet sich von der in Art. 43 EGV/ Art. 52 EGV a. F. geregelten Niederlassungsfreiheit, so daß Art. 49, 50 EGV/ Art. 59/ 60 EGV a. F. einer davon unabhängigen Interpretation zugänglich ist. Im Unterschied zur Niederlassungsfreiheit hat die Freiheit des Dienstleistungsverkehrs einen absoluten Charakter, so daß nicht nur Bestimmungen darunter fallen, die die Diskriminierung ausländischer Staatsangehörigen zum Gegenstand haben, sondern Beschränkungen schlechthin verbieten, sofern diese geeignet sind den Dienstleistungsverkehr zu behindern[258]. Darunter fallen z.B. Residenzpflichten, personen- und unternehmensbezogene Beschränkungen (finanzielle Garantien) oder leistungsbezogene Beschränkungen[259].

Auch nach Auffassung des EuGH geht die Freiheit des Dienstleistungsverkehrs über ein Gleichbehandlungsgebot hinaus. Der EuGH[260] hat den Schutzbereich der Dienstleistungsfreiheit erweitert und sie im Hinblick auf die Funktionsgleichheit mit der Warenfreiheit ähnlich dieser interpretiert.

---

für Christoph Sasse, S. 351 FN 1; Randelzhofer in Grabitz, Kommentar zur Europäischen Union, 5. Erg.lieferung, Stand September 1992, Art. 59, Rdnr. 4.

[257] vgl. Ipsen, Europäisches Gemeinschaftsrecht - Grenzen der Dienstleistungsfreiheit -, S. 276 ff.; EuGH- Rs 33/74 (van Binsbergen), Slg. 1974, 1299 ff; Rs 39/75 (Coenen), Slg. 1975, 1547 ff.; Rs 205/84 (Kommission/Irland), Slg. 1986, 3793 ff..

[258] Vgl. Troberg in: Groeben-Thiesing-Ehlermann, Kommentar zum EU-/ EG-Vertrag, 5. Aufl. 1997, Art. 59, Rdnr. 4; Randelzhofer in: Grabitz, aaO., Art. 59, Rdnr. 2; Steindorff, RIW 1983, 831 (832); ders. in EuR 1988, 19; Goerlich, DVBl. 1986, 1192 (1193); Reich, Die Freiheit des Dienstleistungsverkehrs, ZHR 1989, 571 (572); EuGH, Rs. C-76/90 (Säger/Dennemeyer), Slg. 1991, I-4221 Ziff. 12.

[259] Troberg in: Groeben-Thiesing-Ehlermann, aaO., Art. 59, Rdnr. 7.

[260] Insbesondere EuGH-Rs 52/79 (Debauve), Slg. 1980, 833 (870 ff); verbundene Rs 110 und 11/78 (van Wesemael), Slg. 1979, 35 (48 ff.).

c. Die Schranken der Dienstleistungsfreiheit

Ähnlich wie die Warenfreiheit des Art. 28 EGV/ Art. 30 EGV a. F. ist auch die Dienstleistungsfreiheit durch nationale Regelungen der Mitgliedstaaten einschränkbar. So erkennt der EuGH Einschränkungen im Allgemeininteresse an, sofern die Schranken unterschiedslos gelten[261]. Gemeint ist nicht das europäische Allgemeininteresse, sondern das jeweilige nationale öffentliche Interesse.

Der EuGH hat bislang noch nicht ausdrücklich festgestellt, daß die Dienstleistungsfreiheit wegen des Umweltschutzes eingeschränkt werden darf. Es stellt sich daher die Frage, ob die Erfordernisse des Umweltschutzes als Allgemeininteresse im Sinne der oben genannten Rechtsprechung des EuGH gewertet werden können. Angesichts der zeitlich parallelen Cassis-Rechtsprechung zu den oben genannten EuGH-Entscheidungen wird deutlich, daß der Umweltschutz als ein höherwertiges Interesse eingestuft wird als die Grundfreiheit des freien Warenverkehrs, welches sich allerdings am Grundsatz der Verhältnismäßigkeit messen lassen muß. Da die Beschränkung der Warenverkehrs- und Dienstleistungsfreiheit jeweils auf der Höherwertigkeit anderer Interessen basiert und innerhalb der Grundfreiheiten auch keine unterschiedliche Gewichtung erfolgen sollte, ist der Umweltschutz auch ein Allgemeininteresse im Sinne der „Binsbergen-Rechtsprechung[262].

In Anlehnung an die Cassis de Dijon- Rechtsprechung ist eine zulässige Einschränkung unter drei Voraussetzungen möglich. Es müssen zwingende nationale öffentliche Interessen vorliegen, dieses Interesse darf nicht durch Vorschriften des Heimatstaates des Leistungserbringers gewahrt sein und das gleiche Ergebnis darf nicht durch weniger einschneidende Maßnahmen erreicht werden können (Prinzip der Verhältnismäßigkeit)[263].

---

[261] EuGH, Rs. 33/74 („van Binsbergen), Slg. 1974, 1299 (1309); Verb. Rs. 110 und 111/78 („van Wesemael"), Slg. 1979, 35 (52 ff.); Rs. 279/80 („Webb"), Slg. 1981, 3305 (3324); Verb. Rs. 62 u. 63/81 („Seco/EVI"), Slg. 1982, 223 (235); Rs. C-76/90 („Säger/Dennemeyer"), Slg. 1991, I-4221 = EuZW, 1991, 542 (543).

[262] So auch Zils, Die Wertigkeit des Umweltschutzes in Beziehung zu anderen Aufgaben der Europäischen Gemeinschaft, S. 104, 105.

[263] EuGH, Rs. 279/80 (Webb), Slg. 1981, 3305 (3306); Rs. C 154/89 (Kommission/Französische Republik), Slg. 1991, 659 (686); vgl. dazu auch Hübner, Die

d. *Konsequenzen für die umweltpolitische Instrumentalisierung der Auftragsvergabe*

Da Art. 49 EGV/ Art. 59 EGV a. F. - wie unter § 2 II 2 c bereits dargestellt-in Anlehnung an die „ Cassis de Dijon-Rechtsprechung eingeschränkt werden kann, ist hinsichtlich der Konsequenzen für die umweltpolitische Instrumentalisierung auf die Ausführungen zu Art. 28 EGV/ Art. 30 EGV a. F.[264] zu verweisen.

3. Art. 81 ff. EG-Vertrag/ Art. 85 ff. EG-Vertrag a. F.

a. *Grundsätzliche Anwendbarkeit der Wettbewerbsregeln auf die Tätigkeit der öffentlichen Hand*

aa. Bedeutung und Rang der Wettbewerbsregeln

Durch das Zusammenwachsen der nationalen Märkte zu einem einheitlichen europäischen Markt werden die europäischen Wettbewerbsregeln zunehmend an Bedeutung gewinnen.

Die Wettbewerbsvorschriften im EGV haben in erster Linie den Zweck, den neu errichteten gemeinsamen Binnenmarkt gegen staatliche Interventionen

---

Dienstleistungsfreiheit in der Europäischen Gemeinschaft und ihre Grenzen, JZ 1987,330 (332); Randelzhofer in: Grabitz, aaO., Art. 60, Rdnr. 20 ff., Troberg in: Groeben-Thiesing-Ehlermann, aaO., Art. 59, Rdnr. 17 ff..

[264] Dazu Gliederungspunkt § 2 II 1 b.

und Eingriffe der nationalen Unternehmen zu schützen und einen unverfälschten Wettbewerb zu garantieren[265].

Von großer praktischer Bedeutung ist in diesem Zusammenhang das Verhältnis des jeweiligen nationalen Wettbewerbsrechts zu der europäischen Regelung. Die Verwirklichung der gemeinschaftlichen Ziele hängt im wesentlichen davon ab, daß das EG-Recht im Konfliktfall nationale Hindernisse
überwinden kann.

Aus diesem Grunde geht der EuGH in seiner Rechtsprechung von einer eigenen Rechtsordnung der Gemeinschaftsverträge und der davon abgeleiteten
Rechtsakte der Gemeinschaftsorgane aus, die neben der nationalen Rechtsordnung uneingeschränkte Geltung auf dem Gebiet der Mitgliedstaaten hat.
Im Falle eines Konfliktes zwischen EG-Kartellrecht und nationalem Kartellrecht hat das Gemeinschaftsrecht generell Vorrang, was darauf zurückzuführen ist, daß die Mitgliedstaaten ihre Hoheitsrecht insofern unwiderruflich beschränkt haben[266].

Diese Grundsatzentscheidung wurde seitens des EuGH immer wieder bestätigt. Erwähnenswert ist vor allem das Urteil des EuGH in der Rechtssache
Walt Wilhelm gegen das Bundeskartellamt, das speziell zu dem Verhältnis
der Art. 81 ff. EGV/ Art. 85 ff. EGV a. F. zum nationalen Wettbewerbsrecht
Stellung nimmt[267].

Auch dort hat das Gericht ausgeführt, daß Normenkonflikte zwischen Ge-
meinschafts- und innerstaatlichem Kartellrecht nach dem Grundsatz des Vorrangs des Gemeinschaftsrechts zu lösen seien. Mit Rücksicht auf die allgemeine Zielsetzung des Vertrages dürfe die gleichzeitige Anwendung des nationalen Rechts nicht die einheitliche Anwendung des EG-Kartellrechts und

---

[265] EuGH, Rs 270/80 (Freier Verkehr mit Schallplatten: Urheberrechte), Slg. 1982, 329
(348 f).

[266] EuGH, Rs 6/64 (E.N.E.L.), Slg. 1964, 1251 (1269 ff.); Gleiss/Hirsch, Kommentar
zum EGV, 2. Aufl., Bd. 1 (Art. 85 EGV), Einl C, Rdnr. 58.

[267] EuGH, NJW 1969, 1000.

die volle Wirksamkeit der zu seinem Vollzug ergangenen Maßnahmen beeinträchtigen[268].

Dies bedeutet, daß grundsätzlich beide Wettbewerbsordnungen nebeneinander Anwendung finden sollen und Verfahren wegen der Verletzung von
Wettbewerbsrecht parallel von der EG und den nationalen Stellen geführt
werden können, was der EuGH grundlegend in der Farbenhersteller-
Entscheidung geklärt hat[269]. Nur im Falle einer Unvereinbarkeit der Rechtsfolgen des nationalen mit denen des europäischen Kartellrechts, erhält letzteres den Vorrang[270].

Die bis zu diesem Zeitpunkt herrschende Zwei-Schranken-Theorie[271] hat der
EuGH in der genannten „Walt Wilhelm"-Entscheidung verworfen. Zwar hat
auch die Zwei-Schranken-Theorie den Vorrang der Art. 81 ff. EGV/ Art. 85
ff. EGV a. F. grundsätzlich respektiert. Deren eigentliche Grundlage war jedoch die Annahme eines unterschiedlichen Schutzbereiches beider Wettbewerbsordnungen - einerseits Schutz der zwischenstaatlichen Wettbewerbsfreiheit durch den EG-Vertrag und andererseits Schutz des innerstaatlichen Wettbewerbs durch das nationale Kartellrecht- mit der Konsequenz einer parallelen Anwendung beider Rechtsgebiete auf denselben Sachverhalt,
d.h. einer Kumulation der Rechtsfolgen.

Praktische Auswirkung dieser Betrachtungsweise ist ein Vorrang des jeweils
strengeren Wettbewerbsrechts mit der Folge, daß das EG-Recht infolge der
oftmals schärferen nationalen Regelung kaum zum Zuge kam.

Demzufolge stand diese Theorie von Beginn an mit der grundsätzlichen Entscheidung des EuGH zum Vorrang des EG-Rechts in Widerspruch, zu dem
auch die Wettbewerbsregeln im EG-Vertrag gehören. Ein Vorrang des strengeren nationalen Rechtes vor dem schwächeren Gemeinschaftsrecht würde

---

[268] Bunte, Das Verhältnis von deutschem zu europäischem Kartellrecht, WUW 1989, 7
(13).

[269] EuGH, Rs 14/68 (Farbenhersteller), WUW/E 69, 193 EWG/MUV 201 (205).

[270] Zuleeg, Der Rang des europäischen im Verhältnis zum nationalen Wettbewerbsrecht,
EuR 1990, 123 (126).

[271] Koch in: Grabitz, Kommentar zum EWG-Vertrag, Stand Juni 1990, Rdnr. 31 vor Art.
85.

die einheitlichen Geltung des europäischen Wettbewerbsrechts gefährden und ist deshalb abzulehnen.

bb. Der Anwendungsbereich der Wettbewerbsregeln

Die Anwendbarkeit der Wettbewerbsregeln des EGV wird bestimmt durch die sogenannte Zwischenstaatlichkeitsklausel. Danach greifen die Art. 81 ff. EGV/ Art. 85 ff. EGV a. F. nur ein, wenn das Verhalten der Unternehmen oder Mitgliedstaaten geeignet ist, den Handel innerhalb des gemeinsamen Marktes oder eines wesentlichen Teiles desselben durch Kartellabsprachen oder mißbräuchliches Marktverhalten zu beeinträchtigen[272].

In ständiger Rechtsprechung befürwortet der EuGH einen weiten Anwendungsbereich der Wettbewerbsregeln und läßt sie bereits dann eingreifen, wenn sich anhand einer Gesamtheit objektiver rechtlicher oder tatsächlicher Umstände mit hinreichender Wahrscheinlichkeit voraussehen läßt, daß das wettbewerbsschädliche Verhalten unmittelbar oder mittelbar, tatsächlich oder der Möglichkeit nach, den Handel zwischen den Mitgliedstaaten beeinträchtigen kann[273].

Zur Feststellung, ob nun europäisches Wettbewerbsrecht Anwendung findet, muß die Marktsituation untersucht werden, wie sie sich mit und ohne dem wettbewerbsschädlichen Verhalten darstellt. Die Anwendbarkeit beruht folglich auf einem hypothetischen Marktvergleich[274].

Bei der ständig größer werdenden Verflechtung des innereuropäischen Handels, insbesondere auch unter dem Blickwinkel „gemeinsamer Binnenmarkt" wird es nur noch ganz wenige Wettbewerbsbeschränkungen geben, die ausschließlich nach dem jeweiligen nationalen Wettbewerbsrecht behandelt werden müssen. Praktisch relevant wird dies wahrscheinlich nur noch bei Auf-

---

[272] Möschel in: Immenga/Mestmäcker, EG-Wettbewerbsrecht, Kommentar, Art. 86, Rdnr. 1, S. 685.
[273] EuGHE 1966, 281 (303), EuGH, Rs 27/87, Slg. 1988, 1935 (1939 ff); Slg. 1991 I, 1979 (2015 ff.), Tz. 16 ff. („Arbeitsvermittlungsmonopol").
[274] Reich, Binnenmarktkonzeption und Anwendung der Wettbewerbsregeln, Festschrift für Ernst Steindorff, S. 1065, (1069).

trägen, die aufgrund eines zu kleinen Auftragvolumens von vornherein auf lokale Märkte beschränkt bleiben.

Zu beachten ist, daß die Art. 81 ff. EGV/ Art. 85 ff. EGV neben Privatunternehmen auch auf öffentliche Unternehmen Anwendung finden. Art. 86 I EGV/ Art. 90 I EGV a. F. schafft lediglich eine zusätzliche Verpflichtung der Mitgliedstaaten, für die Einhaltung der Wettbewerbsregeln Sorge zu tragen. Da Art. 86 I EGV/ Art. 90 I EGV a. F. keine speziellen Verpflichtungstatbestände enthält, sondern diesbezüglich auf die Art. 81 ff. EGV/ Art. 85 ff. EGV a. F. verweist, kann Art. 86 I EGV/ Art. 90 I EGV a. F. auch nur in Verbindung mit diesen Vorschriften angewandt werden[275].

cc.   Der Unternehmensbegriff des EGV

Die Art. 81 ff. EGV/ Art. 85 ff. EGV a. F. bilden die kartellrechtlichen Vorschriften des EG- Vertrages. Art. 81 EGV/ Art. 85 EGV a. F. stellt ein Kartellverbot für Unternehmen auf, während Art. 82 EGV/ Art. 86 EGV a. F. den Mißbrauch einer marktbeherrschenden Stellung durch ein oder mehrere Unternehmen verbietet. Da Normadressaten beider Vorschriften die Unternehmen sind, muß zunächst der Unternehmensbegriff analysiert werden.

Eine Definition des Unternehmens findet sich weder im EG-Vertrag noch hat der EuGH bisher eine abstrakte Bestimmung dieses Begriffes vorgenommen. Die Rechtsprechung des EuGH läßt aber erkennen, daß er einen funktionalen Unternehmensbegriff zugrundelegt[276].

Der Unternehmensbegriff ist aus dem Sinn und Zweck der europäischen Normen, sprich aus dem EG-Vertrag selbst zu bestimmen. Ziel dieser Normen ist es vor allem, einen freien Wettbewerb innerhalb der europäischen Gemeinschaft zu gewährleisten und hoheitliche Handelshemmnisse zu verhindern. Diese Aufgabe läßt von vornherein auf eine weite Auslegung des Unternehmensbegriffes schließen[277].

---

[275] Dazu u. § 2 II 3 a ee.

[276] EuGH, Rs 118/85 (Kommission/Italien), Slg. 1987, 2599 (2619).

[277] Emmerich, Das Wirtschaftsrecht der öffentlichen Unternehmen, S. 369 ff.

Diese Auffassung ist auch im Schrifttum nahezu unbestritten. Danach kommt es weder auf eine bestimmte Rechtsform des Unternehmens an, noch auf die Absicht der Gewinnerzielung. Entscheidend ist lediglich die Art der ausgeübten Tätigkeit[278]. Um die vertraglichen Rechte und Pflichten überhaupt erfüllen zu können, muß das Unternehmen bzw. der Träger des Unternehmens Rechtsfähigkeit besitzen[279].

Unternehmerisch ist danach jede selbständige wirtschaftliche Tätigkeit in der Erzeugung oder Verteilung wirtschaftlicher Güter und gewerblicher Leistungen unter Ausschluß des privaten Verbrauchs[280]. Dabei ist allerdings notwendig, daß die Tätigkeit eine gewisse Stetigkeit aufweist und nicht rein zufällig oder gelegentlich ausgeübt wird[281].

dd. Die öffentlichen Unternehmen

(1) Allgemeines

Auch für die öffentlichen Unternehmen kennen die Mitgliedstaaten keine einheitliche Begriffsbestimmung. Von maßgeblicher Bedeutung für die Definition des öffentlichen Unternehmens ist daher auch hier wieder der Zweck der gemeinschaftsrechtlichen Normen, d.h. des EG-Vertrages[282].

---

[278] Mestmäcker, Staat und Unternehmen im europäischen Gemeinschaftsrecht, RabelsZ 52 (1988), 536 ; Hochbaum in: Groeben-Thiesing-Ehlermann, Kommentar zum EWG-Vertrag, Bd.2, Art. 90, Rdnr. 6.

[279] Statt vieler Gleiss/Hirsch, Kommentar zum EGV, 4. Aufl., 1993, Art. 85 EGV, Rdnr. 47.

[280] EuGH, Rs 94/74, Slg. 1975, 699 (713) u. EuGH, Verbundene Rs 209-215, 218/78, Slg. 1980, 3125 (3150); Slg. 1991 I, 1979 (2015 ff.), Tz. 21 („Arbeitsvermittlungsmonopol"); Möschel in Immenga/Mestmäcker, EG-Wettbewerbsrecht, Art. 86 Rdnr. 3, S. 685.

[281] Schröter in: Groeben-Thiesing-Ehlermann, Kommentar zum EWG-Vertrag, Bd.2, Vorbem. zu den Art. 85 - 89, Rdnr. 12.

[282] Mestmäcker in: Immenga/Mestmäcker, EG-Wettbewerbsrecht, Art. 90 Rdnr. 13, S. 1544, hervorgehoben auch durch EuGH, Slg. 1987, 2599 (2622), Tz. 11 („Transparenz-Richtlinie II").

Art. 86 EGV/ Art. 90 EGV a. F., der den Begriff des öffentlichen Unternehmens zwar aufgreift, aber nicht näher bestimmt, hat zum Ziel, den staatlichen Einfluß auf die öffentlichen Unternehmen zu regulieren, insbesondere im Hinblick auf die Errichtung und das Funktionieren des Gemeinsamen Marktes. Art. 86 EGV/ Art. 90 EGV a. F. regelt in erster Linie die Beziehungen der Mitgliedstaaten zu den öffentlichen Unternehmen, so daß Normadressaten im Gegensatz zu den Art. 81 und 82 EGV/ Art. 85 und 86 EGV a. F. nicht die Unternehmen, sondern die Mitgliedstaaten sind.

Ausgehend vom oben genannten Zweck der Norm, erfaßt der Begriff des öffentlichen Unternehmens sämtliche Unternehmen, auf die die Mitgliedstaaten - unmittelbar oder mittelbar - einen beherrschenden Einfluß auszuüben vermögen[283]. Da es nicht auf die Selbständigkeit der Unternehmen gegenüber der öffentlichen Hand ankommt, umfaßt der Begriff des öffentlichen Unternehmens auch alle Stellen der allgemeinen Verwaltungsorganisation der Mitgliedstaaten, sofern diese sich wirtschaftlich betätigen[284].

Erst im Jahre 1980 machte die Kommission von ihrem Recht aus Art. 86 III EGV/ Art. 90 III EGV a. F. Gebrauch und erließ zur besseren Anwendbarkeit der Vorschrift die Richtlinie 80/723, bekannt als Transparenzrichtlinie[285]. Gemäß Art. 2 dieser Richtlinie ist als öffentliches Unternehmen jedes Unternehmen anzusehen, auf das die öffentliche Hand aufgrund Eigentums, finanzieller Beteiligung, Satzung oder sonstiger Bestimmungen, die die Tätigkeit des Unternehmens regeln, unmittelbar oder mittelbar einen beherrschenden Einfluß ausüben kann. Dies wird u.a. bereits dann vermutet, wenn die öffentliche Hand über die Mehrheit des Kapitals oder die Mehrheit der Stimmrechte verfügt.

Durch Urteil vom 06.07.1982 bestätigte der EuGH diese Richtlinie erstmals, nachdem Frankreich, Italien und das Vereinigte Königreich mit Unterstützung durch die Niederlande und die Bundesrepublik Deutschland vor dem

---

283 Pernice in: Grabitz, Kommentar zum EWG-Vertrag, Art. 90, Rdnr. 19; Mestmäcker, aaO. Rdnr. 13.

284 Emmerich Kartellrecht, 7. Aufl., S. 579.

285 Abl. 1980, Nr. L 195/35.

EuGH gegen die Kommission geklagt hatten[286]. Dort führte der Gerichtshof aus, daß Art. 2 der Transparenzrichtlinie ganz allgemein gehalten sei, so daß eine Heranziehung dieser Richtlinie zur Auslegung des Art. 86 EGV/ Art. 90 EGV a. F. ohne Bedenken möglich ist. Auch in seinem zweiten Urteil zur Transparenzrichtlinie vom 16.06.1987 hielt der EuGH an seiner Rechtsauffassung fest[287].

Von dieser Definition ausgehend, gelten auch private Unternehmen als öffentliche i.S.d. Art. 86 I EGV/ Art. 90 I EGV a. F., sofern der Staat die Möglichkeit der Beeinflussung besitzt. Eine solche ist immer dann zu bejahen, wenn der Staat die Mehrheit des Gesellschaftskapitals besitzt, aber auch dann wenn er seinen Einfluß in anderer Form geltend machen kann. In Betracht kommt z.b. die Zustimmungsbedürftigkeit bei wichtigen unternehmerischen Entscheidungen, das Recht auf Bestellung einer bestimmten Anzahl von Vertretern der öffentlichen Hand in der Geschäftsführung oder im Aufsichtsrat sowie ein Mehrfachstimmrecht[288].

Unter den Begriff des öffentlichen Unternehmens fallen Körperschaften des öffentlichen Rechts, öffentlich-rechtliche Verbände, beliehene Unternehmer und Zusammenschlüsse des öffentlichen Rechts wie Berufsgenossenschaften, Innungen oder Kammern. Beispiele für öffentliche Unternehmen gibt es reichlich. Für die Bundesrepublik Deutschland sind insbesondere hervorzuheben die öffentlichen Verkehrs- und Versorgungsunternehmen, die Deutsche Post AG und Telekom, die Deutsche Bahn AG, die öffentlich-rechtlichen Rundfunkanstalten sowie die gesetzlichen Krankenkassen, kurz gesagt die Unternehmen der Daseinsvorsorge.

Durch eine weitere wichtige Richtlinie aus dem Jahre 1985 dehnte die Kommission den Anwendungsbereich der Transparenzrichtlinie auf die Verkehrs- und Versorgungsunternehmen aus[289].

---

[286] EuGH, Verbundene Rs 188-190/80 (Öffentliche Unternehmen - Transparenz der finanziellen Beziehungen zum Staat), Slg. 1982, 2545 (2579).

[287] EuGH, Slg. 1987, 2599 ff. („Transparenz-Richtlinie II").

[288] Hochbaum in: Groeben-Thiesing-Ehlermann, Kommentar zum EWG-Vertrag, Art. 90, Rdnr. 10.

[289] Abl. 1985 Nr. L 229, S. 20.

(2)   Der Staat als öffentliches Unternehmen

Problematisch ist aber immer noch, ob der Staat, d.h. die öffentliche Hand als solche ebenfalls als öffentliches Unternehmen i.S.d. Art. 86 EGV/ Art. 90 EGV a. F. angesehen werden kann.

Völlig unstreitig ist lediglich, daß bei rein hoheitlichem Handeln des Staates keine Unternehmenseigenschaft vorliegt. In einer Entscheidung vom 18.06.1975 hat der EuGH ausgeführt, daß die Tätigkeit einer- sei es auch autonomen - öffentlich-rechtlichen Körperschaft dann nicht unter den Unternehmensbegriff der Art. 81 ff. EGV/ Art. 85 ff. EGV a. F. fällt, wenn diese ausschließlich im öffentlichen Interesse und nicht zu Erwerbszwecken tätig wird[290]. Ein zurechenbares unternehmerisches Verhalten scheidet insbesondere dann aus, wenn es um die Ausübung öffentlicher Gewalt geht, d.h. eine im Recht der Mitgliedstaaten begründete öffentlich-rechtliche Pflicht erfüllt wird[291].

Wie oben schon dargestellt gilt der funktionelle Unternehmensbegriff auch für das europäische Kartellrecht, so daß er auch im Rahmen des Art. 86 EGV/ Art. 90 EGV a. F. Anwendung findet.

Ausgehend von diesem Verständnis darf es keine Rolle spielen, ob der Staat über verselbständigte Verwaltungseinheiten tätig wird, oder ob er selbst wirtschaftlich tätig wird[292]. Eine andere Auslegung würde dem Staat Wettbewerbsvorteile verschaffen, die gerade dem Zweck des EG-Vertrages zuwiderlaufen würden. Der Staat würde sich somit wettbewerbsrechtlich betrachtet in einem rechtsfreien Raum bewegen.

---

[290] EuGH, Rs 94/74, Slg. 1975, 699 (713).

[291] Mestmäcker, Europäisches Wirtschaftsrecht, S. 646.

[292] Müller-Henneberg/Schwartz/Benisch-Authenrieth, Gesetz gegen Wettbewerbsbeschränkung und Europäisches Kartellrecht, Gemeinschaftskommentar zum GWB, 4. Aufl. 1985, §§ 98 - 101, § 98 GWB, Rdnr. 110; siehe auch von Wilmowsky, Mit besonderen Aufgaben betraute Unternehmen unter dem EWG-Vertrag, ZHR 155 (1991), 545 (548).

Als Unterstützung für diese Auffassung kann die „Gelsenberg"-Entscheidung herangezogen werden, in der der BGH die Bundesrepublik Deutschland als herrschendes Unternehmen im Sinne des Aktienrechts eingestuft hat, da die Gemeinwohlbindung der öffentlichen Hand nicht zu einer Vorzugsstellung als Anteilsinhaberin führen darf[293]. Wenn diese Entscheidung auch im Hinblick auf das Aktienrecht ergangen ist, so wird doch deutlich, daß der Staat unter Berücksichtigung eines funktionalen Unternehmensbegriffes durchaus als Unternehmen angesehen werden kann.

Von Bedeutung ist in diesem Zusammenhang auch die Entscheidung des EuGH in der Rechtssache 118/85 (Kommission/Italienische Republik)[294]. Dort hat die EG-Kommission auf Feststellung geklagt, daß die italienische Republik gegen ihre aus Art. 5 II der Transparenzrichtlinie erwachsende Verpflichtung verstoßen hat, indem sie es abgelehnt hat, der Kommission Informationen über die Amministrazione Autonoma dei Monopoli di Stato (AAMS) zu übermitteln. Die italienische Regierung verteidigte ihre Weigerung damit, daß die AAMS nicht als ein öffentliches Unternehmen anzusehen sei, sondern als öffentliche Hand im Sinne der Transparenzrichtlinie. Es ist unstreitig, daß die AAMS durch das Angebot von Tabakwaren wirtschaftlich tätig ist und außerdem keine vom Staat getrennte Rechtspersönlichkeit besitzt. Mit Urteil vom 16. Juni 1987 hat der EuGH[295] entschieden, daß ein Tabakmonopol, selbst wenn es nicht selbständig ist und vollständig in die staatliche Verwaltung eingegliedert ist, ein öffentliches Unternehmen i.S.d. Transparenzrichtlinie darstellt. Es könne nicht darauf ankommen, ob der Staat die wirtschaftlichen Tätigkeiten industrieller oder kommerzieller Art durch eine von ihm getrennte Einrichtung ausübt, auf die er einen unmittelbaren oder mittelbaren Einfluß hat oder ob er die Tätigkeiten durch eine in die staatliche Verwaltung integrierte Stelle ausübt. Nicht notwendig ist daher die rechtliche Verselbständigung der unternehmerischen Tätigkeit, so daß auch der Staat selbst ein Unternehmen sein kann. Zur Begründung hat das Gericht ausgeführt, daß die von der italienischen Regierung vertretene gegenteilige Auffassung dazu führen würde, daß sich die Mitgliedstaaten durch die Wahl der Rechtsform der Anwendbarkeit der Richtlinie entziehen könnten.

---

[293] BGHZ 69, 334 (340).

[294] EuGH, Rs 118/85 (Kommission/Italien), Slg. 1987, 2599.

[295] EuGH, Rs 118/85 (Kommission/Italien), Slg. 1987, 2599 (2621 ff.).

Demnach findet Art. 82 EGV/ Art. 86 EGV a. F. auf das unternehmerische Handeln der öffentlichen Hand Anwendung. Ein Hoheitsträger, der sich einer öffentlich-rechtlichen Organisationsform bedient, sei es als Körperschaft, Anstalt oder als unmittelbarer Teil der Staatsverwaltung kann sich dadurch nicht der Anwendbarkeit der Wettbewerbsregeln entziehen[296].

ee. Die Geltung der Art. 81 ff. EGV/ Art. 85 ff. EGV a. F. für die öffentliche Hand und die öffentlichen Unternehmen

Da Art. 86 EGV/ Art. 90 EGV a. F. eine besondere Bestimmung für öffentliche Unternehmen beinhaltet, stellt sich die Frage, ob die Anwendbarkeit der kartellrechtlichen Vorschriften (Art. 81 und Art. 82 EGV/ Art. 85 und Art. 86 EGV a. F.) auf private Unternehmen beschränkt ist oder ob sie ebenfalls für die Unternehmen der öffentlichen Hand Geltung besitzen.

Die Wesentlichkeit dieser Frage wird deutlich, wenn man den Inhalt der Art. 81, 82 EGV/ Art. 85, 86 EGV a. F. mit dem des Art. 86 EGV/ Art. 90 EGV vergleicht. Die Vorschriften richten sich an unterschiedliche Adressaten. Die Art. 81, 82 EGV/ Art. 85, 86 EGV a. F. wenden sich unmittelbar an die Unternehmen selbst, während Art. 86 I EGV/ Art. 90 I EGV a. F. allein die Mitgliedstaaten anspricht. Mitverpflichtet werden neben dem Staat selbst auch seine Untergliederungen, wie Länder und Gemeinden[297].

Nach heutiger wohl herrschender Auffassung werden unter Berücksichtigung des Gesetzeszweckes der Wettbewerbsregeln - einen freien Wettbewerb zwischen den Mitgliedstaaten zu gewährleisten -, sowohl Privatunternehmen als auch Unternehmen der öffentlichen Hand von den Art. 81 und 82 EGV/ Art.

---

[296] Möschel in: Immenga/Mestmäcker, EG-Wettbewerbsrecht, Art. 86 Rdnr. 2, S. 685; Siehe zur Unternehmenseigenschaft einer öffentlichen Einrichtung ohne Gewinnerzielungsabsicht zuletzt EuGH, Slg. 1995 I 4013, 4028 („Fédération Francaise des Société d'Assurance u.a.").

[297] Gleiss/Hirsch, Kommentar zum EWG-Kartellrecht, 3.Aufl., Art. 90 EGV, Rdnr. 7; 4. Aufl., Bd 1 (Art. 85 EGV), Art. 85, Rdnr. 1.

96

85 und 86 EGV a. F. erfaßt[298]. Es kommt für die Unternehmenseigenschaft nicht auf die Person des Trägers an[299].

Nur eine unmittelbare Unterstellung der öffentlichen Unternehmen unter die Art. 81, 82 EGV/ Art. 85, 86 EGV a. F. bietet eine Gewähr für die wirksame Einhaltung der Wettbewerbsregeln[300]. Dies wird deutlich, wenn man sich die Bedeutung der wirtschaftlichen Betätigung der öffentlichen Hand vergegenwärtigt. Es ist daher sinnvoll, sich einen Überblick über die unmittelbaren und bedeutenderen mittelbaren Beteiligungen des Bundes und seiner Sondervermögen – ERP, Ausgleichsfond, Bundeseisenbahnvermögen - zu verschaffen.

Laut dem Beteiligungsbericht 2000 des Bundesministeriums der Finanzen[301] waren der Bund und seine Sondervermögen Ende 2000 insgesamt an 128 Unternehmen des öffentlichten und privaten Rechts – ohne ruhende Unternehmen – unmittelbar beteiligt. Davon entfielen auf den Bund 107 Unterenhmen und auf seine Sondervermögen 21 Unternehmen.

Hinzu kommen mittelbare Beteiligungen des Bundes und seiner Sondervermögen mit mindestens 25% un einem Nennkapital von wenigstens 100.000,- DM an 311 Unternehmen.

Insgesamt waren der Bund und seine Sondervermögen an 375 Unternehmen mit einem Nennkapital von wenigstens 100.000,- DM und mit mindestens 25% unmittelbar oder mittelbar beteiligt.

Ende 1999 waren der Bund und seine Sondervermögen an Unternehmen mit einem Nennkapital von rd. 29,29 Mrd. DM unmittelbar beteiligt. Der Anteil

---

[298] Emmerich in: Dauses, Handbuch des EG-Wirtschaftsrechts, H.I, Rdnr. 63; Möschel in: Immenga/Mestmäcker, EG-Wettbewerbsrecht, Art. 86 Rdnr. 9, S. 687; von Wilmowsky, ZHR 155 (1991), 545 (552); so bereits Vygen, Öffentliche Unternehmen im Wettbewerbsrecht der EWG, S. 18, EuGH Rs 118/85 (Kommission/Italienische Republik), Slg. 1987, 2620 ff..

[299] Schröter in: Groeben-Thiesing-Ehlermann, Kommentar zum EWG-Vertrag, Bd. 2, Vorbem. zu den Art. 85 - 89, Rdnr. 14.

[300] Vygen, aaO., S. 18.

[301] Beteiligungsbericht 2000, Hrsg. Bundesministerium der Finanzen, S. 1.

des Bundes und der Sondervermögen am buchmäßigen Eigenkapital der Unternehmen betrug insgesamt 73,39 Mrd. DM.[302].

Vergegenwärtigt man man sich diese Größenordnungen, wird klar, daß auch die öffentlichen Unternehmen neben den Privatunternehmen unter die Art. 81, 82 EGV/ Art. 85, 86 EGV a. F. fallen müssen, da sie ebenso wie private Unternehmen ihre marktbeherrschende Stellung mißbrauchen und den zwischenstaatlichen Handel beeinträchtigen können. Andernfalls wäre ein weitgehender Schutz des europäischen Wettbewerbs vor Verfälschung nicht gewährleistet. Zusammenfassend kann somit festgestellt werden, daß innerhalb der Art. 81, 82 EGV/ Art. 85, 86 EGV a. F. von der grundsätzlichen Gleichstellung der privaten und öffentlichen Unternehmen auszugehen ist.

Fraglich bleibt aber, welche Bedeutung dem Art. 86 I EGV/ Art. 90 I EGV a. F. neben den oben genannten Vorschriften zukommt. Eine rein deklaratorische Bedeutung in der Form, daß Art. 86 EGV/ Art. 90 EGV a. F. nur noch einmal die Anwendung der Wettbewerbsregeln auf die öffentlichen Unternehmen feststellt, darüber hinaus aber keinen eigenständigen Zweck verfolgt, wäre zwar denkbar, muß aber schon aus dem Grund abgelehnt werden, weil Art. 86 EGV/ Art. 90 EGV a. F. im Gegensatz zu den übrigen Wettbewerbsvorschriften nicht die Unternehmen, sondern die Mitgliedstaaten zum Adressaten hat.

Art. 86 I EGV/ Art. 90 I EGV a. F. enthält eine zusätzliche Verpflichtung der Mitgliedstaaten dafür Sorge zu tragen, daß die öffentlichen Unternehmen die Wettbewerbsregeln achten. Damit schafft Art. 86 EGV/ Art. 90 EGV a. F. keine Sonderregelung für öffentliche Unternehmen, sondern stellt eine wichtige Ergänzung der übrigen Wettbewerbsvorschriften dar. Indem den Mitgliedstaaten nämlich verboten wird, von ihnen abhängige Unternehmen zu einem mit dem EGV unvereinbaren Verhalten zu veranlassen, verhindert Art. 86 I EGV/ Art. 90 I EGV a. F. die Umgehung der dort geregelten Verbote und begünstigt damit die Gleichbehandlung von öffentlichen und privaten Unternehmen[303]. Art. 86 I EGV/ Art. 90 I EGV ist lex specialis zu den all-

---

302 Beteiligungsbericht 2000, S. 2.

303 Vygen, Öffentliche Unternehmen, S. 53; Schröter in: Groeben-Thiesing-Ehlermann, Kommentar zum EWG-Vertrag, 4.Aufl. 1991, Bd. 2, Vorbem. zu Art. 85-94, Rdnr. 5.

gemeinen Verpflichtungen, z.B. zu Art. 10 II EGV/ Art. 5 II EGV a. F., da es die Pflichten der Mitgliedstaaten gegenüber denjenigen Unternehmen präzisiert, die zur öffentlichen Hand infolge der Einflußmöglichkeiten des Staates in besonderer Beziehung stehen[304].

Bei der Anwendbarkeit des Art. 86 I EGV/ Art. 90 I EGV a. F. ist zu beachten, daß diese Vorschrift als Verweisungsnorm betrachtet werden muß, da sie keine speziellen materiellen Pflichten für die Mitgliedstaaten statuiert, sondern auf die Verpflichtungen aus dem EG-Vertrag- insbesondere aus Art. 81, 82 EGV/ Art. 85, 86 EGV a. F. - verweist. Aus diesem Grund kann Art. 86 EGV/ Art. 90 EGV a. F. für sich gesehen nicht unmittelbar angewandt werden, sondern nur in Verbindung mit den Vorschriften, auf die verwiesen wird[305]. Somit unterliegen auch die Mitgliedstaaten dem für die Unternehmen geltenden Recht, jedenfalls insoweit sie Maßnahmen ergreifen, die mit diesem unvereinbar sind. Eine direkte gerichtliche Überprüfung der Vorgehensweise der Mitgliedstaaten ist damit garantiert.

b.   *Die Anwendbarkeit der Art. 81 ff. EG-Vertrag/ Art. 85 ff. EG-Vertrag a. F. auf das Nachfrageverhalten der öffentlichen Hand*

Anders als im Bereich des nationalen Kartellrechts besteht im europäischen Kartellrecht immer noch die Streitfrage, ob der Staat bei seiner Nachfragetätigkeit wirtschaftlich tätig wird oder nicht.

Gegen eine Einordnung als unternehmerische Tätigkeit spricht sich Pietzcker[306] aus, der die nachfragende Marktteilnahme des Staates ohne nähere Begründung rechtlich nicht als unternehmerische Betätigung ansieht. Er lehnt eine Gleichsetzung mit einer privatwirtschaftlichen Marktteilnahme ab und wertet sie als staatliche Tätigkeit im eigentlichen Sinne, auf die nicht die Art. 81 ff. EGV/ Art. 85 ff. EGV a. F., sondern Art. 28 ff., 43 ff. und 87 ff. EGV/ Art. 30 ff., Art. 59 ff. und Art. 92 ff. EGV a. F. Anwendung finden.

---

[304] Pernice in: Grabitz, Kommentar zum EWG-Vertrag, Stand März 1994, Art. 90, Rdnr. 4; siehe auch EuGH, Rs 13/77 (Tabakwaren), Slg. 1977, 2115 (2147).

[305] Hochbaum in: Groeben-Thiesing-Ehlermann, Kommentar zum EWG-Vertrag, Art. 90, Rdnr. 7.

[306] Pietzcker, AÖR 107 (1982), 61 (66).

Dieser Ansicht kann in dieser Absolutheit nicht zugestimmt werden. Maßgebend im Rahmen des Art. 28 EGV/ Art. 30 EGV a. F. ist die Ausübung hoheitlicher Gewalt[307]. In der Hauptsache handelt es sich es sich - wie bereits erwähnt[308] - bei staatlichen Maßnahmen um Rechts- oder Verwaltungsvorschriften, die eine unbestimmte Vielzahl von Fällen regeln und damit einen allgemeinen Charakter aufweisen. Im Gegensatz dazu wird die Regelung von Einzelfällen grundsätzlich nicht von Art. 28 EGV/ Art. 30 EGV a. F. erfaßt. Eine andere Beurteilung hat jedoch dann zu erfolgen, wenn es sich um die gleichförmige Regelung mehrerer Einzelfälle handelt. Auf dieser Grundlage bezieht der EuGH auch Verwaltungspraktiken ein, jedenfalls soweit diese sich hinreichend verfestigt haben und einen bestimmten Allgemeinheitsgrad aufweisen[309].

Bezogen auf die Auftragsvergabe muß aus den genannten Gründen eine Zweiteilung erfolgen[310]. Hoheitliches Handeln ist demzufolge immer dann gegeben, wenn der Staat oder einer seiner Untergliederungen eine gleichgerichtete Verwaltungspraxis für die Vergabe öffentlicher Bau- oder Lieferaufträge vorschreibt, beispielsweise nur noch Unternehmen zu berücksichtigen, die eine bestimmte umweltfreundliche Verpackungsart der Produkte gewährleisten. Anders zu beurteilen sind aber die Fälle, in denen Umweltschutzanforderungen an das Bewerberverhalten erst im Rahmen der Ausschreibung für einen bestimmten Auftrag gestellt werden, da hier keine gleichförmige Verwaltungspraxis gegeben ist, sondern im Gegenteil, Regelungen für einen bestimmten Einzelfall getroffen werden. Im übrigen fällt auch die konkrete Vergabeentscheidung, also die wirtschaftliche Nachfrage als solche nicht unter Art. 28 EGV/ Art. 30 EGV a. F., da Aufträge immer für ein bestimmtes Projekt vergeben werden.

Bezüglich der Einordnung der staatlichen Tätigkeit als hoheitliche oder wirtschaftliche muß demnach zwischen der Aufstellung von allgemeinen Regelungen, die der Auftragsvergabe vorgeschaltet sind und speziellen Regelungen für einen konkreten Auftrag sowie der eigentlichen Auftragsvergabe un-

---

[307] Matthies in: Grabitz, Kommentar zum EWG-Vertrag, Art. 30, Rdnr. 5.

[308] Siehe Kapitel § 2 II 1 a aa , FN 216.

[309] EuGH, Rs 21/84 (Kommission/Frankreich), Slg. 1985, 1355.

[310] Siehe hierzu Kapitel § 2 II 1 a aa.

terschieden werden. Erstere ist entsprechend obiger Ausführungen hoheitlich, letztere ist als wirtschaftliche Tätigkeit einzustufen und unterliegt damit auch den Art. 81 ff. EGV/ Art. 85 ff. EGV a. F..

Hochbaum[311] ist der Auffassung, daß die öffentliche Hand nicht unternehmerisch tätig wird, wenn sie lediglich als Verbraucher am Wirtschaftsleben teilnimmt, d.h. Waren oder Dienstleistungen ohne Weiterverkaufsabsicht für den eigenen Bedarf beschafft bzw. reine Verwaltungsaufgaben erfüllt. Gleicher Ansicht ist auch Schröter[312], der eine unternehmerische Tätigkeit des Staates nur bei erwerbswirtschaftlichem Handeln annimmt, folglich den Staat nur dann als Unternehmer ansieht, wenn er auf Anbieterseite tätig wird.

Deringer[313] lehnt eine wirtschaftliche Tätigkeit in zwei Fällen ab: Zum einen, wenn der Staat hoheitlich handelt, zum anderen wenn es sich um die Nachfrage wirtschaftlicher Güter handelt, soweit er hiermit den eigenen Bedarf für außerwirtschaftliche Zwecke decken will. Dient die staatliche Nachfrage jedoch der Deckung des Bedarfes Dritter, sei sie ohne Einschränkung den Wettbewerbsregeln zu unterwerfen.

Authenrieth[314] unterwirft jede wirtschaftliche Tätigkeit der öffentlichen Hand den Wettbewerbsregeln des EG-Vertrages. Unbedeutend für die Zuordnung zum Unternehmensbegriff ist danach, auf welcher Marktseite das Unternehmen im Wettbewerb auftritt. Jedenfalls dann, wenn der Staat nicht lediglich als Träger hoheitlicher Gewalt tätig wird, müßte sie schon aus Gleichheitsgesichtspunkten den Wettbewerbsvorschriften unterfallen. Seiner Ansicht nach würde eine andere Auslegung zu einer Ausweitung der staatlichen Tätigkeit führen, weil letztlich für eine Vielzahl von Bedürfnissen ein öffentliches Interesse besteht. Das Resultat wäre, daß der Staat einer wettbewerbsrechtlichen Kontrolle durch den EG-Vertrag völlig entzogen wäre.

---

311 Hochbaum in: Groeben/ Thiesing/ Ehlermann, Kommentar zum EWG-Vertrag, Bd. 2, Art. 85-109, 4. Aufl. 1991, Art. 90, Rdnr. 13.

312 Schröter in: Groeben/ Thiesing/ Ehlermann, Kommentar zum EWG-Vertrag, Vorbem. zu den Art. 85 - 89, Rdnr. 14.

313 Deringer, Das Wettbewerbsrecht der europäischen Wirtschaftsgemeinschaft , Düsseldorf 1964, zit. WuW/EWG- Kommentar, Art. 90, Rdnr. 27, 28; ähnlich auch Gleiss/Hirsch, Kommentar zum EWG-Kartellrecht, 3. Aufl, Art. 90, Rdnr. 3.

314 Gemeinschaftskommentar Müller-Henneberg u. Schwartz - Authenrieth, 4. Aufl., 10. Lfg. 1985, § 98 GWB, Rdnr. 110.

Emmerich[315] spricht sich ebenfalls dafür aus, auch die Nachfragetätigkeit des Staates den Art. 81 ff. EGV/ Art. 85 ff. EGV a. F. zu unterwerfen. Die Ratio des Gesetzes lasse weder zu, die Nachfragetätigkeit des Staates völlig auszugrenzen noch eine Unterscheidung danach zu treffen, ob der Staat Waren oder Dienstleistungen für außerwirtschaftliche oder wirtschaftliche Zwecke beschafft.

Den Auffassungen Authenrieths und Emmerichs ist zu folgen. Allein das finanzielle Volumen der Auftragsvergabe und die damit verbundene Bedeutung für die gesamte Volkswirtschaft schließt die Gleichsetzung der nachfragenden Tätigkeit des Staates mit der des privaten Verbrauchers aus. Der Sinn und Zweck des EG-Vertrages, einen freien Wettbewerb innerhalb der europäischen Gemeinschaft zu garantieren und hoheitliche Handelshemmnisse zu verhindern, verbietet es, das Handeln auf der Nachfrageseite nicht den Wettbewerbsregeln zu unterwerfen. Eine Unterscheidung zwischen der staatlichen Beschaffungstätigkeit einerseits und dem staatlichen Angebot andererseits ist nicht angebracht, da der Staat - aufgrund seiner Machtposition als Nachfrager - ebenso den Wettbewerb und damit auch den Handel zwischen den EU-Staaten einschränken kann wie als Anbieter. Der Staat als alleiniger Nachfrager hätte jederzeit die Möglichkeit, Aufträge nur an inländische Bieter zu vergeben und damit die ausländischen Anbieter zu benachteiligen. Ein volkswirtschaftlich bedeutender Bereich staatlicher Tätigkeit wäre dann von der Geltung des EG-Vertrages völlig ausgenommen und jeglicher Kontrolle entzogen, was dem Sinn und Zweck dieses Regelungswerkes nicht gerecht würde[316].

Einer Differenzierung nach dem jeweiligen Zweck der Bedarfsdeckung kann ebenfalls nicht zugestimmt werden. Entscheidend ist allein, ob der Staat bei seiner Tätigkeit irgendeinen Einfluß auf die Marktstruktur hat und am Wirtschaftsleben teilnimmt. Andernfalls würde praktisch gesehen keine Tätigkeit im wirtschaftlichen Bereich vom EGV erfaßt werden, da der Staat letztlich

---

[315] Emmerich, Das Wirtschaftsrecht der öffentlichen Unternehmen, 1969, S. 373 (374) ; so auch Schmittmann, Die EG-Rechtsmittelrichtlinie zur Vergabe öffentlicher Liefer- und Bauaufträge, EuZW 90, 536 (537).

[316] Art. 30 EGV greift nur für generelle Maßnahmen des Staates ein, die die Durchführung der Auftragsvergabe regeln, dem Vergabeverfahren im konkreten Fall daher vorgelagert sind, vgl. hierzu die Ausführungen in Kapitel § 2 II 1 a aa und § 2 II 3 b.

mittelbar immer öffentliche Zwecke verfolgt. Eine andere Beurteilung hätte weiterhin zur Folge, daß der Staat sich durch selbstgewählte öffentliche Aufgaben dem EGV entziehen könnte. Da eine Begründung öffentlicher Interessen relativ leicht fällt, wäre eine Ausdehnung der auf solche Weise privilegierten staatlichen Tätigkeit vorprogrammiert.

Zusammenfassend ist festzuhalten, daß die Teilnahme des Staates am Wirtschaftsleben sowohl als Anbieter als auch als Nachfrager grundsätzlich den Wettbewerbsregeln der Art. 81 ff. EGV/ Art. 85 ff. EGV a. F. unterliegt und dies auch nicht davon abhängig gemacht werden kann, welche Ziele mit der Bedarfsdeckung verfolgt werden. Inwiefern sich von der grundsätzlichen Anwendung Ausnahmen ergeben können, wird unter einem gesonderten Gliederungspunkt untersucht[317].

c.   *Die Bindung des öffentlichen Auftraggebers an das Mißbrauchsverbot des Art. 82 EGV/ Art. 86 EGV a. F.*

Maßgebliche Grundlage für die Bewertung der Bindungen des öffentlichen Auftraggebers an Art. 82 EGV/ Art. 86 EGV a. F. sind die Ziele des EG-Vertrages.

Gemäß Art. 3 lit. g EGV umfaßt die Tätigkeit der Gemeinschaft die Errichtung eines Systems, in dem der Wettbewerb innerhalb des gemeinsamen Marktes vor Verfälschungen geschützt werden soll[318]. Neben der Schaffung eines freien Waren- und Dienstleistungsverkehr zwischen den Mitgliedstaaten ist weitere Ziel des EG-Vertrags, den innergemeinschaftlichen Wettbewerb gegen sämtliche Eingriffe der Mitgliedstaaten oder deren Unternehmen zu schützen[319]. Oberstes Gebot ist die Funktionsfähigkeit des Binnenmarktes. Diesen Zielen dienen die Wettbewerbsregeln der Art. 81 ff. EGV/

---

317 Dazu unten Gliederungspunkt § 2 II 3 c dd.

318 Schollmeier/Krimphove in: Bleckmann, Europarecht, § 23, Rdnr. 1921; zur Stellung der Wettbewerbsregeln im EGV, EuGH Rs. 6/72 („Continental Can"), Slg. 1973, 215 (244 ff.); Rs. 85/76 („Hoffmann-La Roche"), Slg. 1979, 461; Slg. 1983, 3461 (3503), Tz. 29 („Michelin").

319 Emmerich, Europa 1992: Europäisches Kartellrecht, JuS 1990, 695.

Art. 85 ff. EGV a. F., deren Wirksamkeit gemäß Art. 30 EGV/ Art. 36 EGV a. F. nicht durch Maßnahmen der Mitgliedstaaten ausgehebelt werden darf.

Zur Unterstützung dieser Aufgabe und Ergänzung der bestehenden Vergaberegelungen für öffentliche Aufträge wurden die EG-Koordinierungsrichtlinien erlassen. Zu beachten ist, daß diese Richtlinien nicht für alle öffentlichen Aufträge gelten, sondern beschränkt sind auf Aufträge größeren Volumens[320]. Diese Koordinierungsrichtlinien sind soweit wie möglich in die deutsche Rechtssprache übertragen worden und in Form von „a-Paragraphen" in die innerstaatlichen Vergabevorschriften eingegliedert worden. Die Verdingungsordnungen haben, soweit sie EG-Recht umsetzen, die Rechtsqualität von Rechtsvorschriften und sind damit auch nach außen bindend[321]. Die Vorschriften des EG-Kartellrechts sind sowohl bei Aufträgen oberhalb als auch bei Aufträgen unterhalb der Schwellenwerte heranzuziehen, die die EG-Koordinierungsrichtlinien als Sekundärrecht nicht den Anwendungsbereich des Primärrechts beschränken können, sondern vielmehr an ihm zu messen sind.

Art. 82 EGV/ Art. 86 EGV a. F. verbietet die mißbräuchliche Ausnutzung einer marktbeherrschenden Stellung auf dem gemeinsamen Markt oder auf einem wesentlichen Teil desselben, sofern dieser Mißbrauch geeignet ist, den zwischenstaatlichen Handel negativ zu beeinflussen.

Nachfolgend wird anhand der genannten Voraussetzungen untersucht, ob und inwieweit die umweltpolitische Instrumentalisierung der Auftragsvergabe mit Art. 82 EGV/ Art. 86 EGV a. F. vereinbar ist.

aa.   Die marktbeherrschende Stellung

Eine Definition der Marktbeherrschung ist in Art. 82 EGV/ Art. 86 EGV a. F. nicht enthalten. Dies ist bewußt geschehen, um den Gemeinschaftsorganen die Anpassung des Art. 82 EGV/ Art. 86 EGV a. F. an die Weiterentwicklung

---

[320] Hinsichtlich der in der Liefer,- Bau- und Sektorenrichtlinie festgelegten Schwellenwerte siehe Gliederungspunkt § 2 I 3 a b und c.

[321] Seidel in: Dauses, Handbuch des EG-Wirtschaftsrechts, H. IV, Rdnr. 174.

des Gemeinsamen Marktes zu erleichtern[322]. Um das Vorliegen einer markt-beherrschenden Stellung feststellen zu können, muß zunächst der sachlich und örtlich relevante Markt abgegrenzt werden, da erst im Anschluß daran eine sinnvolle Untersuchung der Wettbewerbsbedingungen, speziell der Marktstärke möglich ist[323].

Bei der Auftragsvergabe, die hier in wettbewerbsrechtlicher Hinsicht unter-sucht werden soll, handelt es sich wirtschaftlich gesehen um Nachfrage[324]. Von Bedeutung ist daher der sachlich relevante Nachfragemarkt. Wie bereits unter Gliederungspunkt § 2 II 3 b erörtert, wird auch die Marktbeherrschung auf der Nachfrageseite von Art. 82 EGV/ Art. 86 EGV a. F. erfaßt[325]. Die Abgrenzung des sachlich relevanten Nachfragemarktes erfolgt in um-gekehrter Betrachtungsweise wie beim Angebotsmarkt, wo die Abgrenzung auf der Austauschbarkeit der Waren und Dienstleistungen beruht. Zum selben relevanten Markt gehören daher alle Erzeugnisse, die aus Sicht der Marktge-genseite - der Verbraucher - als funktionell austauschbar angesehen wer-den[326]. Im Umkehrschluß dazu kommt es bei der Abgrenzung des sachlich relevanten Nachfragemarktes darauf an, was aus der Sicht der Anbieter (Lei-stende) im Angebot austauschbar ist, wobei die Möglichkeit einer relativ problemlosen Produktionsumstellung miteinbezogen werden muß[327].

Der örtlich relevante Markt ist nicht immer gleichzusetzen mit dem Tätig-keitsfeld der Marktteilnehmer. Deren Aktionsradius bildet aber zumindest die untere Grenze des örtlich relevanten Marktes. Neben geographischen Ge-sichtspunkten sind vor allem die Liefer- oder Verbrauchsgewohnheiten der Marktteilnehmer und deren wirtschaftliche Möglichkeiten entscheidend[328]. Um aber regional begrenzte Märkte vom Anwendungsbereich des europäi-

---

322 Emmerich, Kartellrecht, 6. Aufl., München 1991, S. 573.
323 EuGH Rs 6/72(Continental Can) ,Slg. 1973, 215 (249).
324 Vgl. Gliederungspunkt § 1 I.
325 Koch in: Grabitz, Kommentar zum EWG-Vertrag, Stand: Juni 1990, Art. 86, Rdnr. 28, so auch Gleiss/Hirsch, Kommentar zum EWG-Kartellrecht, Heidelberg 1978, Art. 86 EGV, Rdnr. 21.
326 Emmerich, JuS 1190, 695 (700).
327 Gleiss/Hirsch, Art. 86 EGV, Rdnr. 22.
328 Kommission, Abl L 223/29, 35; EuGH, Verbundene Rs 40-48, 50, 54-56, 111, 112, 114/73, Slg. 1975, 1663 (1995).

schen Wettbewerbsrecht freizuhalten, muß der so festgestellte örtlich relevante Markt wesentlicher Teil des Gemeinsamen Marktes sein[329]. Nach Auffassung der Kommission ist jeder Mitgliedstaat für sich allein gesehen ein wesentlicher Teil des Binnenmarktes. Diese Feststellung wurde schon einmal generell für die Bundesrepublik Deutschland getroffen, später auch für Teile der Bundesrepublik[330].

Der EuGH sieht die Wesentlichkeit immer im Zusammenhang mit dem sachlich relevanten Markt. Entscheidend ist demzufolge ein Konglomerat verschiedener Kriterien wie Gebietsgröße, Bevölkerung und deren Bedeutung für die Waren- und Dienstleistungen im Vergleich zum gesamten Binnenmarkt[331]. Letztlich sind aber sowohl die Kommission als auch der EuGH insofern einig, daß sie im Einzelfall auch Teile der Mitgliedstaaten als wesentlich im Verhältnis zum Gemeinsamen Markt ansehen.

Nach Feststellung des relevanten Marktes erfolgt die Untersuchung der Marktbeherrschung. Ein Unternehmen ist marktbeherrschend, wenn es als Anbieter oder Nachfrager einer bestimmten Art. von Produkten oder Dienstleistungen keinem wesentlichen Wettbewerb ausgesetzt ist[332]. Dies ist bei einem Monopolunternehmen stets zu bejahen und zwar unabhängig davon, ob ein Angebots- oder Nachfragemonopol vorliegt. Auch bei letzterem sind die Wahl- und Ausweichmöglichkeiten der Handelspartner aufgrund der Abwesenheit von Wettbewerb stark eingeschränkt[333]. Nach der Rechtsprechung des EuGH liegt Marktbeherrschung aber auch dann vor, wenn noch ein gewisser Wettbewerb besteht, das Unternehmen aber trotzdem weitestgehend unabhängig von Konkurrenten und anderen Marktteilnehmern agieren kann und so die Möglichkeit hat, die Wettbewerbsbedingungen zu beeinflussen[334]. Die marktbeherrschende Stellung läßt sich anhand verschiedener In-

---

[329] Emmerich, JuS 1990, 695 (700).

[330] Kommission, Abl. L 134, 15, 21: GEMA; Abl. L 140, 17, 39: Zucker.

[331] EuGH, Verbundene Rs 40-48, 50, 54-56, 111, 112, 114/73, Slg. 1975, 1663 (1695).

[332] Gleiss/Hirsch, Art. 86 EGV, Rdnr. 29.

[333] Koch in: Grabitz, Kommentar zum EWG-Vertrag, Art. 86, Rdnr. 28.

[334] Vgl. hierzu insbesondere grundlegend: EuGH Rs 78/80 (Deutsche Grammophon/Metro), Slg. 1971, 487 (501) = JuS 1971, 597 Nr. 1; EuGH, Rs 27/76 (Chiquita), Slg. 1978, 207 (290 ff.) = JuS 1979, 511 Nr. 1; Slg. 1980, 3775 (3793), Tz. 26 (L'Oreal); Slg. 1985, 3261 (3275), Tz. 16 (Télémarketing); Slg. 1988, 2479

dikatoren feststellen, die sowohl vom EuGH als auch von der Kommission in einer Gesamtschau gewürdigt werden. Zu nennen sind in diesem Zusammenhang insbesondere der Marktanteil des Nachfragers, seine Finanzkraft und das Fehlen potentiellen Wettbewerbs.

Die öffentlichen Unternehmen mit Monopolstellung verfügen unstreitig über eine beherrschende Stellung. Dies wurde sowohl für nationale Postverwaltungen und für mehrere Fernsehanstalten bereits gerichtlich festgestellt[335]. Dasselbe muß ebenso für die Bundeswehr und die Deutsche Bahn AG gelten. Eine Marktbeherrschung kann aber auch in anderen Bereichen staatlicher Nachfrage gegeben sein. Anzuführen ist hier der Bereich der gesetzlichen Krankenversicherung, der kommunalen Müllabfuhr, des Straßen- und Brunnenbaus, der Luft- und Raumfahrtindustrie[336]. Zurückführen läßt sich die beherrschende Stellung nicht zuletzt auf Wettbewerbsvorteile, die aus der besonderen Stellung der öffentlichen Unternehmen bzw. der öffentlichen Hand[337] resultieren. Besonders hervorzuheben ist in diesem Zusammenhang das fehlende finanzielle Risiko[338]. Öffentlichen Unternehmen droht kein wirtschaftlicher Zusammenbruch, da Ihre Wirtschaftstätigkeit aus der Staatskasse, letztlich also aus Steuergeldern finanziert wird. Demzufolge ist ihr Handlungsspielraum niemals so eingeschränkt wie bei Privatunternehmen, so daß sowohl Planung als auch Ausführung ihres Marktverhaltens im wesentlichen ohne größere Rücksichtnahme auf andere Marktteilnehmer erfolgen kann. Die Tatsache, daß die Beschaffung öffentlichen Interessen dient und im Zusammenhang damit oder mit haushaltsrechtlichen Gesichtspunkten gelegentlich ein Zwangsbedarf des Staates entsteht, kann die Marktbeherrschung

---

(2514), Tz. 26 (Bodson); Slg. 1991 II 485, 517 (RTE); slg. 1991 II, 535, 561 (BBC); Slg. II 1439 (1480), Tz. 90 (Hilti).

[335] EuGH, Rs 41/83 (Italien/Kommission), Slg. 1985, 873 ff.; EuGH, Rs 311/84 (Telemarketing), Slg. 1985, 3261 ff.; EuGH, Rs 298/83 (TV France), Slg. 1985, 1105 (1123 ff.).

[336] Vgl. Geisbüsch, Die organisierte Nachfrage-Organisation und Strategie marktbeeinflussender oder marktbeherrschender Nachfrager, S. 101, 102, Schwarz, Die wirtschaftliche Betätigung der öffentlichen Hand im Kartellrecht, S. 136, 137.

[337] Auch die öffentliche Hand ist öffentliches Unternehmen, vgl. Gliederungspunkt § 2 II 3 a dd (2).

[338] Daub/Meierrose, Kommentar zur VOL, 2. Aufl, 1976, S. 26.

nicht generell ausschließen[339]. Zum einen fängt die öffentliche Hand dies ab, indem sie die Beschaffung zentralisiert und damit die Nachfrage konzentriert[340]. So geschehen für Güter aus dem Bundeswehrbereich (Bundesamt für Wehrtechnik und Beschaffung in Koblenz), des Post- und Fernmeldebedarfs (Posttechnisches und Fernmeldetechnisches Zentralamt in Darmstadt) und für den Bedarf der Deutschen Bahn AG (Zentralstellen in München und Minden)[341]. Im übrigen ist dieser Zwangsbedarf nicht ausschließlich bei öffentlichen Unternehmen anzutreffen. Da Privatunternehmen in den meisten Fällen zugleich Nachfrager und Anbieter sind, kann auch hier aus Gründen der Konkurrenzfähigkeit oder der Vermeidung von Vertragsstrafen ein Zwangsbedarf entstehen vor allem wenn sie auf die Zulieferung spezieller Fertigungsteile angewiesen sind. Insgesamt betrachtet, läßt sich in vielen Bereichen staatlicher Nachfrage ein Marktbeherrschung feststellen, wobei man Verallgemeinerungen jedoch vermeiden sollte. Es sind keine Gründe ersichtlich, warum die besondere Stellung öffentlicher Unternehmen im europäischen Wettbewerbsrecht anders beurteilt werden müßte als im nationalen Wettbewerbsrecht. Als Argument hierfür kann auch Art. 86 I EGV/ Art. 90 I EGV a. F. angeführt werden, der die Gefahr der öffentlichen Unternehmen für den zwischenstaatlichen Wettbewerb gerade wegen der besonderen Einflußmöglichkeit des Staates möglichst einschränken soll[342].

bb. Der Mißbrauch der marktbeherrschenden Stellung

Die marktbeherrschende Stellung als solche stellt noch keine Gefahr für den Wettbewerb dar, so daß Art. 82 EGV/ Art. 86 EGV a. F. erst im Fall einer mißbräuchlichen Ausnutzung der Marktbeherrschung zur Anwendung gelangt[343].

---

[339] Vgl. Wallerath, Öffentliche Bedarfsdeckung, S. 51.

[340] Vgl. Fricke, Zentralisierung und Dezentralisierung des öffentlichen Einkaufs, S. 21.

[341] Vgl. Wallerath, a.a.O. S. 52.

[342] Emmerich, Das Wirtschaftsrecht, S. 396.

[343] Schollmeier/Krimphove in: Bleckmann, Das Wettbewerbsrecht der EG, § 23 Rdnr. 1944; Möschel in: Immenga/Mestmäcker, EG-Wettbewerbsrecht, Art. 86, Rdnr.

Im folgenden ist nun zu prüfen, ob bei der Koppelung der öffentlichen Auftragsvergabe mit umweltschützenden Zielen ein solcher Mißbrauch zu bejahen ist. Besonders kritisch zu beleuchten sind die Fälle, in denen die Anforderungen an das Verhalten der Bewerber über die gesetzlichen Bestimmungen hinausgehen.

Zwar enthält der EG-Vertrag keine Definition des Mißbrauchsbegriffes, die Regelbeispiele des Art. 82 S. 2 EGV/ Art. 86 II EGV a. F. bieten jedoch - obwohl sie nicht abschließend sind[344] - eine Auslegungshilfe für den allgemeinen Mißbrauchsbegriff des Art. 82 S. 1 EGV/ Art. 86 I EGV a. F.. Nach Auffassung des EuGH stellt Art. 82 EGV/ Art. 86 EGV a. F. eine Vorschrift dar, die die Grundsatznorm des Art. 3 lit. g EGV konkretisiert, mithin also das Ziel der Errichtung eines Systems unverfälschten Wettbewerbs verfolgt. Aus diesem Ziel heraus muß nun auch der Mißbrauch bestimmt werden[345]. Mißbräuchlich ist daher jedes Verhalten, was objektiv im Widerspruch zu den Zielen des Vertrages steht, d.h. wettbewerbsbeeinträchtigend wirkt und das Zustandekommen eines gemeinsamen Marktes erschwert oder gar verhindert, wobei es auf ein Verschulden nicht ankommt[346]. Entscheidend ist vielmehr der objektive Widerspruch der betreffenden Handlung zu dem Ziel der Schaffung eines Systems unverfälschten Wettbewerbs[347]. Art. 82 EGV/ Art. 86 EGV a. F. dient damit einem doppelten Zweck: zum einen schützt er die anderen Marktteilnehmer, zum anderen die Institution Gemeinsamer Markt[348].

Für die Interpretation der Art. 81 und 82 EGV/ Art. 85 und 86 EGV a. F. von Bedeutung sind auch Umweltschutzaspekte, da die Wettbewerbsregeln im Lichte des Art. 3 lit. l EGV auszulegen sind, welcher wiederum im Zusam-

---

122, S. 721; auch der EuGH hat die enge Verflechtung der Tatbestandsmerkmale „Marktbeherrschung" und „mißbräuchliche Ausnutzung" in der Entscheidung Continental Can, Rs. 6/72, Slg. 1973, 215 (245ff.), Tz. 25 f. ausdrücklich zum Ausdruck gebracht.

344 EuGH, Rs. 6/72 (Continental Can), Slg. 1973, 215 (246).

345 EuGH, Rs 27/76 (Chiquita), Slg. 1978, 207 (286).

346 EuGH, Rs 6/72 (Continental Can), Slg. 1973, 215 (244), EuGH, Verbundene Rs 6 und 7/73 (Zoja), Slg. 1974, 223 (252).

347 Emmerich, Europa 1992: Europäisches Kartellrecht, JuS 1990, 695 (701).

348 Möschel in: Immenga/Mestmäcker, EG-Wettbewerbsrecht, Art. 86 Rdnr. 116, S. 720.

menhang mit Art. 2 EGV steht. Dort ist ein umweltverträgliches Wachstum ausdrücklich als Gemeinschaftsaufgabe benannt. Die umweltrechtliche Querschnittsregelung des Art. 6 EGV, nach a.f. Art. 130 r II 2 EGV bestimmt, darüber hinaus, daß die Erfordernisse des Umweltschutzes bei der Festlegung und Durchführung der in Art. 3 EGV genannten Gemeinschaftspolitiken einbezogen werden müssen. Folglich ist im Rahmen der Auslegung des Art. 82 EGV/ Art. 86 EGV a. F. die Förderung des Umweltschutzes als Gemeinschaftsaufgabe zu berücksichtigen[349]. Die Beachtung von Umweltschutzbelangen darf allerdings nicht soweit gehen, daß das Hauptziel des EG-Vertrages, die Schaffung eines unverfälschten Wettbewerbs innerhalb der EG-Mitgliedstaaten, beeinträchtigt oder gefährdet wird. Ein Vorrang des Umweltschutzes zu Lasten dieses Zieles besteht nicht.

Im Rahmen des Mißbrauches der Nachfragemacht sind bezogen auf die umweltpolitische Instrumentalisierung öffentlicher Aufträge verschiedene Anwendungsfälle denkbar:

In Betracht kommt zunächst der sogenannte Konditionenmißbrauch, worunter die unmittelbare oder mittelbare Durchsetzung unangemessener Geschäftsbedingungen gemäß Art. 82 S. 2 lit. a EGV/ Art. 86 II lit. a EGV a. F. zu verstehen ist. Innerhalb dieser Fallgruppe ist die Vereinbarung umweltschutzbezogener Vertragsbedingungen zu untersuchen, die auf ein bestimmtes Verhalten des Bewerbers in der Zukunft gerichtet sind, welches sowohl produkt- als auch verfahrensspezifischer Natur sein kann. In der letzten Zeit ist beispielsweise verstärkt in der Diskussion, wiederaufbereiteten Asphalt im Straßenbau zu verwenden[350]. Im Bereich des Straßenbaus hat der Staat bzw. seine Untergliederungen eine marktbeherrschende Stellung, so daß sich hier die Verknüpfung mit Umweltschutzanforderungen anbietet. Dies kann einmal geschehen, indem von den Anbietern verlangt wird, daß sie generell alten Straßenbelag wiederaufbereiten und dieses Recyclingprodukt wiederverwerten, unabhängig von einem konkreten Auftrag. Möglich ist aber auch, daß das obengenannte Verfahren für ein bestimmtes Projekt vorgeschrieben wird, beispielsweise für den Bau einer Straße durch ein Landschaftsschutzgebiet.

---

[349] Bock, Umweltrechtliche Prinzipien in der Wettbewerbsordnung der Europäischen Gemeinschaft, EuZW 1994, 47 (49).

[350] Umweltbundesamt, aaO., S. 259 ff.; Wirtschaftswoche Nr. 21/1993.

Ein anderer bedeutender Anwendungsfall ist der Straßenbau in Ballungsgebieten. Dort ist es wegen der Entsorgungs- und Transportprobleme von besonderer Wichtigkeit, den Straßenaushub an Ort und Stelle wiederzuverwerten. Hier ist ein konkreter Zusammenhang mit dem zu erteilenden Auftrag gegeben.

Ein Mißbrauch einer marktbeherrschenden Stellung liegt jedenfalls dann vor, wenn die erzwungenen Konditionen offensichtlich unbillig sind[351], wobei der Mißbrauch nicht bereits deshalb ausgeschlossen ist, weil die Marktteilnehmer vor- oder nachgelagerter Marktstufen diese Bedingungen akzeptieren[352]. Da in der Praxis eine solche Offensichtlichkeit eher selten vorkommt, ist die Unbilligkeit im Rahmen einer Interessenabwägung auf der Grundlage des Verhältnismäßigkeitsgrundsatzes festzustellen[353]. Dieser verbietet einem marktbeherrschenden Nachfrager nicht nur die Verfolgung illegitimer Ziele mit unlauteren Mitteln, sondern darüber hinaus alles, was den Vertragspartner in seiner wirtschaftlichen Handlungsfreiheit mehr als erforderlich einschränkt[354]. Der EuGH prüft im Einzelfall, ob die Vertragsbedingungen dem Vertragspartner unverhältnismäßige Belastungen auferlegen[355]. Unter Berücksichtigung der verfassungsrechtlichen und EG-rechtlichen Stellung des Umweltschutzes als Staatsziel und Gemeinschaftsaufgabe verfolgt der öffentliche Auftraggeber mit der Förderung des Umweltschutzes ein legitimes Ziel. Es ist auch nicht von vornherein unlauter, die Auftragsvergabe als Vehikel zur Durchsetzung umweltschutzfördernder Ziele zu wählen, da es den EU Staaten grundsätzlich frei steht, die Auftragsvergabe für beschaffungsfremde Zwecke zu instrumentalisieren[356]. Die Vereinbarung umweltschutzbezogener Vertragsbedingungen darf jedoch in keinem Fall zu einem wirtschaftlichen Zusammenbruch oder zu einer starken Schwächung des Auftragnehmers und damit zu einer Verdrängung eines Marktteilnehmers führen,

---

351 Möschel in: Immenga/Mestmäcker, aaO., Rdnr. 148, S. 728; EuGH Rs. 155/73 (Sacchi), Slg. 1974, 409 (431).

352 Schröter in: GTE, Art. 86, Rdnr. 143.

353 Möschel in: Immenga/Mestmäcker , aaO., Rdnr. 148, S. 728; EuGH Rs. 27/76 (United Brands), Slg. 1978, 207 (298).

354 Möschel in: Immenga/Mestmäcker , aaO., Rdnr. 148, S. 728.

355 EuGH Rs. 127/73 (BRT/SABAM), Slg. 1974, 313 (316 f.).

356 Vgl. hierzu bereits Kapitel § 2 I 6.

denn dies würde dem bereits erwähnten Zweck der Wettbewerbsregeln widersprechen. Solange die Vertragsbedingungen in jeder Hinsicht maßvoll vereinbart werden, liegt keine unangemessene Beschränkung der wirtschaftlichen Handlungsfreiheit des Auftragnehmers vor. Je nach Abhängigkeit des Auftragnehmers kann der Verhältnismäßigkeitsgrundsatz eine Beschränkung auf solche umweltschutzbezogenen Vertragsbedingungen vorgeben, die in einem konkreten Zusammenhang mit dem zu erteilenden Auftrag stehen. Im Rahmen dieses Anwendungsfall spielt es keine Rolle, ob es sich um Aufträge oberhalb oder unterhalb der Schwellenwerte handelt und ob demzufolge die EG Koordinierungsrichtlinien Anwendung finden oder nicht, da auch im Bereich der EG-Koordinierungsrichtlinien die Vereinbarung umweltschutzbezogener Vertragsbedingungen grundsätzlich zulässig ist.

Als weiterer Anwendungsfall eines Mißbrauchs der Nachfragemacht kommen sogenannte koordinierte Sperren bei der Vergabe öffentlicher Aufträge in Betracht. Durch solche Auftragssperren, sollen bestimmte Bewerber von der weiteren Vergabe öffentlicher Aufträge ohne Rücksicht auf das Vorliegen der anerkannten Leistungskriterien ausgenommen werden. Dies kann entweder durch Abbruch bestehender Geschäftsbeziehungen geschehen, beispielsweise wenn der Vertragspartner die zuvor ausgehandelten umweltschutzpolitischen Vertragsbedingungen nicht eingehalten hat oder auch durch das Unterlassen der Aufnahme neuer Geschäftsbedingungen, wenn das vergangene Verhalten des Bewerbers darauf schließen läßt, daß dieser nicht bereit ist, die geforderten Umweltschutzmaßnahmen durchzuführen. Solche Auftragssperren sind jedenfalls dann mißbräuchlich, wenn damit primär wettbewerbswidrige Ziele – beispielsweise die Verdrängung eines Marktteilnehmers – verfolgt werden sollen[357].

In Rechtsprechung[358] und Literatur[359] wird teilweise Art. 82 S. 2 lit. b EGV/ Art. 86 II lit. b EGV a. F. herangezogen, teilweise aber auch die Gene-

---

[357] Möschel in: Immenga/Mestmäcker, aaO., Art. 86 Rdnr. 229 hat dies zwar nur für die Lieferverweigerung festgestellt. Dies muß jedoch in gleichem Maße für die Bezugsverweigerung gelten.

[358] EuGH Rs. 27/76 (United Brands), Slg. 1978, 207 (297); Slg. 1995 I 743 (823), Tz. 54 (Magill).

[359] Vgl. Gleiss/Hirsch, Art. 86 Rdnr. 76.

ralklausel des Art. 82 S. 1 EGV/ Art. 86 I EGV a. F.[360]. Vorzugswürdig erscheint die Generalklausel jedenfalls dann, wenn durch die Auftragssperre eine Beeinträchtigung der Verbraucher nicht eingreift[361]. Für eine Anwendung der Generalklausel spricht im übrigen, daß die erforderliche Interessenabwägung sich in einem offenen Tatbestand dogmatisch besser einfügt als in einem Regelbeispiel[362].

Der Abbruch eines bestehenden Vertragsverhältnis kann ein mißbräuchliches Verhalten im Sinne des Art. 82 S. 1 EGV/ Art. 86 I EGV a. F. darstellen, sofern kein objektiver Rechtfertigungsgrund dafür vorliegt und der Verhältnismäßigkeitsgrundsatz verletzt ist. Die Verweigerung der Aufnahme neuer Geschäftsbeziehungen ist dann als mißbräuchlich einzustufen, wenn der öffentliche Auftraggeber einer konkreten Kontrahierungspflicht unterliegt und die Nichtaufnahme nicht sachlich rechtfertigen kann[363]. Auch wenn sich die Rechtsprechung[364] und Literatur[365] innerhalb der Rechtfertigungsprüfung bislang nur mit wirtschaftlichen oder technischen Gründen für solche Bezugssperren auseinandergesetzt hat, heißt das nicht zwangsläufig, daß die Förderung und Durchsetzung von Umweltschutzmaßnahmen nicht als Rechtfertigungsgrund in Betracht kommen kann. Vielmehr ist der Umweltschutz – wie oben bereits dargelegt - als Gemeinschaftsaufgabe im Rahmen der Auslegung des Art. 82 EGV/ Art. 86 EGV a. F. zu berücksichtigen. Zu beachten ist allerdings, daß dem Umweltschutz kein Vorrang zu Lasten eines unverfälschten Wettbewerbs innerhalb der EG-Mitgliedstaaten zukommt. Zwischen den beiden Zielen ist demnach ein sachgerechter Ausgleich zu schaffen.

---

360 Koch in: Grabitz/Hilf, Art. 86 Rdnrn. 58 und 63; Schröter in: GTE, Art. 86 Rdnr. 165; Dirksen in: Langen/Bunte, Art. 86 Rdnr. 127.

361 Möschel in: Immenga/Mestmäcker, aaO., Art. 86 Rdnr. 216, S. 750.

362 Möschel in: Immenga/Mestmäcker, aaO., Art. 86 Rdnr. 216; Dirksen in: Lange/Bunte, Kartellrecht, Art. 86 Rdnr. 127.

363 Möschel in: Immenga/Mestmäcker, aaO., Rdnrn. 217, 224; Lange/Bunte, aaO. Rdnrn. 168, 172 .

364 EuGH, Rs. 27/76 (United Brands), Slg. 1978, 207 (297); Rs. 77/77 (BP), Slg. 1978, 1513 (1527 f.); Rs. 226/84 (British Leyland); Slg. 1986, 3263 (3300 ff.).

365 Möschel in: Immenga/Mestmäcker aaO., Art. 86 Rdnr. 219 ff.

Zu beachten ist in diesem Zusammenhang, daß es auch dem marktbeherrschenden Unternehmen grundsätzlich gestattet ist, seine Bezugspolitik frei zu
bestimmen[366]. Da solche Bezugssperren jedoch je nach Abhängigkeit des
Unternehmens existenzbedrohend sein können, dürfen sie in Anbetracht des
Übermaßverbotes - wenn überhaupt - nur als ultima ratio eingesetzt werden.

Wenn die genannten Fallgruppen der Bezugssperre auch beide an ein Verhalten des Auftragnehmers in der Vergangenheit anknüpfen, was sie in die
Nähe der problematischen Bevorzugungsregelungen rückt, so bedarf es dennoch einer differenzierten rechtlichen Beurteilung. Von Bedeutung ist in diesem Zusammenhang der Ansatzpunkt für die Anknüpfung. Während der Abbruch bereits bestehender Geschäftsverbindungen auf einer Verletzung vertraglicher Verpflichtungen zur Durchführung von Umweltschutzmaßnahmen
beruht, ist die Verweigerung der Aufnahme neuer Geschäftsbeziehungen
nicht von einem vertraglichen Fehlverhalten motiviert, sondern hier wird ein
klassisches zusätzliches Bevorzugungskriterium geschaffen, das von vornherein solche Bewerber ausschließt, die sich in der Vergangenheit ökologisch
nicht so verhalten haben wie es der Auftraggeber vorschreibt.

Zwar wird beim Abbruch bestehender Geschäftsverbindungen das Verhalten
des Bewerbers in der Vergangenheit ebenfalls zum Vergabekriterium. Da eine Verletzung gesetzlicher oder auch vertraglicher Pflichten zumindest im
Wiederholungsfall als Anzeichen für eine fehlende Zuverlässigkeit des Auftragnehmers gewertet werden kann und die Zuverlässigkeit ein entscheiden-
des und zulässiges Kriterium der Auftragsvergabe darstellt, erscheint eine
Bezugssperre beim Nichtvorliegen dieses Kriteriums als gerechtfertigt. Angesichts der Auswirkungen solcher längerfristigen Auftragssperren sollte eine
Rechtfertigung jedoch nur angenommen werden, sofern es sich um die Nichteinhaltung von umweltschutzbezogenen Vertragsbedingungen handelt, die
einen konkreten Bezug zu dem jeweiligen Auftrag aufweisen.

Anders zu beurteilen ist die Nichtaufnahme neuer Geschäftsbeziehungen ba-
sierend auf einem unzureichenden ökologischen Verhalten des potentiellen
Auftragnehmers in der Vergangenheit. Hier entscheidet ein zusätzliches auf-
tragsfremdes Vergabe- oder Ausschlußkriterium, ob ein Bewerber den Auf-

---

[366] Lange/Bunte, Kartellrecht, Art. 86, Rdnr. 168.

trag erhält oder nicht. In Anbetracht der Rechtsprechung des EuGH[367] zu diesen Vergabekriterien im Bereich der Koordinierungsrichtlinien ist es von Bedeutung, ob der Anwendungsbereich dieser Richtlinien eröffnet ist oder nicht. Für den Fall, daß die in den Koordinierungsrichtlinien festgesetzten Schwellenwerte erreicht sind, bieten die Richtlinien einen wichtigen Ansatzpunkt für die Beurteilung, ob ein mißbräuchlichen Verhalten im Sinne des Art. 82 EGV/ Art. 86 EGV a. F. vorliegt. Ziel der EG-Richtlinien ist neben dem Aufbau einer ausreichenden gemeinschaftlichen Publizität zur Entwicklung eines wirksamen Wettbewerbs zwischen den Mitgliedstaaten vor allem auch die Anwendung festgelegter, objektiver Teilnahme- und Vergabekriterien, die eine gleichmäßige und faire Behandlung aller Bewerber garantieren sollen[368]. Damit kann festgestellt werden, daß sowohl die EG-Richtlinien über die Vergabe öffentlicher Aufträge als auch die Wettbewerbsregeln des EG-Vertrages gleichermaßen zum Ziel haben, einen unverfälschten Wettbewerb zwischen den EG-Staaten zu garantieren.

Nach der Rechtsprechung des EuGH[369] sind zusätzliche auftragsfremde Vergabekriterien von vornherein unzulässig und stellen einen Verstoß gegen die EG-Koordinierungsrichtlinien dar. Im übrigen können Abweichungen von den Richtlinien, sofern damit eine unsachgemäße Benachteiligung einzelner Bewerber einhergeht, auch den Anwendungsbereich des dem Art. 82 EGV/ Art. 86 EGV a. F. ebenfalls unterfallenden Diskriminierungsverbotes berühren[370]. Bei Aufträgen oberhalb der festgesetzten Schwellenwerte liegt im Falle der Verweigerung der Aufnahme neuer Geschäftsbeziehungen aus den eingangs genannten Gründen ein Verstoß gegen die Koordinierungsrichtlinien vor, der angesichts der Schärfe dieser Maßnahme trotz des an sich hinter dieser Bezugssperre stehenden legitimen Zwecks der Förderung des Umweltschutzes mißbräuchlich ist und damit nicht im Einklang mit Art. 82

---

367 EuGH Rs. 31/87 (Beentjes/Niederlande), Slg. 1988, 4635 (4662 ff.).

368 Vademecum über öffentliches Auftragswesen in der Gemeinschaft, Abl C 358 v. 31.12.1987, S. 15.

369 EuGH, Rs. 31/87 (Beentjes/Niederlande), Slg. 1988, 4635 (4662 ff.).

370 So vertreten für das Abweichen von den Verdingungsordnungen im Hinblick auf § 26 II GWB: Rittner, Rechtsgrundlagen, Rdnr. 246; Menzel, Berücksichtigung sozialpolitischer Kriterien bei der öffentlichen Auftragsvergabe, DB 1981, 303 (305); Strohs, Die Berücksichtigung vergabefremder Kriterien bei der Vergabe von Bauaufträgen durch die öffentliche Hand, BauR 2/1988, 144 (147).

EGV/ Art. 86 EGV a. F. steht. Auch außerhalb des Anwendungsbereiches der Koordinierungsrichtlinien darf die Schwelle zum Mißbrauch einer marktbeherrschenden Stellung nicht höher angesetzt werden, da die Auslegung des Art. 82 EGV/ Art. 86 EGV a. F. im Fall derselben umweltschutzbezogenen Maßnahme nicht nach unterschiedlichen Maßstäben erfolgen sollte. In Anbetracht der je nach Abhängigkeit des Bewerbers stark beeinträchtigenden Wirkung solcher Auftragssperren auf die Marktposition des potentiellen Auftragnehmers ist das Ziel der Erreichung eines unverfälschten Wettbewerbs höher zu bewerten als das gleichfalls legitime Ziel der Stärkung des Umweltschutzes. Die Nichtaufnahme neuer Geschäftsbeziehungen aus den eingangs dargestellten Gründen ist demnach mißbräuchlich. Sofern der Bewerber ansonsten die anerkannten Vergabekriterien erfüllt, besteht in diesem speziellen Fall eine Kontrahierungspflicht des öffentlichen Auftragnehmers.

Ob zwischen der marktbeherrschenden Stellung und dem Mißbrauch ein Kausalzusammenhang bestehen muß, ist bisher sowohl von der Kommission als auch vom EuGH verneint worden[371]. Innerhalb der Literatur herrscht allerdings Streit[372]. In der Regel wird jedoch gerade auf dem Gebiet der Verknüpfung der Auftragsvergabe mit anderen politischen Zielen der Kausalzusammenhang bestehen, da erst die marktbeherrschende Stellung den Rahmen bietet, diese Verknüpfung effizient durchzuführen. Insofern wird es in diesem Bereich auf den oben genannten Streit nicht ankommen.

cc.   Die spürbare Beeinträchtigung des zwischenstaatlichen Handels

Hier ist entscheidend, ob das mißbräuchliche Verhalten geeignet ist, die Freiheit des zwischenstaatlichen Handels in der Art zu gefährden, daß die Wettbewerbsstruktur im Gemeinsamen Markt verändert wird. Dies ist immer dann gegeben, wenn das mißbräuchliche Verhalten über die Grenzen eines Mitgliedstaates hinauswirkt[373]. Gerade im Bereich der Koppelung des staatlichen Auftrags mit Umweltschutzanforderungen wird diese spürbare, quanti-

---

[371] EuGH, Rs 6/72 (Continental Can), Slg. 1973, 215 (246).

[372] Dagegen ist z.B. Schröter in: Groeben-Thiesing-Ehlermann, Kommentar zum EWG-Vertrag, Art. 86, Rdnr. 41; differenzierend aber Gleiss/Hirsch, Art. 86 EGV, Rdnr. 56 ff..

[373] Gleiss/Hirsch, Art. 86 EGV, Rdnr. 125.

tativ nicht völlig unerhebliche Beeinträchtigung häufig gegeben sein, da die Bundesrepublik Deutschland zu jenen EU-Staaten zählt, die höhere Umweltanforderungen stellt, so daß die Unternehmen in der BRD ihre Produktionsmethoden im Vergleich zu ausländischen Anbietern entsprechend stärker angepaßt haben. Demzufolge ist davon auszugehen, daß inländische Anbieter beim Zuschlag oftmals bevorteilt sind, da in der Bundesrepublik die Sensibilität der Unternehmen für den Umweltschutz aufgrund der schon seit längerem bestehenden höheren Anforderungen aktiviert ist und die Unternehmen sich entsprechend darauf eingestellt haben.

dd. Die Ausnahmeregelung des Art. 86 II EGV/ Art. 90 II EGV

(1) Voraussetzungen

Zu prüfen bleibt die Ausnahmeregelung des Art. 86 II 1 EGV/ Art. 90 II 1 EGV a. F., wonach eine eingeschränkte Anwendung der Wettbewerbsregeln nur für den Fall vorgesehen ist, daß die Wettbewerbsregeln die Erfüllung der den Unternehmen besonders übertragenen Aufgaben in rechtlich oder tatsächlicher Weise verhindern.

Da Art. 86 I EGV/ Art. 90 I EGV a. F. einen weitgehenden Eingriff in die nationale Souveränität darstellt, sollte zumindest für Unternehmen, die mit Dienstleistungen von allgemeinem Interesse betraut sind oder den Charakter eines Finanzmonopols haben im Einzelfall eine Durchbrechung des EG-Vertrages möglich sein. Sofern Wettbewerbsbeschränkungen oder sogar der Ausschluß jeglichen Wettbewerbs von seiten anderer Wirtschaftsteilnehmer erforderlich ist, um die Erfüllung der ihnen übertragenen Aufgaben zu gewährleisten, sind die Wettbewerbsregeln des EGV nicht anwendbar[374].

Zu beachten ist, daß der Anwendungsbereich dieser Ausnahmeregelung gesetzlich durch Art. 86 II 2 EGV/ Art. 90 II 2 EGV a. F. begrenzt ist. Das In-

---

[374] EuGH, Slg I 1993, 2533 (Corbeau) = EuZW 1993, 422 Tz. 14; EuGH Rs. C-393/92 (Gemeinde Almelo u.a./N.V. Energiebedrijf Ijsselmij (IJM)), EuZW 1994, 408 (410).

teresse der Gemeinschaft an der Entwicklung des Gemeinsamen Marktes hat in jedem Fall Vorrang vor nationalen Interessen. Diese gesetzliche Einschränkung der Ausnahme verdeutlicht auch die allgemein restriktive Auslegung des Art. 86 II 1 EGV/ Art. 90 II 1 EGV a. F.[375].

Nach heute wohl herrschender Meinung wendet sich Art. 86 II EGV/ Art. 90 II EGV a. F. sowohl an die Mitgliedstaaten als auch an die Unternehmen, so daß die Vorschrift eine Ausnahme von Art. 86 I EGV/ Art. 90 I EGV a. F. einerseits und den Art. 81 ff. EGV/ Art. 85 ff. EGV a. F. andererseits beinhaltet[376]. Begründet werden kann dies zum einen mit dem Wortlaut des Art. 86 II EGV/ Art. 90 II EGV a. F., der als Normadressaten nur die Unternehmen benennt. Systemwidrig ist die Einfügung dieser Ausnahmeregelung hinter Art. 86 I EGV/ Art. 90 I EGV a. F., so daß letztlich nur der Sinn und Zweck der Normen endgültigen Aufschluß über den Regelungsbereich geben kann.

Da Art. 86 II EGV/ Art. 90 II EGV a. F. keine Sonderregelung für öffentliche Unternehmen, sondern eine zusätzliche besondere Verpflichtung der Mitgliedstaaten in ihrem Verhältnis zu den öffentlichen Unternehmen darstellt und auch nur in Verbindung mit den Wettbewerbsregeln angewendet werden kann, wäre es zweckwidrig, die Geltendmachung dieser Ausnahmevorschrift nur den Mitgliedstaaten einzuräumen. Weiterhin ist es für den Sinn und Zweck der Vorschrift, nämlich die ungehinderte Erfüllung öffentlicher Interessen, unerheblich, ob die Wettbewerbsbeschränkungen unmittelbar von den öffentlichen Unternehmen ausgehen oder mittelbar durch eine Maßnahme eines Mitgliedstaates[377]. Folglich ist davon auszugehen, daß die Unternehmen selbst und auch die Mitgliedstaaten die Ausnahme geltendmachen können.

Für die vorliegende Untersuchung von praktischer Bedeutung ist lediglich der Begriff des Dienstleistungsunternehmens. Nach h.M. ist dieser Begriff extensiv auszulegen, wodurch auch die Leistungen von Waren und Kapitalien miteingeschlossen sind. Der Begriff in Art. 86 II EGV/ Art. 90 II EGV a. F.

---

[375] Mestmäcker, RabelsZ 52 (1988), 526 (559, 570); Emmerich, Kartellrecht, S. 585, 586.

[376] Vygen, Öffentliche Unternehmen, S. 97; so auch Gleiss/Hirsch, Art. 90 EGV, Rdnr. 18.

[377] Vygen, Öffentliche Unternehmen, S. 96.

deckt sich nicht mit dem des Art. 50 EGV/ Art. 60 EGV a. F., da dessen Definition sich systematisch betrachtet auf das Kapitel über Dienstleistungen (Art. 49 – 55 EGV/ Art. 59 – 66 EGV a. F.) beschränkt[378].

Eine Anwendung des Art. 86 II 1 EGV/ Art. 90 II 1 EGV a. F. auf Dienstleistungen ist jedoch nur möglich, wenn diese im allgemeinen wirtschaftlichen Interesse liegen. Mit allgemeinem Interesse ist das Interesse der Öffentlichkeit an den Dienstleistungen gemeint. In erster Linie kommt es auf das nationale öffentliche Interesse an, was jedoch einerseits auf den wirtschaftlichen Bereich beschränkt sein muß, so daß soziale und kulturelle Interessen außen vor bleiben. Andererseits muß das nationale Interesse aber auch dem Interesse des gesamten europäischen Marktes entsprechen, da es andernfalls zu unterschiedlichen Bewertungen in den einzelnen EG-Staaten kommt. Lediglich Interessen, die zugleich allgemeiner wie auch wirtschaftlicher Natur sind, können eine Durchbrechung des EG-Vertrages rechtfertigen[379].

Nach der früheren Rechtsprechung des EuGH[380] und der überwiegenden Auffassung im neueren Schrifttum[381] lag eine Betrauung im Sinne des Art. 86 II EGV/ Art. 90 II EGV a. F. nur vor, wenn die Aufgabenübertragung durch Hoheitsakt, also durch Gesetz, Rechtsverordnung oder Verwaltungsakt erfolgt ist. In einer jüngeren Entscheidung befaßte sich der EuGH[382] erstmals mit der Anwendbarkeit des Art. 86 II EGV/ Art. 90 II EGV a. F. auf nationale Energieversorgungsunternehmen und erkannte an, daß einem Energieversorgungsunternehmen auch im Rahmen einer öffentlich-rechtlichen Konzession die Aufgabe übertragen werden kann, die Stromversorgung sicherzustellen. Der EuGH gibt damit seine stark formalistische Betrachtungsweise auf und wendet sich einer bereits früher vertretenen Mindermeinung

---

378 Emmerich, Das Wirtschaftsrecht der öffentlichen Unternehmen, S. 445; Mestmäcker, RabelsZ 52 (1988), 526 (564).

379 Emmerich, Kartellrecht, S. 586, 587.

380 EuGH Rs 127/73 (BRT/SABAM und Fonior - BRT II), Slg. 1974, 313 (318); Rs 172/80 (Züchner/Bayerische Vereinsbank -Banküberweisungsgebühren), Slg. 1981, 2021 (2030); Rs 66/86 (Flugtarife), NJW 1989, 2192.

381 Pernice in: Grabitz, Kommentar zum EWG-Vertrag, Stand März 1994, Art. 90, Rdnr. 34; Hochbaum in: Groeben/Thiesing/Ehlermann, Kommentar zum EWG-Vertrag, Art. 90, Rdnr. 49.

382 EuGH- Rs. C-393/92 (Gemeinde Almelo u.a./N.V. Energiebedrijf Ijsselmkj (IJM)), EuZW 1994, 408 (410).

zu, wonach es für die Wirksamkeit der Betrauung weniger auf die äußere Form der Betrauung als auf den Inhalt der Übertragung ankommt[383].

Unter Beachtung der Zielsetzungen kommt es nach Auffassung von Rapp-Jung[384] entscheidend darauf an, ob der Träger öffentlicher Gewalt dem Unternehmen öffentliche oder quasi-öffentliche Aufgaben überträgt. Der Abschluß eines Konzessionsvertrages mit einem Energieversorgungsunternehmen setzt einen zuvor gefaßten Beschluß der Gemeinde um, welcher als Hoheitsakt im Sinne des Gemeinschaftsrechts gewertet werden kann. Die Gemeinde handelt beim Abschluß des Konzessionsvertrages daher nicht nur unternehmerisch, sondern auch hoheitlich[385].

Zu den Dienstleistungen von allgemeinem Interesse zählen vor allem sämtliche Wirtschaftsaktivitäten zur Sicherung der Infrastruktur und Daseinsvorsorge[386].

Die grundsätzliche Bindung der Dienstleistungsunternehmen an Art. 81 ff. EGV/ Art. 85 ff. EGV a. F. wird, wie bereits angedeutet, nur durchbrochen, sofern diese eine Verhinderung der Erfüllung der besonderen Aufgaben bewirken. Die Ausnahmeregelung greift somit nur ein, wenn es keinen wirtschaftlich und rechtlich zumutbaren Weg gibt, um die genannten Aufgaben ohne Verletzung der Wettbewerbsregeln zu verwirklichen[387]. Bislang ist eine solche Ausnahme in der Praxis der Gemeinschaftsorgane noch in keinem Fall anerkannt worden, so daß die Vorschrift des Art. 86 II EGV/ Art. 90 II EGV a. F. quasi überflüssig ist.

---

383 Scholz/Langer, Europäischer Binnenmarkt und Energiepolitik 1992, S. 162 und 173, Darstellung des Meinungsstreites für den Bereich des Energiesektors bei Tettinger, Die öffentlichen Unternehmen im primären Gemeinschaftsrecht unter besonderer Berücksichtigung der Energiewirtschaft, DVBl. 1994, 88 (89, 90).

384 Rapp-Jung, Der Energiesektor zwischen Markwirtschaft und öffentlicher Aufgabe, Anmerkung zu EuGH, EuZW 1994, 408 (IJM), EuZW 1994, 464.

385 Rapp-Jung, aaO., S. 465.

386 Pernice in: Grabitz, Kommentar zum EWG-Vertrag, Stand März 1994, Art. 90, Rdnr. 35; darunter fallen beispielsweise nationale Postverwaltungen, Wasserversorgungsunternehmen, gesetzliche Krankenkassen öffentliche Verkehrsunternehmen und nach der oben dargestellten neueren EuGH-Rechtsprechung auch Energieversorgungsunternehmen.

387 Emmerich, Kartellrecht, 7. Aufl., S. 589.

(2)   Konsequenzen

Für die vorliegende Untersuchung bleibt zu prüfen, ob die Ausnahmeregelung des Art. 86 II EGV/ Art. 90 II EGV a. F. eingreift mit der Folge, daß die
umweltschutzpolitische Instrumentalisierung nicht an den Art. 81 ff. EGV/
Art. 85 ff. EGV a. F. zu messen ist.

Zwar ist die Auffassung vertretbar, daß der Beschaffungszweck öffentlicher
Aufträge im allgemeinen wirtschaftlichen Interesse liegt, nicht aber die damit
verbundenen speziellen umweltschutzpolitischen Zielsetzungen. Dabei handelt es sich in der Regel um nationale Interessen, die nicht unbedingt mit den
Interessen aller Mitgliedstaaten konform sind. Hinzu kommt die in Art. 86 II
2 EGV/ Art. 90 II 2 EGV a. F. geregelte Schranke der Ausnahmevorschrift
des Art. 86 II 1 EGV/ Art. 90 II 1 EGV a. F.. Das Interesse an der Entwicklung des freien Handelsverkehrs, der unter Umständen durch die umweltschutzpolitische Instrumentalisierung der Auftragsvergabe gefährdet sein
kann, steht einer Beschränkung der Anwendbarkeit der Art. 81 ff. EGV/ Art.
85 ff. EGV a. F. entgegen.

4.   Art. 87 EG-Vertrag/ Art. 92 EG-Vertrag a. F.

a.   *Das Konkurrenzverhältnis des Art. 87 EGV/ Art. 92 EGV a.F. zu Art.
        28 EGV/ Art. 30 EGV a. F.*

Nach der Dassonville-Formel des EuGH[388], die durch nachfolgende Urteile
des Gerichtshofes immer wieder bestätigt wurde[389], ist eine Maßnahme gleicher Wirkung „jede Handelsregelung der Mitgliedstaaten, die geeignet ist,
den innergemeinschaftlichen Handel unmittelbar oder mittelbar, tatsächlich
oder potentiell zu behindern". Da die subventionierten Unternehmen oder
Branchen durch die Beihilfe einen Wettbewerbsvorsprung erlangen, der zu

---

[388] EuGH, Rs. 8/84 (Dassonville), Slg. 1974, 837 ff.
[389] Vgl. dazu Kapitel § 2 II 1 a bb (4) (a), FN 192.

einer Wettbewerbsbeeinträchtigung führen kann, wird die Vergabe von Beihilfen begrifflich auch von Art. 28 EGV/ Art. 30 EGV a. F.erfaßt. Diese Auffassung wird durch die Rechtsprechung des EuGH bestätigt[390]. Aufgrund dieser Feststellung stellt sich nun die Frage nach dem Konkurrenzverhältnis des Art 87 EGV/ Art. 92 EGV a. F. zu Art. 28 EGV/ Art. 30 EGV a. F..

In ihren materiellen Wirkungen unterscheiden sich die beiden Vorschriften nicht, da beide das Ziel verfolgen, den freien Handel zwischen den Mitgliedstaaten zu garantieren[391]. Unterschiede ergeben sich in formeller Hinsicht in der Weise, daß Art. 28 EGV/ Art. 30 EGV a. F. den EG-Bürgern ein unmittelbares Klagerecht einräumt, während die Feststellung der Unvereinbarkeit einer Beihilfe gemäß Art. 88 EGV/ Art. 93 EGV a. F. zunächst in die Kompetenz der Kommission fällt. Erst im Anschluß an die Entscheidung der Kommission besteht eine Klagemöglichkeit nach Art. 230 EGV/ Art. 173 EGV a. F.. Im übrigen richtet sich die Genehmigung von verbotenen Beihilfen gemäß Art. 87 I EGV/ Art. 92 I EGV a. F. nach den Kriterien in Art. 87 II, III EGV/ Art. 92 II, III EGV a. F. und nicht nach Art. 30 EGV/ Art. 36 EGV a. F. und den zwingenden Erfordernissen im Sinne der Cassis-Rechtsprechung des EuGH, wonach die Beschränkung des freien Warenverkehrs nur aufgrund legitimer Allgemeinwohlinteressen gerechtfertigt ist[392].

Aufgrund der dargestellten Unterschiede vertritt der EuGH grundsätzlich die Auffassung, daß die Art. 87 ff. EGV/ Art. 92 ff. EGV a. F. im Verhältnis zu den Art. 28 ff. EGV/ Art. 30 ff. EGV a. F. eine Spezialregelung für Beihilfen mit handelsbeeinträchtigender und wettbewerbsverfälschender Wirkung darstellen[393].

---

[390] EuGH, Rs. C-21/88 (Du Pont de Nemour Italiana), Slg. 1990, 889 (919); Rs. 249/81 (Buy Irish), Slg. 1982, 4005 (4022).

[391] EuGH, Rs. C 21/88 (Du Pont de Nemour Italiana), Slg. 1990, 889 (922), Ziff. 20; Wenig in: Groeben-Thiesing-Ehlermann, Kommentar zum EU-/EG-Vertrag, Art. 92, Rdnr. 10; so auch EuGH, Rs. 103/84 (Kommission/Italien), Slg. 1986, 1759, wo der EuGH ausführte, daß Art. 92 EGV nicht dazu diene, den freien Warenverkehr zwischen den Mitgliedstaaten zu beschränken.

[392] Vgl. EuGH, Rs. 302/86 (Kommission/Dänemark), Slg. 1988 , 4607 (4630).

[393] EuGH, Rs. 74/76 (Ianelli & Volpi), Slg. 1977, 557 (575 ff.), so auch: Müller-Graff in: Groeben-Thiesing-Ehlermann, Kommentar zum EU-/EG-Vertrag, Art. 30 Rdnrn. 171, 342; von Wallenberg in: Grabitz, Kommentar zur Europäischen Union, 10. Erg.lieferung, Stand Oktober 1996, Art. 30, Rdnr. 48; Cremer, Das Verhältnis der

Dies bedeutet jedoch nicht, daß eine parallele Anwendung des Art. 28 EGV/ Art. 30 EGV a. F. in jedem Fall ausgeschlossen ist[394]. Vielmehr muß Art. 28 EGV/ Art. 30 EGV a. F. nach Ansicht des EuGH immer dann Anwendung finden, wenn die Modalitäten der Beihilfe zur Erreichung des Beihilfezwekkes nicht erforderlich und demzufolge gesonderter Beurteilung zugänglich sind[395].

Eine weitere Ausnahme von dem oben dargelegten Grundsatz der Spezialität hat der EuGH in der Rechtssache „Du Pont de Nemours Italiana SpA"[396] herausgestellt. Dort hatte der italienische Staat die Verpflichtung, mindestens 30 % des Bedarfs bei Industrie-, Landwirtschafts- und Handelsbetrieben des Mezzogiorno zu decken, per Gesetz auf alle Einrichtungen, öffentlichen Verwaltungen sowie Gesellschaften und Einrichtungen mit staatlicher Beteiligung, einschließlich der lokalen Einheiten des Gesundheitswesens ausgedehnt. Die Einlösung dieser Verpflichtung durch eine lokale Einrichtung des Gesundheitswesens führte zu der Klage beim Gerichtshof. Unter Berücksichtigung der gleichlaufenden Ziele der Art. 28, 87 EGV/ Art. 30, 92 EGV a. F. führte der EuGH in ständiger Rechtsprechung zunächst aus, daß Art. 87 EGV/ Art. 92 EGV a. F. keinesfalls dazu dienen könne, den Art. 28 ff. EGV/ Art. 30 ff. EGV a. F. ihre Wirkung zu nehmen[397]. Für den Fall, daß eine staatliche Maßnahme nicht eindeutig als Beihilfe zu qualifizieren ist, könne die Anwendbarkeit des Art. 28 EGV/ Art. 30 EGV a. F. nicht ausgeschlossen sein. Der EuGH sieht in dem Umstand, daß eine einzelstaatliche Maßnahme möglicherweise als Beihilfe im Sinne des Art. 87 EGV/ Art. 92 EGV a. F. betrachtet werden kann, keinen hinreichenden Grund dafür, sie vom Verbot des Art. 28 EGV/ Art. 30 EGV a. F. auszunehmen[398].

Beihilferegeln gemäß Art. 92 f. EGV zur Warenverkehrsfreiheit, EuR 1996, 225 (236).

[394] So ist Müller-Graff der Auffassung, daß eine Anwendung des Art. 30 EGV dann nicht ausgeschlossen ist, wenn dadurch Art. 92 II und III EGV nicht unterlaufen werden, aaO., Art. 30 Rdnr. 342.

[395] EuGH, Rs. 74/76 (Ianelli & Volpi), Slg. 1977, 557 (575); Rs. 103/84 (Kommission/Italien – Fahrzeugbeihilfen), Slg. 1986, 1759 (1774 Ziff. 19).

[396] EuGH, Rs. C 21/88 (Du Pont de Nemours Italiana), Slg. 1990, 889 (922 Ziff. 20) = NVwZ 1991, 1071 (1072 Ziff. 20).

[397] Siehe insbesondere EuGH, Rs. 103/84 (Kommission/Italien), Slg. 1986, 1759.

[398] EuGH, Rs. C 21/88 (Du Pont de Nemours Italiana), Slg. 1990, 889 (922), Ziff. 20.

Nach Auffassung von Müller-Graff ist diese Ausnahme vom Grundsatz der Spezialität der Art. 87 ff. EGV/ Art. 92 ff. EGV a. F. gerechtfertigt, da Zweifel an der Qualifikation einer staatlichen Maßnahe nicht zu Lasten des in Art. 28 EGV/ Art. 30 EGV a. F. enthaltenen Grundprinzips des ungehinderten zwischenstaatlichen Warenverkehrs gehen können[399]. Allerdings ist die vom EuGH stetig verwendete Formulierung, „Art. 87 EGV/ Art. 92 EGV a. F. könne keinesfalls dazu dienen, den Vorschriften über den freien Warenverkehr ihre Wirkung zu nehmen" zumindest mißverständlich, da mit dieser Formel die grundsätzlich geltende Spezialität der Art. 87 ff. EGV/ Art. 92 ff. EGV a. F. verwässert wird. Diese Formel verstößt jedenfalls dann gegen die vertraglich vorgegebene Spezialität der Art. 87 ff. EGV/ Art. 92 ff. EGV a. F., wenn sie auch auf Maßnahmen Anwendung finden würde, die klar als Beihilfe zu qualifizieren sind und keine vom Beihilfezweck abtrennbare Modalität darstellen[400].

b.   Der Anwendungsbereich des Art. 87 I EG-Vertrages/ Art. 92 I EG-Vertrages a. F.

Eine weitere Schranke im Rahmen der Verknüpfung der Auftragsvergabe mit umweltpolitischen Zielen kann sich aus Art. 87 I EGV/ Art. 92 I EGV a. F. ergeben. Auch Art. 87 I EGV/ Art. 92 I EGV a. F. hat wie oben dargelegt die Aufgabe, die Unverfälschtheit des Wettbewerbs auf dem gemeinsamen Markt zu sichern. Der frühere Meinungsstreit, ob neben dem Bund auch andere innerstaatliche Hoheitsträger erfaßt werden, ist heute nicht mehr relevant, da auch Länder und Gemeinden oder entsprechende Verwaltungseinheiten den jeweiligen Mitgliedstaaten zuzurechnen sind. Als Vergabestelle neben dem Bund sind sie ebenfalls dem Art. 87 I EGV/ Art. 92 I EGV a. F. unterstellt[401].

---

[399] Müller-Graff in: Groeben-Thiesing-Ehlermann, aaO., Art. 30 Rdnr. 344.

[400] Müller-Graff aaO., Art. 30 Rdnrn. 171, 344.

[401] EuGH, Rs. 248/84 (Deutschland/Kommission), Slg. 1987, 4013 (4041), Wenig in: Groeben-Thiesing-Ehlermann, Kommentar zum EU-/EG-Vertrag, Art. 92, Rdnr. 8; von Wallenberg in: Grabitz, Kommentar zur Europäischen Union, 10. Erg.lieferung, Stand Oktober 1996, Art. 92, Rdnr. 16; Rengeling, Das Beihilferecht der Europäischen Gemeinschaften in Recht und Praxis der Beihilfen im Gemeinsamen Markt, KSE 32, S. 23 (29); vgl. Bleckmann, Die kommunale Leistungsverwaltung, insbe-

Zum einen ist in diesem Zusammenhang die Bevorzugung einzelner Bewerbergruppen von Bedeutung, zum anderen kann aber auch die Subventionierung eines einzelnen Unternehmens unter Art. 87 I EGV/ Art. 92 I EGV a. F.
fallen[402].

Der Beihilfebegriff des Art. 87 I EGV/ Art. 92 I EGV a. F. ist nach herrschender Ansicht weit zu fassen und geht über den Begriff der Subvention
hinaus. Dafür spricht einerseits der Wortlaut, der von „Beihilfen gleich welcher Art" spricht, andererseits auch der Sinn und Zweck der Vorschrift, der
Wettbewerbsverfälschungen in weitem Umfang verhindern will[403].

Jedenfalls kommt es bei der Beurteilung einer Maßnahme als Beihilfe nicht
darauf an, welche Ziele mit der Gewährung verfolgt werden, maßgeblich sind
allein deren Wirkungen[404]. Folglich fallen nicht nur Geld- und Sachleistun-
gen darunter, sondern alle Maßnahmen des Staates oder seiner Untergliederungen, welche die Wettbewerbslage eines Unternehmens oder einer Bewerbergruppe verbessern[405]. Aufgrund dieses weiten Beihilfebegriffs ist Art. 87
I EGV/ Art. 90 I EGV a. F. auch dann betroffen, wenn der Staat „knappe
Güter" sachwidrig verteilt. Darunter fällt grundsätzlich auch die öffentliche
Auftragsvergabe, weil hier der Wille des Staates deutlich wird, gerade ein

---

sondere die Subventionsvergabe im europäischen Binnenmarkt, NVwZ 1990, 820
(821).

402 Seidel, Martin, Subventionsrecht, a.a.O., S. 247 (260).

403 von Wallenberg in: Grabitz, aaO., Art. 92, Rdnr. 5; so auch Bleckmann, Subventionsrecht, S. 155; derselbe, NVwZ 1990, 820, 822, Leibrock, Der Rechtsschutz im Beihilfeaufsichtsverfahren des EWG-Vertrages, EuR 1990, 20.

404 Müller-Graff, Die Erscheinungsformen der Leistungssubventionstatbestände aus wirtschaftlicher Sicht, ZHR 1988, 403 (416); EuGH Rs. 173/73 (Familienzulagen), Slg.
1974, 709 (718); Rs. 310/85 (Deufil), Slg. 1986, 901 (924); Schohe/Hoenike, Die
Rechtsprechung von EuGH und EuG zu staatlichen Beihilfen in den Jahren 1996
und 1997, EuZW 1997, 741 (742); EuGH, Slg. I 1996, 3547= EuZW 1996, 564
(SFEI/La Poste); Rs. C-241/94 (Frankreich/Kommission), Slg. I 1996, 4551 =
EuZW 1997, 56 (57); Slg. I 1996, 2441 (Deutschland/Kommission – Neue Max-
hütte); Slg. I 1996, 723 = NVwZ 1996, 992 (Belgien/Kommission); Schröder, Sub-
ventionen als staatliche Handlungsmittel, ZHR 152 (1988), 391 (401); Zils, Die
Wertigkeit des Umweltschutzes in Beziehung anderen Aufgaben der Europäischen
Gemeinschaft, S. 126.

405 Bleckmann, NVwZ 1990, 820 (822); Rengeling, Das Beihilferecht der Europäischen
Gemeinschaften, in Kölner Schriften zum Europarecht, Bd. 32, 1984, 26.

bestimmtes Unternehmen oder eine bestimmte Bewerbergruppe zu fördern[406]. Anderer Auffassung ist nach wie vor Götz[407], der die Bevorzugung bestimmter heimischer Unternehmen bei der Vergabe öffentlicher Aufträge mangels Vorliegens des Merkmals der Unentgeltlichkeit nicht als Beihilfe ansieht. Selbst bei Existenz eines Beihilfeelementes, welches über ein marktmäßiges Entgelt hinausginge, sei dies ohne Bedeutung, da eine solche staatliche Regelung bereits aufgrund Art. 28 EGV/ Art. 30 EGV a. F. verboten wäre. Würde man die im Rahmen einer Beihilfe charakteristische fehlende Gegenleistung des Begünstigten mit der Unentgeltlichkeit gleichsetzten, würden ein großer Bereich staatlicher Vorteilsgewährung aus dem Anwendungsbereich des Art. 87 EGV/ Art. 92 EGV a. F. fallen[408]. Grundsätzlich werden folglich vom Anwendungsbereich des Art. 87 EGV/ Art. 92 EGV a. F. auch solche staatlichen Leistungen erfaßt, für die zwar ein Gegenwert erbracht wird, der jedoch hinter dem Wert der staatlichen Leistung zurückbleibt. Dem ist eine Bevorzugung bei der Vergabe öffentlicher Aufträge gleichzusetzen. Die Auffassung von Götz kann auch deshalb nicht überzeugen, weil die Zulässigkeit oder Unzulässigkeit einer Maßnahme nach Art. 28 EGV/ Art. 30 EGV a. F. nicht die Qualifizierung einer staatlichen Maßnahme als Beihilfe bestimmt. Möglich ist lediglich, daß die Rechtfertigung einer Wettbewerbsbeeinträchtigung nach Art. 28 EGV/ Art. 30 EGV a. F. der Genehmigungsfähigkeit einer nach Art. 87 I EGV/ Art. 92 I EGV a. F. verbotenen Beihilfe entspricht. Der Auffassung von Götz kann nur insoweit zugestimmt werden, als die Bevorzugung im Rahmen der Auftragsvergabe rein wirtschaftlich begründet ist, insbesondere wenn die bevorzugten Bewerber besonders schnelle Lieferung oder Ausführung garantieren. In diesem Fall ist ein Begünstigungselement tatsächlich schwerlich feststellbar.

Sobald jedoch aus anderen als wirtschaftlichen Gesichtspunkten bevorzugt wird, wie beispielsweise aus umweltpolitischen Gründen, kann Art. 87 I EGV/ Art. 92 I EGV a. F. durchaus tangiert sein. Dabei kommt es nach Auf-

---

[406] Bleckmann, NVwZ 1990, 820 (822); auch von Wallenberg, in: Grabitz, aaO., Art. 92, Rdnr. 10 sieht in der Auftragsvergabe eine Beihilfe, sofern den Zuschlag nur inländische Bewerber erhalten; Müller-Graff aaO., S. 419; Schröder, aaO., S. 398; jetzt auch Wenig in: Groeben-Thiesing-Ehlermann, aaO., Art. 92, Rdnr. 5.

[407] Götz, Recht der Wirtschaftssubventionen, 1966, S. 105, ders. in: Dauses, Handbuch des EG-Wirtschaftsrechts, Stand September 1994, Kapitel H III, Rdnr. 17.

[408] Wenig in: Groeben-Thiesing-Ehlermann, aaO., Art. 92, Rdnr. 5.

fassung von Wenig entscheidend darauf an, ob die staatliche Leistung oder die Zuschlagserteilung im öffentlichen Auftragswesen einem normalen wirtschaftlichen Vorgang entspricht oder ob für die staatliche Leistung eine ausreichende und marktübliche Gegenleistung erfolgt[409]. So auch Müller-Graff, der den Begünstigungscharakter einer Bevorzugung im Rahmen der Auftragsvergabe bejaht, wenn der Zuschlag bei einer Bewertung von Leistung und Gegenleistung im Vergleich zu Konkurrenzangeboten und unter Außerachtlassung der in Art. 87 II, III EGV/ Art. 92 II und III EGV a. F. genannten Erwägungen ökonomischen Gesichtspunkten grob zuwiderläuft[410].

Dies ist immer dann gegeben, wenn das Angebot des aus umweltpolitischen Gründen bevorzugten Unternehmens erheblich über dem wirtschaftlich günstigsten Angebot eines oder mehrere Konkurrenten liegt, folglich ein grober Verstoß gegen den Grundsatz der Wirtschaftlichkeit und Sparsamkeit vorliegt. Solange jedoch lediglich eine geringfügige Überschreitung des wirtschaftlich akzeptabelsten Angebot vorliegt und die Wertigkeit von Leistung und Gegenleistung in etwa vergleichbar ist, ist eine Qualifikation der bevorzugten Zuschlagserteilung als Beihilfe ausgeschlossen. Dies gilt jedenfalls für die grundsätzlich zulässigen Bevorzugungsregelungen bei Aufträgen außerhalb des Anwendungsbereiches der EG-Koordinierungsrichtlinien. Fraglich ist jedoch, wie die sowohl außerhalb als auch innerhalb des Anwendungsbereiches der EG-Richtlinien grundsätzlich zulässigen Auftragsbedingungen zu qualifizieren sind. Sofern sich die Bewerber den geforderten Bedingungen nicht unterwerfen können oder wollen, führt dies nach der Rechtsprechung des EuGH zulässigerweise zu deren Ausschluß. Zwar hat der EuGH keine Einschränkung dahingehend getroffen, daß dies nur dann gilt, wenn das Angebot der ausgeschlossenen Bieter nicht wesentlich günstiger ist als das der nicht ausgeschlossenen Bewerber, was dafür spricht, daß die umweltschutzbezogenen Auftragsbedingungen generell nicht als Beihilfe zugunsten der noch zu berücksichtigenden Bewerber einordnen sind. Da sich die jeweilige Maßnahme letztlich jedoch immer an den Regelungen des Primärrechts messen lassen muß und eine Beihilfe im Rahmen der Auftragsvergabe bei groben Mißverhältnis zwischen Leistung und Gegenleistung zu bejahen ist, hat hinsichtlich der genannten Auftragsbedingungen eine Zweiteilung zu

---

[409] Wenig in Groeben-Thiesing-Ehlermann, aaO., Art. 92 Rdnr. 5.
[410] Müller-Graff, ZHR 152 (1988), 403 (419/420).

erfolgen. Sofern die Auftragsbedingung zu einem Ausschluß von Bietern führt, deren Angebot wesentlich günstiger ist als das des zu berücksichtigenden Bieters, liegt zugunsten letzterem eine Beihilfenregelung vor, die allerdings in den Grenzen des Art. 87 III EGV/ Art. 92 III EGV a. F. als vereinbar mit dem Gemeinsamen Markt angesehen werden kann. Bei einem nur geringfügigen Mißverhältnis zwischen Leistung und Gegenleistung ist die Auftragsbedingung hingegen nicht als Beihilfe zu qualifizieren.

Art. 87 I EGV/ Art. 92 I EGV a. F. verlangt weiterhin eine Wettbewerbsverfälschung und die Beeinträchtigung des Handels zwischen den Mitgliedstaaten, wobei es ausreicht, daß die Möglichkeit des Eintritts der Wettbewerbsbeschränkung besteht. Eine hinreichende Konkretisierung muß jedoch eingetreten sein[411]. Auf eine bestimmte Intensität der Beeinträchtigung des Handels zwischen den Mitgliedstaaten kommt es nicht an[412].

Das Vorliegen der beiden letztgenannten Tatbestandsmerkmale ist am jeweiligen Einzelfall zu prüfen. Jedenfalls kann festgehalten werden, daß bei Koppelung der Auftragsvergabe mit umweltschutzpolitischen Kriterien eine Bevorzugung nationaler Bewerbergruppen oder eines nationalen Unternehmens möglich ist, da die umweltbewußte Produktion oder die Verwendung umweltgerechter Materialien nicht in jedem Mitgliedstaat gleichermaßen vorangeschritten ist.

Folglich bildet Art. 87 I EGV/ Art. 92 I EGV a. F. in den oben dargestellten Fällen eine rechtliche Schranke für die Instrumentalisierung der öffentlichen Auftragsvergabe, welche jedoch durch die in Art. 87 III EGV/ Art. 92 III EGV a. F. geregelten Fakultativausnahmen durchbrochen werden kann.

---

[411] von Wallenberg in: Grabitz, aaO., Art. 92, Rdnr. 25; Müller-Graff, ZHR 1988, 403 (432).

[412] EuGH, Rs. 730/79 (Phillip Morris), Slg. 1980, 2671 (2688); von Wallenberg in: Grabitz, aaO., Art. 92, Rdnr. 31.

c. *Die Fakultativausnahmen des Art. 87 III EG-Vertrages/ Art. 92 III EG-*
Vertrages und deren Konsequenzen für die umweltpolitisch instru-
mentalisierte Auftragsvergabe

Art. 87 III EGV/ Art. 92 III EGV a. F. enthält fünf wichtige Ausnahmerege-
lungen zu Art. 87 I EGV/ Art. 92 I EGV a. F., bei denen eine Vereinbarkeit
der Beihilfe mit dem Gemeinsamen Markt in Betracht kommen kann. In den
Fällen lit. a bis c liegt die Entscheidung darüber im Ermessen der Kommission[413].

Um den durch Art. 87 I EGV/ Art. 92 I EGV a. F. garantierten unverfälschten
zwischenstaatlichen Handel nicht zu gefährden, sind die Ausnahmetatbestände des Art. 87 III EGV/ Art. 92 III EGV a. F. restriktiv auszulegen[414]. In die Ermessensentscheidung einzustellen ist einerseits das Ziel eines unverfälschten Wettbewerbs zwischen den Mitgliedstaaten und andererseits die Überlegung, den Mitgliedstaaten das notwendige Instrumentarium
für eine beständige Wirtschaftspolitik zu belassen[415]. Beihilfen zur Förderung des Umweltschutzes sind trotz restriktiver Auslegung des Art. 87 III
EGV/ Art. 92 III EGV a. F. grundsätzlich positiv zu beurteilen.

Eine Vereinbarkeit der Beihilfe mit dem Gemeinsamen Markt kann nur angenommen werden, wenn die Beihilfe zur Verwirklichung eines der in Absatz 3
genannten Ziele geeignet ist[416]. Anhand dreier Kriterien, der Zielverwirkli-
chung, der Notwendigkeit und der Angemessenheit ist die Geeignetheit der
Beihilfe zu überprüfen[417].

Da der Umweltschutz zu den gemäß Art. 2, 3 lit. l, 6, 174 EGV/ 3 lit. k, 130 r
EGV a. F. wichtigen Zielen der Gemeinschaft gehört, ist für die vorliegende

---

[413] EuGH Rs. 730/79 (Philip Morris), Slg. 1980, 2671 (2691); EuGH Rs. 310/85 (Deufil), Slg. 1986, 901 (926).

[414] Kommission 89/348/EWG vom 23.11.1988, ABl. 1989 Nr. L 143, S. 44.

[415] Wenig in: Groeben-Thiesing-Ehlermann, aaO., Art. 92, Rdnr. 41; Rengeling, a.a.O.,
S. 36.

[416] Entscheidung der Kommission Nr. 87/98/EWG vom 29.07.86, ABl. L 40/17, 19 vom
10.02.87; von Wallenberg in Grabitz, Art. 92, Rdnr. 42.

[417] von Wallenberg in Grabitz, aaO., Art. 92, Rdnr. 42 – 45, Wenig in: Groeben-
Thiesing-Ehlermann, Art. 92, Rdnr. 42 ff..

Problemstellung der Ausnahmetatbestand des Art. 87 III lit. b EGV/ Art. 92 III lit. b EGV a. F. einschlägig, da der Begriff des gemeinsamen europäischen Interesses mit Hilfe der im Vertrag bezeichneten Gemeinschaftsziele auszufüllen ist. Vorhaben von gemeinsamem europäischen Interesse sind solche, die der Verwirklichung der in Art. 2 und 3 genannte Ziele dienen[418]. Gemäß Art. 6, nach a.f. Art. 130 r II 2 EGV sind die Erfordernisse des Umweltschutzes bei der Festlegung und Durchführung der in Art. 3 genannten Gemeinschaftspolitiken einzubeziehen. Demnach werden die Belange des Umweltschutzes in jeden anderen Politiksektor der Gemeinschaft – wie beispielsweise die Wettbewerbsregeln und den freien Warenverkehr – transferiert. Neben der selbständigen Umweltpolitik in den Art. 174 ff. EGV/ Art. 130 r ff. EGV a. F. gibt es eine unselbständige Umweltpolitik in den einzelnen Politiksparten des EG-Vertrages. Diese umweltrechtliche Querschnittsklausel hat den Stellenwert des Umweltschutzes deutlich erhöht[419], was zur Folge hat daß, die Kommission gehalten ist, Umweltschutzmaßnahmen aktiv zu fördern[420]. Die Bevorzugung eines Auftragnehmers aus umweltpolitischen Gesichtspunkten dient daher der Verwirklichung eines der in Art. 87 III lit. b EGV/ Art. 92 III lit. b EGV a. F. enthaltenen Ziele.

Für die umweltpolitische Maßnahme des Staates besteht auch eine Notwendigkeit, da nicht davon ausgegangen werden kann, daß die Marktkräfte alleine ausreichen, um die Unternehmen zu einem Verhalten zu bewegen, das zu einer effizienten Verwirklichung des Umweltschutzes beiträgt.

Letztlich darf Art. 87 III EGV/ Art. 92 III EGV a. F. „nur auf solche Maßnahmen angewendet werden, die, obwohl sie den Wettbewerb verfälschen und den Handel beeinträchtigen, dies in einer Weise tun, die nicht über das zur Erreichung ihres legitimen Zieles unerläßliche Maß hinausgeht"[421], d.h. die Beihilfe muß angemessen sein.

---

[418] Bleckmann, Europarecht, § 25, Rdnr. 2066; von Wallenberg in Grabitz, aaO., Art. 92, Rdnr. 50.

[419] Zils, Die Wertigkeit des Umweltschutes in Beziehung zu anderen Aufgaben der Europäischen Gemeinschaft, S. 29, 128.

[420] Wenig in: Groeben-Thiesing-Ehlermann, aaO., Art. 92 Rdnr. 54.

[421] v.on Wallenberg in Grabitz: aaO., Art. 92, Rdnr. 44.

Folglich kann das Ergebnis der Verhältnismäßigkeitsprüfung, die im Rahmen der Prüfung des Art. 28 EGV/ Art. 30 EGV a. F. - Rechtfertigung nach der „Cassis de Dijon-Rechtsprechung" - vorgenommen wurde, gleichermaßen als Maßstab für die Genehmigungsfähigkeit einer Beihilfe im Sinne des Art. 87 III EGV/ Art. 92 III EGV a. F. dienen. Im vorliegenden Fall basiert die Rechtfertigung einer nach Art. 28 EGV/ Art. 30 EGV a. F. verbotenen Maßnahme auf demselben im Allgemeininteresse stehenden Grund wie die Genehmigungsfähigkeit der Beihilfe. Im Gegensatz zu anderen Fällen reichen die Gründe für die Genehmigungsmöglichkeit nach Art. 87 III EGV/ Art. 92 III EGV a. F. hier nicht weiter als die Rechtfertigungsmöglichkeit nach der „Cassis de Dijon-Rechtsprechung, so daß Art. 87 III EGV/ Art. 92 III EGV a. F. durch die parallele Anwendung des Art. 28 EGV/ Art. 30 EGV a. F. auf die umweltschutzpolitische Instrumentalisierung der Vergabe öffentlicher Aufträge nicht unterlaufen wird.

Seidel geht sogar soweit, daß eine Beihilfe, die als solche bereits gegen das Verbot des Art. 28 EGV/ Art. 30 EGV a. F. verstößt, seiner Auffassung nach nicht als Beihilfe genehmigungsfähig ist[422]. Diese Auffassung ist in dieser pauschalierten Weise nicht vertretbar, da aufgrund der weitreichenderen Genehmigungsgründe in Art 87 II und III EGV/ Art. 92 II und III EGV a. F. durchaus eine andere Betrachtungsweise möglich ist. Für den vorliegenden Anwendungsfall kann die Auffassung jedoch herangezogen werden, da der Genehmigungsgrund „Umweltschutz" dem Rechtfertigungsgrund im Sinne der „Cassis de Dijon-Rechtsprechung" entspricht.

Im Ergebnis gilt daher folgendes: Die unter Gliederungspunkt § 2 II 4 b als Beihilfe qualifizierten Vertragsbedingungen sind gemäß Art. 87 III lit. b EGV/ Art. 92 III lit. b EGV a. F. genehmigungsfähig, d.h. sie können als vereinbar mit dem Gemeinsamen Markt angesehen werden. Führt man sich vor Augen, daß die zwingend zu beachtende Auftragsbedingung auch für den berücksichtigten Bewerber eine Belastung darstellt, ist dies ein interessengerechtes Ergebnis.

---

[422] Seidel, Das Subventionsrecht der Europäischen Gemeinschaften, Schriftenreihe des Forschungsinstituts für Europafragen, S. 247 (262) mit Hinweis auf das EuGH Urteil in der Rs C-21/88 (Du Pont de Nemours Italiana), Slg. 1990, 889 (922 – Ziff. 20) = NVwZ 1991, 1071 (1072, Ziff. 20/21).

§ 3 Verfassungsrechtliche Bindungen bei der Koppelung der Auftragsvergabe mit umweltschutzbezogenen Zielen

I. Anwendbarkeit des materiellen Verfassungsrechts auf die öffentliche Auftragsvergabe

Obwohl es sich bei der öffentlichen Auftragsvergabe um Verwaltungstätigkeit handelt, findet die Beauftragung und Abwicklung nicht etwa in hoheitlicher Form durch Verwaltungsakt oder öffentlich-rechtlichen Vertrag statt, sondern vollzieht sich nach herrschender Auffassung in den Formen des Privatrechts, wobei überwiegend Kauf-, Werk-, Werklieferungs- und Dienstverträge abgeschlossen werden[423].

Insbesondere hat sich der Gemeinsame Senat der Obersten Gerichtshöfe des Bundes in seinem Beschluß vom April 1986 für eine zivilrechtliche Qualifizierung der Beschaffungsgeschäfte des Staates ausgesprochen, wo er ausgeführt hat, daß „die öffentliche Hand zur Erfüllung ihrer gesetzlichen Aufgaben auch Waren und Leistungen benötigt, für deren Beschaffung ihr hoheitliche Mittel nicht zu Gebote stehen. Sie muß sich nach den für jedermann geltenden Bestimmungen, also auf privatrechtlicher Ebene versorgen[424]".

Einige Vertreter der Rechtslehre streben jedoch an, die staatliche Auftragsvergabe vollständig dem öffentlichen Recht zu unterstellen, führen dafür jedoch unterschiedliche Begründungen ins Feld. Eine Auffassung spricht dem

---

[423] Bender, Der Rechtsweg bei Klagen gegen Auftragssperren der öffentlichen Hand, JuS 1962, 178 (180); Kirchhof, Verwalten durch "mittelbares" Einwirken 1977, S. 328; vgl. auch Rittner, Öffentliches Auftragswesen und Privatrecht, ZHR 152 (1988), 318 (326); Gusy, Staatsaufträge an die Wirtschaft, JA 1989, 26 (28); BGHZ 101, 72 (75).

[424] BGHZ 97, 313 (316).

Staat zwar nicht generell die Möglichkeit ab, privatrechtliche Verträge abzuschließen, will die öffentliche Vergabe aber aufgrund der erheblichen Bedeutung der staatlichen Nachfragemacht für politische Planungs- und Lenkungsinteressen nicht mit jedem anderen zivilrechtlichen Vertrag gleichsetzen[425]. Die andere Auffassung spricht dem Staat generell die Privatrechtsfähigkeit ab[426], da für das Rechtsverhältnis des Staates zum Bürger grundsätzlich öffentliches Recht gilt, sofern der Gesetzgeber nichts anderes vorgeschrieben hat. Die angemessene Rechtsform stelle - so beide Auffassungen - der öffentlich-rechtliche Vertrag dar[427].

Zu bevorzugen ist die in Rechtsprechung[428] und Literatur[429] immer noch herrschende zivilrechtliche Betrachtungsweise, da eine generelle Privatrechtsunfähigkeit der öffentlichen Hand weder einfachgesetzlich noch verfassungsrechtlich zu belegen ist, sondern vielmehr grundsätzlich anerkannt ist, daß der Staat sich der Formen des Privatrechts bedienen kann. Darüber hinaus stellt die Beschaffung von Gütern und Dienstleistungen im Vergleich zu den öffentlichen Planungs- und Lenkungsinteressen immer noch das Primärziel der Auftragsvergabe dar. Die rechtliche Qualität der mit der Auftragsvergabe verfolgten Sekundärzwecke kann mithin nicht die Qualität der öffentlichen Auftragsvergabe an sich bestimmen. Auch das Argument, staatliches Handeln könne nur durch öffentlich-rechtliche Handlungsformen optimal begrenzt werden, läßt sich nicht halten, da die staatlichen Stellen sich auch durch die Wahl einer privatrechtlichen Handlungsform verfassungsrechtli-

---

[425] von Zezschwitz, Rechtsstaatliche und prozessuale Probleme des Verwaltungsprivatrechts, NJW 1983, 1873 (1877).

[426] Schachtschneider, Staatsunternehmen und Privatrecht, 1986, S. 175 ff, 235 ff.

[427] Zuleeg, Rechtsschutz und Grundrechtsbindung bei der Vergabe öffentlicher Aufträge, WiVerw 1984, 112 (115); Kopp, Die Entscheidung über die Vergabe öffentlicher Aufträge und über den Abschluß öffentlichrechtlicher Verträge als Verwaltungsakte?, BayVBl 1980, 609 (610); von Zezschwitz, NJW 1983, 1873 (1877).

[428] BGHZ 97, 313 (316);); BGHZ 101, 72 (75); BGHZ 102, 280 ff..

[429] Wallerath, Öffentliche Bedarfsdeckung und Verfassungsrecht, S. 304; Gusy, aaO, S. 26 (28 ff.); Faber, Drittschutz bei der Vergabe öffentlicher Aufträge, DÖV 1995, 403 (405); Dürig in Maunz/Dürig/Herzog, Grundgesetz Kommentar, Stand Mai 1994, Art. 3 Rdnr. 480; Hermes, Gleichheit durch Verfahren bei der staatlichen Auftragsvergabe, JZ 1997, 909 (910).

chen Bindungen nicht entziehen können[430]. In welcher Form und in welchem Umfang diese Bindungen bestehen wird im folgenden noch einzugehen sein.

Vorab sei jedoch schon klargestellt, daß die praktische Bedeutung des unmittelbaren Verfassungsrechts für die vorliegende Untersuchung nicht allzu groß ist[431], da die Marktteilnahme öffentlicher Auftragnehmer bereits der Kontrolle des einfachen Gesetzesrechts, d.h. den Wettbewerbsvorschriften des GWB und UWG einerseits und des AGBG andererseits unterliegt[432]. Im übrigen ist das Vergabeverfahren bei Aufträgen größeren Zuschnitts oberhalb festgesetzter Schwellenwerte umfassend durch die sogenannten Koordinierungsrichtlinien geregelt[433]. Nach der Rechtsprechung des EuGH sind umweltschutzbezogene Vergabekriterien im Anwendungsbereich der EG-Richtlinien unzulässig. Grundsätzlich statthaft sind hingegen umweltschutzbezogene Vertragsbedingungen.

1. Keine Geltung des Grundsatzes der Privatautonomie

Die privatrechtliche Qualifizierung der Vergabe von Staatsaufträgen hat nicht notwendig zur Folge, daß der Staat in der inhaltlichen Gestaltung des Vertrages und der Auswahl des Vertragspartners völlig frei ist und keinerlei öffentlich-rechtlichen Bindungen unterliegt. Demnach wird die Zulässigkeit der Vereinbarung umweltschutzbezogener Vertragsbedingungen mit dem Auftragnehmer nicht ausschließlich nach Privatrecht beurteilt. Zwar ist die Privatautonomie in Art. 2 I GG verfassungsrechtlich garantiert, nach der grundlegenden „Sasbach"-Entscheidung des BVerfG[434] handelt es sich bei den Grundrechten jedoch nur um Schutzrechte der Bürger gegen den Staat und seine Untergliederungen. Dem Staat hingegen fehlt eine allgemeine Grundrechtsberechtigung, d.h. die Grundrechtsnormen dienen nicht seinem Schutz,

---

[430] Siehe hierzu weiter unten Kapitel § 3 I 2.

[431] Vgl. Osterloh in: Sachs, Grundgesetz Kommentar, Art. 3 Rdnr. 76.

[432] So die ständige Rechtsprechung des BGH, BGHZ 97, 312 (316 f.); 102, 280 (284 ff.); 105 , 24 (27 ff.); siehe dazu unten Kapitel § 4 und § 5.

[433] Siehe hierzu oben Kapitel § 2 I.

[434] BVerfGE 61, 82 (108 f.).

sondern eröffnen vielmehr Schranken für das staatliche Handeln. Im Gegensatz zu den privaten Marktteilnehmern kann der Staat deren grundrechtlich geschützte Freiheiten nicht für sich beanspruchen. Die öffentliche Hand ist zwar berechtigt, sich der Formen des Privatrechts zu bedienen, kann aber aufgrund der unmittelbaren oder mittelbaren Erfüllung öffentlicher Aufgaben gerade nicht wie ein Privatmann behandelt werden[435]. Sofern der Staat öffentliche Aufgaben mit Hilfe zivilrechtlicher Handlungsformen erfüllt, was bei der Verknüpfung der Auftragsvergabe mit öffentlichen Zielen – wie der Förderung des Umweltschutzes – mittelbar und unmittelbar geschieht, ist eine Berufung auf den Grundsatz der Privatautonomie ausgeschlossen. Ein Recht zur Beliebigkeit hat die öffentliche Hand bei keiner Tätigkeit. Eine Bindung an die in Art. 20 und 28 II GG festgelegten verfassungsrechtlichen Kompetenzregelungen[436] und an die Grundrechte bleibt grundsätzlich auch bei privatrechtlichem Handeln bestehen[437]. Unklarheit besteht jedoch über Umfang und Inhalt dieser Grundrechtsbindung.

2.   Der Umfang der Grundrechtsbindung

Auch heute ist nach wie vor umstritten, in welchem Umfang die staatliche Auftragsvergabe grundrechtlichen Bindungen unterliegt. Problematisiert wird in diesem Zusammenhang vor allem die Unmittelbarkeit der Grundrechtsbindung.

---

435 BVerfGE 75, 192 (196); BGHZ 97, 312 (316 f.).

436 Ehlers, Rechtsstaatliche und prozessuale Probleme des Verwaltungsprivatrechts, DVBl 1983, 422 (424).

437 Ehlers, Rechtsstaatliche und prozessuale Probleme des Verwaltungsprivatrechts, DVBl 1983, 422 (424); Gusy, Staatsaufträge an die Wirtschaft, JA 1989, 26 (29); Rittner, ZHR 152 (1988), 318 (327); Rengeling, Festschrift für Rudolf Lukes, 1989, 169 (174); Wallerath, Öffentliche Bedarfsdeckung, S. 304 ff.; Isensee, Privatwirtschaftliche Expansion öffentlich-rechtlicher Versicherer, DB 1979, 145 (146); Hermes, aaO., S. 912; so auch BGHZ 91, 84 (96)= JZ 1984, 951 (952), "Löschwasserversorgung".

Im neueren Schrifttum[438] wird die sogenannte Fiskalgeltung der Grundrechte weitestgehend bejaht. Die Vertreter dieser öffentlich-rechtlichen Position sind der Auffassung, daß keine fiskalische Aufgabe geeignet sei, die unmittelbare Bindung staatlicher Tätigkeit an die Grundrechte auszuschließen. Das Grundgesetz kennt keine grundrechtsfreien Räume staatlicher Betätigung und dies gilt unabhängig von der Wahl der Rechtsform[439]. Eine Flucht ins Privatrecht ist ausgeschlossen[440]. Die rechtsdogmatische Begründung erfolgt dabei über Art. 1 III GG, wonach alle staatlichen Gewalten an die nachfolgenden Grundrechte gebunden sind. Die Auslegung des Art. 1 III GG ergibt nach überwiegender Auffassung keine Einschränkung des Begriffes der vollziehenden Gewalt auf bestimmte Staatsfunktionen, so daß auch die staatliche Auftragsvergabe von ihr umfaßt wird[441].

Die angeblich noch herrschende Gegenmeinung[442] unterscheidet nach wie vor zwischen dem sogenannten Verwaltungsprivatrecht einerseits und den fiskalischen Hilfsgeschäften der Verwaltung andererseits.

Im Bereich des Verwaltungsprivatrechts i.e.S., wo die öffentliche Hand mit Hilfe des Privatrechts unmittelbar öffentliche Aufgaben erfüllt- hierunter fällt die gesamte Daseinsvorsorge durch privatrechtlich betriebene Unternehmen der öffentlichen Hand -, gilt uneingeschränkt öffentliches Recht, d.h. es besteht eine unmittelbare Grundrechtsbindung[443].

---

[438] Pietzcker, Rechtsbindungen der Vergabe öffentlicher Aufträge, AöR 107 (1982), 61 (71); Wallerath, Öffentliche Bedarfdeckung, S. 303 ff.; Faber, Drittschutz bei der Vergabe öffentlicher Aufträge, DÖV 1995, 403 (405); Hermes,Gleichheit durch Verfahren, JZ 1997, 909 (912); Pieroth/Schlink, Staatsrecht II, S. 42 Rdnr. 171; Jarass/Pieroth, Grundgesetz –Kommentar, Art. 1 Rdnr. 18; Höfling in: Sachs, GG-Kommentar, Art. 1 Rdnr. 95; Hesse, Grundzüge des Verfassungsrechts, Rdnr. 348; Stern ; Das Staatsrecht der Bundesrepublik Deutschland, Bd. III/1, 1412 ff.; auch Wolff/Bachof/Stober, die es mindestens für angebracht halten, Art. 3 und Art. 19 IV GG auf die Auftragsvergabe anzuwenden, Verwaltungsrecht I, § 23 Rdnr. 21.

[439] Hermes, aaO, S. 912; Stern, aaO., S. 1412 ff.; Höfling in Sachs, aaO. Rndr. 95.

[440] Faber; aaO., S. 405.

[441] Rengeling, Festschrift für Rudolf Lukes zum 65. Geburtstag, S.169 (174); Pietzcker, AöR 107 (1982), 61 (70); Hesse, Rdnr. 348 ff.; Zuleeg, WiVerw. 1984, 112 (119).

[442] Dürig in: Maunz/Dürig/Herzog, Grundgesetz Kommentar, Art. 3 Rdnr. 480; BGHZ 36, 91 (95 ff.); OLG Düsseldorf, DÖV 1981, 537.

[443] BGHZ 36, 91 (95 ff.); 91, 84 (96 ff.).

Demgegenüber steht der rein fiskalische Bereich, wozu auch die Hilfsge-
schäfte der Verwaltung gehören. Hier bleibt es bei der vollen Geltung des
Privatrechts. Die Grundrechte wirken nur mittelbar über die Generalklauseln
des Zivilrechts (§§ 138, 242, 823 II, 826 BGB). Begründet wird dies damit,
daß der Staat im Verhältnis zu seinem Vertragspartner keine unmittelbar öffentlichen Zwecke verfolgt.

Die neben den genannten Auffassungen ebenfalls vertretene Lehre vom Vorrang des Privatrechts[444] sieht eine Abgrenzung zwischen der Verfolgung
unmittelbarer und mittelbarer öffentlicher Zwecke als nahezu unmöglich an.
Demnach dürfe der Staat dort, wo er privatrechtlich handelt, auch nur privatrechtlichen Bestimmungen unterworfen werden. Eine Bindung an Art. 3 GG
sei für den zivilrechtlich handelnden Staat nicht zumutbar.

Diese Auffassung, die jegliche öffentlich-rechtliche Bindungen ablehnt, ist
nicht haltbar. Zum einen begründet die Identität zwischen Fiskus und Staat
eine besondere Machtposition öffentlicher Auftraggeber, die daraus resultiert,
daß die öffentlichen Auftraggeber die für die Beschaffung notwendigen finanziellen Mittel nicht selbst erwirtschaftet werden müssen, sondern von der
Allgemeinheit zur Verfügung gestellt bekommen, mithin also kein eigenes
finanzielles Risiko tragen. Ein wirtschaftlicher Erfolg oder Mißerfolg des Be-
schaffungsaktes bleibt aus[445]. Hinzu kommt die starke Nachfrageposition
öffentlicher Auftraggeber, die in einigen Bereichen sogar eine Monopolstellung auf der Nachfrageseite erreicht. Gerade aufgrund dieser besonderen
wirtschaftlichen Position, die sich von privaten Marktteilnehmern deutlich
unterscheidet, muß der Staat auch bei privatrechtlichem Handeln grundrecht-
liche Bindungen beachten. Zum anderen verbieten die verfassungsrechtlich
verliehenen Kompetenzen eine Gleichsetzung des Fiskus mit einer Privatperson oder einem Privatunternehmen.

Der oben dargestellte dogmatische Grundsatzstreit bezüglich der Grundrechtsbindung des Staates bei privatrechtlichem Tätigwerden wird in jedem
Fall relevant, wenn es um die rein beschaffungsorientierte Vergabe öffentli-

---

[444] Emmerich, Das Wirtschaftsrecht, S. 120 ff..
[445] Daub/Eberstein, Kommentar zur VOL/A, Einführung Rdnr. 58.

cher Aufträge geht, da hier ausschließlich der fiskalische Bereich betroffen ist.

Eine dogmatisch andere Bewertung ist jedoch angebracht, sobald die pure staatliche Nachfrage zur Durchsetzung öffentlicher Zielsetzungen wie zum Beispiel zum Zwecke der Förderung des Umweltschutzes genutzt wird. In diesem Fall kommt es nämlich aus den nachfolgend dargelegten Gründen nicht auf den oben dargestellten Grundsatzstreit an. Die Instrumentalisierung öffentlicher Aufträge trifft genau den von Paul Kirchhof[446] geprägten Begriff des Verwaltens durch „mittelbares" Einwirken. Der Auftragnehmer wird zu einem Tatmittler des Staates zur Durchsetzung öffentlicher Interessen. Diese Koppelung der reinen Beschaffung mit umweltpolitischen Zielen führt dazu, daß eine Zuordnung zum rein fiskalischen Bereich nicht mehr erfolgen kann, sondern vielmehr zu überlegen ist, ob man diese instrumentalisierte Nachfrage nicht dem eigentlichen Verwaltungsprivatrecht zuordnen sollte. Zumindest wird die reine Beschaffung von diesen im engen Sinne auftragsfremden, öffentlichen Zielen überlagert[447]. Insbesondere die Verankerung des Umweltschutzes als Staatszielbestimmung im Grundgesetz verdeutlicht die verfassungsrechtliche Qualität. Einer Modifikation des unmittelbar geltenden Privatrechts durch die Grundrechte steht nichts mehr entgegen.

Nachdem die grundsätzliche Geltung der Grundrechte für die instrumentalisierte Auftragsvergabe geklärt ist, stellt sich nun die Frage nach der inhaltlichen Begrenzung dieses staatlichen Handelns im Verhältnis zum Bürger, d.h. im vorliegenden Fall zum Auftragnehmer.

---

[446] Paul Kirchhof, Verwalten durch "mittelbares" Einwirken, 1977.
[447] Pietzcker, AöR 107 (1982), 61 (72); ders., Der Staatsauftrag, S. 367; vgl. auch Lange in: Meessen, Öffentliche Aufträge und Forschungspolitik, S. 61 (74 ff.).

II. Verfassungsrechtliche Konsequenzen für die Instrumenta- lisierung der Auftragsvergabe

1. Grundsätzliche Zulässigkeit der umweltschutzpolitischen Instrumentalisierung

Weder das Grundgesetz noch die Landesverfassungen enthalten ein ausdrückliches und generelles Verbot, die staatliche Auftragsvergabe für gesellschaftspolitische Ziele nutzbar zu machen.

Vielmehr verhält sich das Grundgesetz wirtschaftspolitisch neutral und überläßt es dem Staat, mit welchen Mitteln und Zielrichtungen er auf die privaten Marktteilnehmer Einfluß nimmt[448]. Neben der unmittelbaren Wirtschaftssteuerung durch Verbote oder Gebote und der mittelbaren Wirtschaftssteuerung durch Subventionen kann die Förderung legitimer öffentlicher Aufgaben – wie beispielsweise des Umweltschutzes - auch mit Hilfe der öffentlichen Auftragsvergabe erfolgen[449]. Ein generelles „Reinheitsgebot", welches dem Staat die Auftragsvergabe nur aus rein beschaffungsbezogenen Aspekten erlaubt, ist dem Grundgesetz keineswegs zu entnehmen[450]. Anderer Auffassung ist Kirchhof[451], der eine Koppelung der Auftragsvergabe mit anderen legitimen Zielen für strukturwidrig und unzulässig hält und die zivilrechtlichen Vereinbarungen des Staates mit den jeweiligen Vertragspartnern rein auf die Beschaffung seines Sach- und Arbeitskraftbedarfs beschränken will. Den Bürger zu einem bestimmten umweltpolitisch erwünschtem Verhalten zu veranlassen, darf seiner Ansicht nach nicht durch vertragliche Verpflichtungen im Rahmen der Auftragsvergabe erfolgen.

Eine solche generelle Unzulässigkeit der instrumentalisierten Auftragsvergabe ist im Grundgesetz nicht nachweisbar, jedenfalls soweit die Zielsetzungen auf die Erfüllung legitimer öffentlicher Aufgaben gerichtet sind, was beim

---

448 So BVerfGE 4, 7 (17 ff.); 7, 377 (400); 50, 290 (338).
449 Wallerath, Öffentliche Bedarfsdeckung, S. 161 m.w.N..
450 Pietzcker, AöR 107 (1982), 61 (89); Weissenberg, DB 1984, 2285 (2288).
451 Kirchhof, Verwalten durch "mittelbares" Einwirken, S. 346.

Umweltschutz zu bejahen ist. Dies bedeutet jedoch nicht automatisch, daß die Rechtmäßigkeit der jeweiligen Zielsetzung als solche bereits ausreicht, eine generelle Zulässigkeit der umweltpolitischen Instrumentalisierung zu begründen. Sorgfältig zu prüfen sind vielmehr die inhaltlichen verfassungsrechtlich und einfachgesetzlichen Grenzen der zulässigen Verknüpfung beschaffungsfremder Zwecke mit der Auftragsvergabe im einzelnen.

2. Die inhaltliche Bindung des öffentlichen Auftraggebers an die Grundrechte

a. Der allgemeine Gleichheitssatz des Art. 3 I GG

Die praktisch bedeutendste Grundrechtsnorm, die im Rahmen der Instrumentalisierung der Auftragsvergabe zu würdigen ist, bildet der allgemeine Gleichheitssatz des Art. 3 I GG, der neben der Rechtsanwendungsgleichheit die Gleichbehandlung und Ungleichbehandlung durch Bildung gerechter Vergleichsmaßstäbe gebietet[452]. Bezogen auf die Untersuchung einer umweltpolitisch orientierten Beschaffung bedeutet dies, daß die Auswahl des Vertragspartners in angemessener und sachgerechter Form zu erfolgen hat[453].

Im Rahmen der Untersuchung der Vereinbarkeit einer umweltschutzpolitisch instrumentalisierten Auftragsvergabe mit Art. 3 I GG sollte einerseits zwischen dem materiellen Gehalt des die Bevorzugung auslösenden Kriteriums beziehungsweise der Vertragsklausel an sich und der Koppelung der umweltschutzbezogenen Zielsetzung mit dem eigentlichen Beschaffungszweck der Auftragsvergabe andererseits unterschieden werden[454].

---

[452] Osterloh in: Sachs, Grundgesetz-Kommentar, Art. 3 Rdnr. 3.

[453] Osterloh, Frauenförderung im Rahmen der öffentlichen Mittelvergabe, Gutachten im Auftrag der MWMT NRW 1991, S. 63.

[454] Vgl. Pietzcker, Der Staatsauftrag als Instrument, S. 391; siehe auch Rengeling, in FS für Rudolf Lukes, S. 169 (177 f.): "Zweifel an der Zulässigkeit von Vergabekriterien oder Vertragsklauseln können sich aus dem Gesichtspunkt des unzulässigen Grundrechtseingriffs ergeben. Dabei geht es nicht eigentlich um das Koppelungsverbot".

aa.   Willkürverbot und Gebot verhältnismäßiger Gleichheit

Nach der durch das Bundesverfassungsgericht geprägten Willkürformel verbietet Art. 3 I GG wesentlich Gleiches willkürlich ungleich und wesentlich Ungleiches willkürlich gleich zu behandeln[455]. Der Gleichheitssatz ist demnach erst dann verletzt, „wenn sich ein vernünftiger, aus der Natur der Sache ergebender oder sonstwie sachlich einleuchtender Grund für die gesetzliche Differenzierung oder Gleichbehandlung nicht finden läßt"[456]. Aus dieser Definition heraus wird deutlich, daß der allgemeine Gleichheitssatz kein ausdrückliches Differenzierungsverbot enthält, das von vornherein jegliche Ungleichbehandlung verbietet[457]. Die Ungleichbehandlung ist vielmehr einer Rechtfertigungsprüfung zu unterziehen, die sich im Rahmen der bis 1980 ausschließlich geltenden Willkürrechtsprechung des Bundesverfassungsgerichts auf eine Evidenzkontrolle beschränkt[458].

Um eine dogmatische Annäherung des Gleichheitssatzes an die Freiheitsgrundrechte zu erreichen, prägte der Erste Senat des Bundesverfassungsgerichts die sogenannte „neue" Formel, wonach Art. 3 I GG dann verletzt ist, „wenn eine Gruppe von Normadressaten im Vergleich zu anderen Normadressaten anders behandelt wird, obwohl zwischen beiden Gruppen keine Unterschiede von solcher Art und solchem Gewicht bestehen, daß sie die ungleiche Behandlung rechtfertigen könnten"[459]. Durch diese „neue Formel" ist das Willkürverbot nicht verdrängt, sondern lediglich ergänzt worden[460]. Dies bedeutet, daß im Rahmen der Rechtfertigungsprüfung eine bloße Evidenzkontrolle nicht ausreicht, sondern vielmehr eine Verhältnismäßigkeitsprüfung vorzunehmen ist. Das Bundesverfassungsgericht würdigt damit die besondere Bedeutung der Freiheitsgrundrechte für den Gleichheitssatz

---

[455] BVerfGE 49, 148 (165).

[456] Aus neuerer Zeit BVerfGE 61, 138 (147); 68, 237 (250); 83, 1 (23); 89, 132 (141).

[457] Vgl. Ehlers, DVBl 1983, 422 (425); Gusy, JA 1989, 26 (30).

[458] Pieroth/Schlink, Staatrecht II – Grundrechte, Rdnr. 439; BVerfGE 52, 277 (281); 55, 72 (90); 89, 132 (142).

[459] St. Rspr. des Ersten Senats: BVerfGE 55, 72 (88); 82, 126 (146); 84, 133 (157); 84, 348 (359); 85, 191 (210); 85, 238 (244); 87, 1 (36); 88, 5 (12).

[460] Osterloh in: Sachs, Grundgesetz Kommentar, Art. 3 Rdnr. 25.

und umgekehrt, was sich insbesondere auch daran zeigt, daß es auf eine eigenständige Prüfung des Art. 3 I GG verzichtet und statt dessen auf die Gründe zur Vereinbarkeit mit den Freiheitsgrundrechten verweist[461].

Voraussetzung für die Annahme eines sachlichen Grundes als Rechtfertigung für die Ungleichbehandlung ist, daß die Ungleichbehandlung einen legitimen verfassungsmäßigen Zweck verfolgt, zur Erreichung dieses Zwecks geeignet und erforderlich ist und auch sonst in einem angemessenen Verhältnis zum Wert des Zweckes steht[462].

bb.   Die gleichheitsrechtliche Vereinbarkeit der Koppelung umweltschutzpolitischer Ziele mit dem Beschaffungszweck

Wie eingangs bereits festgestellt bedeutet die Bindung des öffentlichen Auftraggebers an Art. 3 I GG, daß die Auswahl des Auftragnehmers nach sachgerechten und angemessenen Kriterien erfolgen muß und keiner der beteiligten Bewerber aus unsachgemäßen Motiven heraus benachteiligt werden darf. Die öffentliche Hand ist jedoch nicht verpflichtet, alle an der Ausschreibung beteiligten Bewerber zu berücksichtigen, da mit Art. 3 I GG grundsätzlich kein Leistungsrecht, sondern lediglich ein Gleichheitsrecht betroffen ist[463].

Für die vorliegenden Untersuchung stellt sich nun die Frage, ob die umweltpolitische Instrumentalisierung der Auftragsvergabe, d.h. die Koppelung des Beschaffungszweckes mit umweltpolitischen Zielen als willkürlich eingestuft werden muß oder ob sie verfassungsrechtlich gerechtfertigt ist.

Im Rahmen der Verhältnismäßigkeitsprüfung ist zu beachten, daß nicht bei jedem Handeln der Exekutive die Bindung an den allgemeinen Gleichheitssatz gleich stark bewertet werden darf, da die Eigenart der jeweiligen Aufgabe Einfluß auf die Auslegung des Art 3 I GG hat, d.h. der Gleichheitssatz sich

---

[461] Osterloh, aaO., Art. 3 Rdnr. 18 mit Hinweis auf die Rechtsprechung des BVerfGE 84, 133 (158); 85, 238 (247).

[462] Pieroth/Schlink, Grundrechte-Staatsrecht II, Rdnr. 440; Rüfner in: Bonner Kommentar, Oktober 1992, Art. 3 I GG, Rdnr. 96 ff..

[463] Gusy, JA 1989, 26 (30); Pietzcker, AÖR 107 (1982), 61 (72).

den Besonderheiten des jeweiligen Sachbereiches anpaßt[464]. Demzufolge ist Ehlers der Auffassung, daß der wirtschaftenden beziehungsweise der zur Bedarfsdeckung tätig werdenden Verwaltung ein größerer Spielraum zustehe als der Vollzugsverwaltung[465].

Die Gestaltung des Umweltschutzes als Gemeinschaftsziel in Art. 2, 3 lit. k und 130 r EGV und die Verankerung des Umweltschutzes als Staatszielbestimmung in der Verfassung machen deutlich, daß die umweltpolitisch instrumentalisierte Auftragsvergabe zwei legitime Ziele verfolgt, primär dient sie der Bedarfsdeckung und zum anderen der Förderung des Umweltschutzes.

Auch die Geeignetheit der umweltpolitischen Instrumentalisierung öffentlicher Aufträge zur Förderung des Umweltschutzes ist im Ergebnis zu bejahen.

Einige Vertreter innerhalb der Literatur sehen zwar gerade hier einen Ansatzpunkt für einen Verstoß gegen den allgemeinen Gleichheitssatz, da die indirekte Einflußnahme des Staates auf das Verhalten der Anbieter je nach Marktsegment unterschiedlich gewichtet ist, d.h. unterschiedlich viele Unternehmen Staatsaufträge in nennenswertem Umfang erhalten, so daß die Einflußnahme lediglich eine partielle Effektivität entfaltet[466]. Dieser Argumentation ist jedoch nicht zu folgen. Insbesondere die ständige Rechtsprechung des BVerfG spricht dagegen, die eine nicht von vornherein ausgeschlossene Möglichkeit partieller Teilerfolge in Bezug auf das festgesetzte Ziel im Rahmen des Art. 3 I GG grundsätzlich ausreichen läßt. Die Geeignetheit der Maßnahme ist nach dieser Auffassung bereits zu bejahen, wenn das Mittel nicht evident ungeeignet ist, das Ziel zu fördern, wobei die Beurteilung dieser Frage nicht aufgrund der später tatsächlich eingetretenen Entwicklung, sondern aufgrund einer sachgerechten und vertretbaren Prognose erfolgen

---

464 BVerfGE 90, 145 (195 f.) m.w.N. ; 90 226 (239); Hesse, Grundzüge des Verfassungsrechts, S. 191, Rdnr. 440; Pietzcker AÖR 107, 61 (72); Ehlers, DVBl. 1983, S. 422 (425); Wendt, Der Gleichheitssatz, NVwZ 1988, 778 (783); so auch Rüfner in: Bonner Kommentar zum Grundgesetz, Art. 3 GG, Rdnr. 189 ff., der die Auswirkungen der Grundrechtsbindung in verschiedenen Fallgruppen bestimmen will, wobei als Anknüpfungspunkt eine Abwägung der jeweiligen Interessen von Bewerbern und öffentlichen Auftraggebern dienen soll.

465 Ehlers, DVBl. 1983, 425.

466 Pietzcker, AöR 107 (1982), 61 (94); Kirchhof, Verwalten durch mittelbares Einwirken, S. 345 ff.

darf[467]. Der normative Gehalt des Eignungsgebotes geht damit im Ergebnis nicht über ein Willkürverbot hinaus[468].

Im übrigen darf nicht vergessen werden, daß die Bevorzugung von Unternehmen, die dem Umweltschutz - gemessen am Durchschnitt - einen höheren Stellenwert einräumen auch einen Anreiz für andere Unternehmen bietet, sich in stärkerem Maße für den Umweltschutz einzusetzen, so daß langfristig gesehen doch eine breitere Wirkung erzielt werden kann.

Im Rahmen der Angemessenheitsprüfung findet die eigentliche Abwägung zwischen der Ungleichbehandlung und dem Wert des politisch erwünschten Zieles statt. Die durch die Ungleichbehandlung bewirkte Belastung „darf nicht weiter greifen, als der die Verschiedenheitsbehandlung legitimierte Zweck es rechtfertigt"[469]. Die gleichheitsrechtliche Angemessenheit läßt sich nicht durch allgemeingültige verfassungsrechtliche Abwägungsregeln definieren. Zwar erhalten andere Wertungen des Grundgesetzes, die im wesentlichen aus den Grundrechten und den Staatszielbestimmungen erwachsen, Bedeutung für die Prüfung des Art. 3 I GG; diese lassen sich jedoch nicht in prägnante, aussagekräftige Formeln fassen[470]. Diese Wertungen wirken entweder als Differenzierungsverbote oder als Differenzierungserlaubnisse auf den allgemeinen Gleichheitssatz ein[471]. In Bezug auf gesetzgeberisches Verhalten vertritt das Bundesverfassungsgericht die Auffassung, dem Gesetzgeber seien „um so engere Grenzen gesetzt, je stärker sich die Ungleichbehandlung von Personen oder Sachverhalten auf die Ausübung der grundrechtlich geschützten Freiheiten nachteilig auswirken kann"[472]. Abgestellt wird dabei auf die Differenzierungswirkungen für die Betroffenen. Die

---

[467] BVerfGE 30, 292 (316); 65, 116 (126); 79, 256 (271); vgl. auch BVerfGE 30, 250 (263), wo nochmals ausgeführt wird, daß die Geeignetheit des Mittels schon dann angenommen werden müsse, wenn dieses Mittel zur Förderung des angestrebten Zieles nicht offensichtlich ungeeignet sei.

[468] Osterloh in: Sachs, Grundgesetz-Kommentar, Art. 3 Rdnr. 19.

[469] BVerfGE 85, 238 (245); Jarass in: Jarass/Pieroth, aaO., Art. 3 Rdnr. 19.

[470] Vgl. Osterloh in: Sachs, Grundgesetz-Kommentar, Art. 3 Rdnr. 90.

[471] BVerfGE 83, 82 (86); vgl. auch Rüfner in Bonner Kommentar zum Grundgesetz, Art. 3 GG, Rdnr. 68.

[472] BVerfGE 91, 346 (363).

hier entwickelten Grundsätze gelten grundsätzlich auch für den Bereich des Verwaltungshandelns[473]. Für die vorliegende Untersuchung von Bedeutung ist auch die aus Art. 3 I GG folgende Selbstbindung der Verwaltung, aus der grundsätzlich eine Bindung an Verwaltungsvorschriften – bei Aufträgen unterhalb der Schwellenwerte an die VOL und VOB – resultiert. Allerdings ist nicht jedes Abweichen von diesen Verwaltungsvorschriften als eine Verletzung des Gleichheitssatzes zu verstehen; vielmehr muß das Abweichen unangemessen und damit willkürlich sein[474]. Demnach gibt Art. 3 I GG keinen generellen Anspruch darauf, daß nur der Preis oder das wirtschaftliche, eng auf den Auftrag bezogene Kriterien den Ausschlag geben. Der Spielraum des Staates ist großzügig bemessen[475].

Im Rahmen der hier geführten Untersuchung sind zwei verfassungsrechtliche Aspekte von Bedeutung. Zum einen ist der Umweltschutz als Staatszielbestimmung in Art. 20 a GG verankert und hat damit unmittelbar Verfassungsrang erhalten. Überdies stellt die in Art. 2 II 1 in Verbindung mit Art. 1 I GG geschützte menschliche Gesundheit[476] eine der wichtigsten Aufgaben des Umweltschutzes dar. Dem Gesundheitsschutz kommt daher eine herausragende Bedeutung zu. Da eine gesündere Umwelt unerläßlich für die Garantie der menschlichen Gesundheit ist und Gefährdungen derselben erst weitgehend auszuschließen vermag, kann die Bevorzugung von Anbietern im Rahmen öffentlicher Ausschreibungen aus umweltschutzbezogenen Gründen nicht generell – in allen Fällen - unangemessen sein. Um jedoch zu vermeiden, daß der Gleichheitssatz leerläuft, ist zu beachten, daß Ungleichbehandlungen nicht allein aus dem Bereich der verfassungsrechtlich legitimen Ziele gerechtfertigt werden können[477].

Im übrigen sei auf das dem Verfassungsrecht übergeordnete EG-Recht hingewiesen, wo der Umweltschutz in den bereits genannten Bestimmungen des EG-Vertrages ausdrücklich als Gemeinschaftsziel statuiert worden ist. Zu-

---

[473] Osterloh, aaO., Art. 3 Rdnr. 115.

[474] Jarass in: Jarass/Pieroth, GG-Kommentar, Art. 3 Rdnr. 25.

[475] Pietzcker, Rechtsbindungen, AÖR 107 (1982,), S. 61 (90).

[476] Vgl. Seewald, Natur und Recht 1988, 161 (165); BVerGE 51, 324 (346 ff); E 56, 54 (73 ff) Fluglärm; E 53, (30 ff; 49 ff; 52 ff) Mülheim-Kärlich.

[477] Huster, Gleichheit und Verhältnismäßigkeit, JZ 1994, 541 (549).

mindest für die gleichheitsrechtliche Zulässigkeit der Vereinbarung umweltpolitischer Vertragsbedingungen ist diese Wertung positiv zu berücksichtigen, während sie für umweltpolitische Vergabekriterien bei Aufträgen oberhalb der Schwellenwerte nach der Rechtsprechung des EuGH[478] jedoch keine Beachtung finden darf.

Die Wertungen, die aus der Verfassung und dem EG-Recht für die vorliegende Untersuchung gezogen werden können, sind als Differenzierungserlaubnisse auszulegen, so daß eine willkürliche Abweichung von der gebotenen Gleichbehandlung und damit ein Verstoß gegen Art. 3 I GG nicht festzustellen ist. Dies gilt jedenfalls für die in die Zukunft wirkende Vereinbarung umweltschutzbezogener Vertragsbedingungen. Es gilt jedoch nicht uneingeschränkt für umweltschutzbezogene Vergabekriterien. Zwar ist die Maßnahme an sich verfassungsrechtlich unproblematisch. Im Rahmen der Angemessenheitsprüfung ist darüber hinaus zu untersuchen, ob diese verfassungsrechtlich legitime Maßnahme außer Verhältnis zu den mit ihr verbundenen Nachteilen steht. Sofern eine Maßnahme übermäßig belastet, überschreitet sie das verfassungsmäßig gebotene Proportionalitätsprinzip. Im vorliegenden Fall sind demnach die Auswirkungen solcher Vergabekriterien auf die jeweiligen Bewerber zu berücksichtigen, die von der Vergabe ausgeschlossen werden[479]. Im Ergebnis ist demzufolge festzustellen, daß eine unangemessene Ungleichbehandlung immer nur dann vorliegt, wenn die Bewerber durch den Ausschluß in ihrer Existenz bedroht sind.

Unter dem Aspekte eines im Rechtsstaatsprinzip verankerten allgemeinen Koppelungsverbotes[480], werden in der Literatur[481] verbreitet restriktivere Auffassungen vertreten, wonach ein sachlicher Zusammenhang zwischen

---

[478] Vgl. EuGH Rs. 31/87 (Beentjes/Niederlande), Slg. 1988, 4635 (4662 ff.).

[479] Rengeling, Umweltschutz durch Vergabe oder Nichtvergabe öffentlicher Auf träge, Festschrift für Lukes, S. 169 (180 f.).

[480] So bereits BVerwG, BauR 1979, 495 (498) = NJW 1980, 1294 (1296).

[481] Pietzcker, AöR 107 (1982), 61 (91 f), der darauf hinweist, daß das Koppelungsverbot „bisher mehr ein Stichwort als eine ausgearbeitete Lehre" handelt, dessen Reichweite wenig geklärt ist; Rengeling, in Festschrift für Rudolf Lukes, S. 169 (177 f); Stober, BB 1989, 716 (721); Kirchhof, Verwalten durch „mittelbares" Einwirken, S. 345 ff.; Wallerath, Öffentliche Bedarfsdeckung, S. 331 m.v.N..

dem eigentlichen Beschaffungszweck und dem Nebenzweck der Auftragsvergabe – konkret den umweltschutzbezogenen Vergabekriterien und Vertragsklauseln – verlangt wird. Zur Begründung wird auf die im Ver-
waltungsverfahrensgesetzes einfachgesetzlich geregelten speziellen Koppe-
lungsverbote der §§ 36 III, 56 I 2 VwVfG verwiesen. Gemäß § 36 III
VwVfG darf eine Nebenbestimmung nicht dem Zweck des zugrundeliegen-
den Verwaltungsaktes zuwiderlaufen. Im Rahmen des öffentlich-rechtlichen
Austauschvertrages muß nach § 56 I 2 VwVfG die Gegenleistung des Vertragspartners der Behörde im sachlichen Zusammenhang mit der Behörden-
leistung stehen. Sämtlichen Koppelungsverboten ist gemein, den Bürger vor
sachwidriger Koppelung nicht zusammengehöriger Pflichten zu schützen[482].
Über diese verwaltungsverfahrensrechtlichen Bestimmungen hinaus ist die
Reichweite des Koppelungsverbotes wenig geklärt[483].

Einige Vertreter in der Literatur sprechen dem Koppelungsverbot erst im Zusammenhang mit kompetenzrechtlichen Regelungen rechtliche Substanz
zu[484]. Das Zusammenfassen dieser beiden Punkte muß aber nicht bedeuten,
daß sie nur in Kombination miteinander rechtliche Bedeutung erlangen.
Dogmatisch betrachtet betrifft das Erfordernis eines Sachzusammenhangs
den materiell-rechtlichen Bereich während die kompetenzrechtlichen Erwägungen der formell-rechtlichen Ebene zuzuordnen sind[485].

Bezugspunkt für die Herstellung eines Sachzusammenhangs kann nur der Beschaffungszweck der staatlichen Auftragsvergabe sein, wobei beachtet werden muß, daß kein generelles Reinheitsgebot dergestalt gilt, den Beschaffungszweck als allein zulässig zu erachten. Jedenfalls ist eine Kombination
dieses Zweckes mit verfassungsrechtlich unbedenklichen Zielen, wie z.B.

---

[482] Pietzcker, aaO., S. 91.

[483] Siehe vorherige FN.

[484] Osterloh, Frauenförderung im Rahmen der öffentlichen Mittelvergabe, Gutachten im
Auftrag der MWMT NRW, 1991, S. 64; Wallerath, Öffentliche Bedarfsdeckung, S.
331 ff., wonach der Gleichheitssatz ein Verbot von Differenzierungen auf grund von
Merkmalen enthält, die außerhalb der allgmeinen Verwaltungskompetenz liegen.

[485] Siehe hierzu Kapitel § 7.

umweltschutzpolitischen Zielen, auch unter dem Aspekt eines Koppelungsverbotes nicht von vornherein unzulässig.

Was die Anknüpfung der Vergabeentscheidung an ein gesetzestreues Verhalten der Anbieter anbelangt, ist ein sachlicher Zusammenhang anzunehmen, da die Nichteinhaltung von Umweltgesetzen regelmäßig auch Zweifel
an der Zuverlässigkeit des Bewerbers auch im Hinblick auf die ordnungsgemäße Erfüllung des Auftrages eröffnet.

Für die vorliegende Untersuchung von wesentlicher Bedeutung sind jedoch
umweltschutzpolitische Anforderungen, die über die gesetzlich fixierten
Pflichten hinausgehen, indem beispielsweise bestimmte umweltfreundliche
Produktionsmethoden verlangt werden oder die Nachfrage sich auf besonders
umweltfreundliche Produkte bezieht, die einen Umweltstandard aufweisen,
der den gesetzlich vorgeschriebenen Rahmen übersteigt. Da es im Unterschied zu den verwaltungsverfahrensrechtlichen Bestimmungen hier an einer
gesetzlichen Aufgabenzuweisung fehlt, sind die diesen Vorschriften immanenten Grundsätze nur eingeschränkt auf den zu überprüfenden Sachverhalt
anwendbar, so daß das Prinzip des Sachzusammenhangs zwischen dem Beschaffungszweck und den umweltpolitischen Zielen eine gewisse Öffnung
erfährt[486]. Dies läßt sich damit begründen, daß gerade im Bereich des Umweltschutzes oftmals die Möglichkeit besteht, das umweltschützende Verhalten unmittelbar zum Auftragsgegenstand zu machen, was zur Folge hat,
daß der Beschaffungszweck von dem darüber hinaus verfolgten Zweck nicht
mehr eindeutig zu trennen ist, also im direkten Zusammenhang mit ihm steht.
Als Beispiel läßt sich das Bestellen von Elektroautos trotz fehlender gesetzlicher Vorschrift anführen oder auch das Interesse des Auftraggeber an der
Einhaltung eines bestimmten Produktionsverfahrens oder der Verwendung
bestimmter umweltverträglicher Produkte im Rahmen der Herstellung. Sofern
angesichts der Ungeklärtheit der Reichweite des Koppelungsverbotes überhaupt eine Relevanz für Art. 3 I GG anerkannt werden kann, ist somit davon
auszugehen, daß das Erfordernis des Sachzusammenhangs kein ernstliches
Hindernis für die umweltpolitische Instrumentalisierung darstellen kann.

---

[486] Vgl. Pietzcker, AöR 107 (1982), 61 (93).

b.   *Art. 12 I, 14 I und 2 I GG*

aa.   Schutzbereich und Grundrechtseingriff

Ausgangspunkt für die Untersuchung der inhaltlichen Bindung der öffentlichen Auftraggeber an die genannten Freiheitsgrundrechte im Bereich der Instrumentalisierung der staatlichen Vergabe ist deren jeweiliger Schutzbereich.

Für den Auftragnehmer relevant ist vor allem das in Art. 12 I GG enthaltene Grundrecht der Berufsfreiheit, in dessen Schutzbereich das gesamte unternehmerische Verhalten im Wettbewerb als Bestandteil der Berufsausübung fällt[487]. Grundsätzlich ausgenommen von Art. 12 I GG bleibt der Schutz vor Konkurrenz, da kein Anspruch auf Erhalt des Geschäftsumfanges und die Sicherung weiterer Erwerbsmöglichkeiten in der Wirtschaft besteht[488]. Eine andere Betrachtung ist jedoch denkbar, wenn durch staatliches Eingreifen eine Bevorteilung von Konkurrenten eintritt, die eine Wettbewerbsverfälschung nach sich zieht[489].

Soweit der Schutzbereich dieses speziellen Freiheitsgrundrechts betroffen ist, tritt das in Art. 2 I GG geschützte Grundrecht der allgemeinen Handlungsfreiheit als subsidiär zurück.

Der Schutzbereich des Art. 14 I GG, der auch das Recht am eingerichteten und ausgeübten Gewerbetrieb umfaßt[490], wird nur im Extremfall betroffen

---

[487] BVerfGE 32, 311 (317 f.); 46, 120 (137), Pieroth/Schlink, Grundrechte, Rdnr. 814.

[488] BVerfGE 24, 236 (251); siehe auch BVerwGE 39, 329 (336 f.), Schmittat, Rechtsschutz gegen staatliche Wirtschaftskonkurrenz, ZHR 148 (1984), 428 (436 f.); Tettinger, Das Grundrecht der Berufsfreiheit in der Rechtssprechung des Bundesverfassungsgerichts, AöR 108 (1983), 92 (115).

[489] Pieroth/Schlink, Grundrechte, Rdnr. 815; Badura, Die Erfüllung öffentlicher Aufgaben und Unternehmenszwecke bei der wirtschaftlichen Betätigung der öffentlichen Hand, in Festschrift für Schlochauer, 1 (21 f.); BVerfGE 82, 209 (223 f.); BVerwGE 71, 183 (191).

[490] Jarass in: Jarass/Pieroth, GG-Kommentar, Art. 14, Rdnr. 8; Wendt in: Sachs, Grundgesetz Kommentar, Art. 14 Rdnr. 26; BGHZ 92, 34 (37); BVerwGE 62, 224 (226);

sein, da sich der Umfang des Eigentumsschutzes auf den Bestand des Eigentums beschränkt[491]. Bloße Hoffnungen, Erwartungen oder Erwerbschancen können nicht dazu gezählt werden[492]. Nicht geschützt ist auch die Erwartung auf den Fortbestand eines Vertragsverhältnisses[493]. Nur wenn der Auftragnehmer derart von öffentlichen Aufträgen abhängig ist, daß eine umweltschutzorientierte Bevorzugung eines Mitbewerbers existenzbedrohend wirkt, ist der Schutzbereich des Eigentumsgrundrechts tangiert. Folglich kommt Art. 14 I GG im Rahmen der vorliegenden Arbeit lediglich eine untergeordnete Rolle zu.

Nachdem der Schutzbereich der genannten Grundrechte bestimmt ist, stellt sich als nächstes die Frage, ob die umweltschutzpolitischen Instrumentalisierung der Auftragsvergabe – sei es durch die Auswahl eines Bewerbers aufgrund der Erfüllung eines umweltpoltischen Vergabekriteriums oder durch die Vereinbarung bestimmter umweltpolitischer Vertragsbedingungen - überhaupt eine Grundrechtsbeeinträchtigung bewirkt.

Es handelt sich bei den Freiheitsgrundrechten überwiegend um Abwehrrechte des Bürgers gegenüber dem Staat, die „die Freiheitssphäre des einzelnen vor Eingriffen der öffentlichen Gewalt sichern"[494]. Ob die eingangs genannten Freiheitsgrundrechte darüber hinaus einen subjektiven Anspruch auf Leistung oder Teilhabe begründen, ist bislang nur in Einzelfällen bejaht worden[495]. Unbestritten ist jedenfalls, daß ein Auftragnehmer im Rahmen der staatlichen Auftragsvergabe keinen Anspruch auf Zuschlag bzw. auf Abschluß eines Vertrages mit einem bestimmten Inhalt hat. Weder die Auswahlentscheidung

---

das BVerfG hat die Anwendbarkeit von Art. 14 offengelassen, Vgl. BverfGE 51, 193 (221f.); 66, 116 (145); 68, 193 (222f.).

[491] BGHZ 98, 341 (351); 92, 34 (46).

[492] BVerfGE 13, 225 (229); 68, 193 (222); 74, 129 (148); BGHZ 48, 58 (61), Kimminich, Kommentar zum Bonner Grundgesetz, Art. 14 GG, Rdnr. 84 ff.

[493] Jarass in: Jarass/Pieroth, Art. 14 Rdnr. 15; BGHZ 117, 236 (237).

[494] BVerfGE 7, 198 (204); 50, 290 (336 f.); 68, 193 (205); Sachs, Grundgesetz-Kommentar, Vor Art. 1 Rdnr. 26; Jarass, aaO., vor Art. 1 Rdnr. 5.

[495] Anerkannt wurden sogenannte „derivative" Teilhaberechte im Bereich des Art. 12 I in Verbindung mit dem Gleichheitssatz und dem Sozialstaatsprinzip an faktisch allein in staatlicher Verantwortung betriebenen Ausbildungseinrichtungen – vor allem im Universitätsbereich und der Referendarausbildung – vgl. BVerfGE 33, 303 (331); 39, 276 (293), 39, 334 (372 ff.); 43, 291 (313 f.); 59, 172 (199); 66, 155 (179).

noch die Vereinbarung bestimmter umweltpolitischer Vertragsbedingungen ist als „klassischer" Eingriff in den jeweiligen Schutzbereich der Berufs- oder Eigentumsfreiheit zu qualifizieren. Solche Vereinbarungen beruhen rechtlich gesehen regelmäßig auf einer freien unternehmerischen Entscheidung und sind nicht Ausfluß eines staatlichen Zwanges.

Ungeachtet dessen darf nicht verkannt werden, daß sich der Staat im Rahmen der Instrumentalisierung der Auftragsvergabe seine Marktmacht zunutze macht, Druck auf das Unternehmerverhalten auszuüben und bestimmte politische Ziele durchzusetzen. Die auf dieser Machtstellung beruhende wirtschaftliche Abhängigkeit der Auftragnehmer und das - bedingt durch den zunehmenden Konkurrenzdruck unter den Mitbewerbern - starke wirtschaftliche Interesse am Vertragsabschluß bringt die Auftragnehmer faktisch gesehen doch in eine gewisse Zwangslage, sich den Anforderungen des staatlichen Auftraggebers zu unterwerfen. Die meisten Auftragnehmer werden es sich nicht leisten können, auf Staatsaufträge zu verzichten. Aufgrund des wirtschaftlichen Druckes ist demzufolge zumindest eine mittelbare Beeinträchtigung der unternehmerischen Freiheit festzustellen. Seitens des staatlichen Auftraggebers geschieht eine Fremdbestimmung des Auftragnehmers[496]. Als Handlungsinstrument der Einflußnahme des Staates auf die Berufsausübungsfreiheit der Bewerber dient hier der privatrechtliche Vertrag.

Nach heute unbestrittener Auffassung ist der Grundrechtsschutz zwar nicht auf „klassische" Grundrechtseingriffe beschränkt, sondern erfaßt grundsätzlich auch Fälle sogenannter „faktischer" oder „mittelbarer" Beeinträchtigungen. Nach wie vor umstritten ist jedoch, inwieweit solche faktischen Beeinträchtigungen dem Grundrechtsschutz unterliegen, es fehlt die rechtliche Klarheit über die Kriterien für die Relevanz solcher Beeinträchtigungen[497]. Als sicher gilt lediglich, daß nicht alle faktischen Einwirkungen als Grundrechtseingriff charakterisiert werden können.

---

[496] BVerfGE 81, 242 (255).

[497] Sachs, Grundgesetz-Kommentar, Vor Art. 1 Rdnr. 59; Pieroth/Schlink, Staatrecht II – Grundrechte, Rdnr. 240; Jarass in: Jarass/Pieroth, Vorb. Vor Art. 1 Rndr. 21; Lübbe-Wolff, Die Grundrechte als Eingriffsabwehrrechte, S. 267 ff.; Pieroth/Schlink, aaO. Rdnr. 240.

Einige Vertreter innerhalb der Literatur wollen die Erweiterung des Grundrechtsschutz auf mittelbare oder faktische Beeinträchtigung durch ein erweitertes Verständnis des sogenannten „funktionalen" Schutzbereiches erreichen[498].

Vom Grundsatz her ist es jedenfalls wohl nicht mehr zweifelhaft, daß auch die mittelbaren Beeinträchtigungen der Bindungswirkung des Art. 1 III GG unterliegen. Die Begründung wird vor allem in der Gefahr einer Verkürzung des Grundrechtsschutzes gegenüber staatlichem Handeln gesehen. Dem Staat stehen zahlreiche Handlungsmethoden zur Verfügung, die nicht dem hoheitlichen Bereich im engen Sinne unterfallen und trotzdem einer grundrechtlichen Kontrolle zugänglich sein müssen[499]. So führt das Bundesverfassungsgericht aus, daß „staatliche Beeinträchtigungen im Bereich wirtschaftlicher Betätigung nicht im Wege eines unmittelbar gezielten Angriffs erfolgen, sondern durch staatliche Planung, Subventionierung oder auch als Folge einer bestimmten Wahrnehmung von Aufgaben der staatlichen Leistungsverwaltung[500].

Die grundsätzliche Anerkennung einer Bindungswirkung der Grundrechte auch bei faktischen Eingriffen beinhaltet jedoch keinen absoluten Grundrechtsschutz. Eine Gleichbehandlung mit den imperativen Eingriffen ist nur möglich, wenn die Beeinträchtigung dem Staat zurechenbar ist und eine gewisse Intensität aufweist[501]. Wo genau die Grenzziehung zu erfolgen hat, kann nicht nach einem schlichten Schema beurteilt werden. Vielmehr ist eine differenzierte Betrachtung, bezogen auf den jeweiligen Einzelfall notwendig[502]. Entscheidend für die Untersuchung ist das jeweilige Instrument, dessen sich der Staat für die Durchsetzung seiner speziellen Ziele bedient. Im

---

[498] Schwerdtfeger, Öffentliches Recht in der Fallbearbeitung, Rdnr. 447; Ramsauer, Grundrechte im System der subjektiven öffentlichen Rechte, AöR 111 (1986), 501 (506).

[499] Stern, Staatsrecht III/1, § 27 III 4, S. 1206; Bleckmann/Eckhoff, Der mittelbare Grundrechtseingriff, DVBl. 1988, 373 (378); Tettinger, AöR 108 (1983), 92 (115); Gallwas, Faktische Beeinträchtigungen im Bereich der Grundrechte, S. 63 f.; BVerfGE 41, 251 (262); 46, 120 (137 ff.).

[500] BVerfGE, 46, 120 (137).

[501] BVerfGE 66, 39 (60); Stern, Staatsrecht III/1, § 27 III 4, S. 1207; Lübbe-Wolff, a.a.O., S. 276.

[502] Osterloh, aaO., S. 68.

Bereich der umweltschutzpolitischen Instrumentalisierung der öffentlichen Vergabe ist dies der zivilrechtliche Vertrag, der es dem Staat aus den eingangs genannten Gründen ermöglicht, auf die unternehmerische Entscheidungsfreiheit einzuwirken und das Verhalten des Vertragspartners bei Abschluß des Vertrages zu lenken. Anders als bei faktischen Beeinträchtigungen aufgrund einseitigen Handelns des Staates, besteht hier eine Mitwirkungsmöglichkeit des Auftragnehmers bei der Ausgestaltung der vertraglichen Pflichten. Darüber hinaus bieten die BGB-Vorschriften , insbesondere die §§ 138 und 242 BGB, einen zusätzlichen Schutz für den Auftragnehmer. Unter Berücksichtigung beider Aspekte kann man die auf wirtschaftlichem Druck basierende faktische Beeinträchtigung im vorliegenden Fall nicht mit einem Grundrechtseingriff im klassischen Sinne gleichsetzen.

bb.   Grundrechtsinhalte als objektive Wertentscheidungen

Daraus ist jedoch nicht zu folgern, daß die Wirkung des Art. 1 III GG, die jedes staatliche Handeln an die Grundrechte bindet, völlig leerlaufen würde. Die modernen Grundrechtstheorien sehen in den Grundrechten nicht nur Abwehrrechte des Bürgers gegenüber dem Staat, sondern begreifen die Grundrechtsinhalte auch als objektive Wertentscheidungen, die der Staat bei all seinem Handeln zu beachten hat, ohne daß spezielle subjektive Ansprüche der Bürger bestehen müssen[503]. Die genannten Freiheitsgrundrechte entfalten im Zusammenwirken mit dem Gleichheitsgrundsatz des Art. 3 I GG und den allgemeinen Verfassungsprinzipien der Art. 20, 28 GG weitergehende objektiv-rechtliche Funktionen[504].

Die Qualität einer solchen Wertentscheidung hat das Bundesverfassungsgericht auch Art. 12 I GG zuerkannt[505]. Beim Vertragsabschluß und der -ausgestaltung muß der in Art. 12 I GG enthalten objektive Grundrechtsgehalt

---

[503] Sachs, Grundgesetz-Kommentar, Vor Art. 1 Rdnr. 19 ff.; Jarass in: Jarass/Pieroth, GG-Kommentar, Vorb. vor Art. 1 Rdnr. 9.

[504] Osterloh in: Sachs, Grundgesetz Kommentar, Art. 3 Rdnr. 65.

[505] BVerfGE 13, 97 (104).

der freien unternehmerischen Betätigung seitens des öffentlichen Auftraggebers Berücksichtigung finden.

Zu einer anderen Bewertung kommt man auch nicht über die im Zusammenhang mit dem klassischen Grundrechtseingriff oftmals diskutierte Rechtsfigur
des Grundrechtsverzichts[506]. Ein solcher Verzicht kann, sofern er zulässig
erfolgt, nach Auffassung Pieroth/Schlinks einen Grundrechtseingriff ausschließen[507].

Kernproblem ist hier, ob beziehungsweise inwieweit die Grundrechte zur
Disposition des Bürgers stehen, d.h. inwieweit der potentielle Auftragnehmer
im konkreten Fall durch vertragliche Bindungen über die geschützten Grund-
rechtspositionen verfügen kann[508]. Im Bereich des - wie Pietzcker es ausdrückt - vertragsnahen Grundrechts der Berufsfreiheit des Art. 12 I GG ver-
wischen die Grenzen zwischen der Verwirklichung des Grundrechts und der
Verfügungsbefugnis über die dort enthaltenen Rechtspositionen. Hier stellt
sich der Grundrechtsverzicht oft als Grundrechtsgebrauch dar[509].

Gleichwohl kann auch und gerade hier nicht vollständig auf den Schutz nach
Art. 12 I GG verzichtet werden, da den Grundrechten neben ihrer Funktion
als Abwehrrechte auch eine objektive Wertentscheidung innewohnt, die nicht
zur Disposition des einzelnen steht. Die den Umweltschutz betreffenden vertraglichen Bindungen müssen stets an dieser objektiven Wertordnung gemessen werden, die die Grenze der individuellen Verfügungsbefugnis darstellt.

Letztendlich hat es keine Relevanz, ob man dem Grundrechtsverzicht in diesem Zusammenhang Bedeutung zumißt oder nicht, der Grundrechtsschutz
gegenüber den faktischen Beeinträchtigungen, ausgelöst durch die instrumentalisierte Auftragsvergabe, beschränkt sich im Bereich der Freiheitsgrundrechte auf die Berücksichtigung der objektiven Grundrechtsgehalte
durch den Staat.

---

[506] Pietzcker, Die Rechtsfigur des Grundrechtsverzichts, Der Staat 17 (1978), S. 527 f.;
Robbers, Der Grundrechtsverzicht, JuS 1985, S. 925; Bleckmann, Staatsrecht, S.
399 ff., Pieroth/Schlink, Grundrechte, Rdnr. 134 ff..

[507] Pieroth/Schlink, Grundrechte, Rdnr. 141.

[508] Pietzcker, Der Staat, 17 (1978), S. 527 (531); Robbers, JuS 1985, S. 925.

[509] Pietzcker, Der Staat 17 (1978), S. 544; siehe auch Rüfner, Formen öffentlicher Verwaltung im Bereich der Wirtschaft, S. 392.

Als objektive Wertentscheidung wirken diese Grundrechte in alle Bereiche des Rechts, auch in das Zivilrecht[510]. Diese Ausstrahlungswirkung, den die Grundrechtsbestimmungen auf alle Rechtsgebiete ausüben, ist durch verfassungskonforme Auslegung der jeweiligen Normen Rechnung zu tragen[511]. Sofern einfachgesetzliche Regelungen vorhanden sind, die hinsichtlich ihres Schutzbereiches eine Konkretisierung der Grundrechtsinhalte darstellen, verbietet sich eine direkte Berufung auf die genannten Freiheitsgrundrechte und den Gleichheitssatz. Nach Auffassung des Bundesverfassungsgerichts konkretisieren diese gesetzlichen Regelungen die im Grundrechtsteil enthaltenen objektiven Wertentscheidungen[512]. Der Rückgriff auf die genannten Grundrechte ist insoweit subsidiär.

Die in den weiteren Kapiteln zu untersuchenden Regelungswerke des UWG, GWB und des AGBG enthalten Bestimmungen, die vor allem die Garantie eines freien und unbeschränkten Wettbewerbs und den Schutz des marktschwächeren Vertragspartners vor Ausnutzung einer Marktmachtposition bei Vertragsabschluß zum Ziel haben. Dort wo bestimmte Freiheiten geschützt werden, sind diese auch gleichheitsgerecht zu schützen[513]. Soweit diese Bundesgesetze Anwendung auf die öffentliche Auftragsvergabe finden, können die Freiheitsgrundrechte – bezogen auf die vorliegende Untersuchung vor allem Art. 12 I GG - und auch der allgemeine Gleichheitssatz aus Gründen des Konkretisierungs-Vorrangs einfacher Bundesgesetze nur im Rahmen der Auslegung dieser Regelungen berücksichtigt werden. Die in den Gesetzeswerken des UWG, GWB und AGBG enthaltenen Generalklauseln sind folglich verfassungskonform – d.h. unter Beachtung der in den Freiheitsgrundrechten enthaltenen objektiven Wertentscheidungen, laut Bundesverfassungsgericht[514] im „Lichte der Grundrechte" auszulegen.

Im Zusammenhang mit den objektiven Grundsrechtsgehalten von wesentlicher Bedeutung ist der Verhältnismäßigkeitsgrundsatz. Das Bundesverfassungsgericht hat hierzu ausgeführt, daß sich der Verhältnismäßigkeitsgrund-

---

510 BVerfGE 7, 198 (205 f.); 81, 242 (254).

511 Sachs in: Sachs, Grundgesetz, Kommentar, vor Art. 1 Rdnr. 20.

512 BVerfGE 81, 242 (255).

513 Osterloh in: Sachs, Grundgesetz Kommentar, Art. 3 Rdnr. 67.

514 BVerfGE, 7. 189 (206 f.); 24, 236 (251 f.); 32, 311 (317); 81, 242 (254).

satz im Grunde bereits aus dem Wesen der Grundrechte selbst ergebe[515]. Diese Auffassung des Bundesverfassungsgerichts wird dahingehend interpretiert, dass das Verhältnismäßigkeits-prinzip logisch aus dem Prinzipiencharakter der Grundrechtsnormen folgt, der Prinzipiencharakter und der Verhältnismäßigkeitsgrundsatz sich somit gegenseitig implizieren[516]. Für die verfassungskonforme Konkretisierung einfachgesetzlicher Normen unter Beachtung der objektiven Wertentscheidungen der Grundrechtsnormen bedeutet dies die notwendige Anwendung des Verhältnismäßigkeitsprinzips als Abwägungsgrundlage[517]. Die Verhältnismäßigkeit als Maßstab der Abwägung ist hier nicht als Verhältnismäßigkeit im klassischen Sinne, sondern als Angemessenheits-Verhältnismäßigkeit zu verstehen[518].

cc. Die Berücksichtigung der objektiven Wertentscheidung des Art. 12 I GG durch den staatlichen Auftraggeber

Die objektiven Wertentscheidungen sind sowohl außerhalb des Anwendungsbereiches der vorrangigen einfachgesetzlichen Normen von Bedeutung als auch im Rahmen der Auslegung der einfachgesetzlichen Normen des UWG, GWB und AGBG.

Konkret bedeutet dies, daß der staatliche Auftraggeber bei der Vertragsgestaltung mit dem Auftraggeber die in Art 12 I GG enthaltene Wertentscheidung der Freiheit der unternehmerischen Betätigung mit seinem im Rahmen der Auftragsvergabe verfolgten Ziel der Förderung des Umweltschutzes zu einer verfassungsgemäßen Abwägung bringen muß. Die interventionistische Wirtschaftstätigkeit des öffentlichen Auftraggebers muß in ihrem Beeinträchtigungseffekt verhältnismäßig sein [519].

---

515 BVerfGE 19, 342 (348 f.); 65, 1 (44); 76, 1 (50 f.).

516 Alexy, Grundrechte als subjektive Rechte und als objektive Normen, Der Staat, 1990, 49 (55).

517 Böckenförde, Grundrechte als Grundsatznormen, Der Staat, 1990, 1 (19).

518 Böckenförde, aaO., S. 20.

519 Badura, Festschrift für Schlochauer, 1 (22).

Die Rücksichtnahme auf die Interessen der privaten Auftragnehmer schließt den Schutz vor unverhältnismäßigen vertraglichen Bindungen mit ein[520]. Wichtig für das Maß der Rücksichtnahme ist das Kräfteverhältnis der Vertragsbeteiligten. Wie bereits mehrfach erörtert, besteht im Rahmen der staatlichen Auftragsvergabe zwar in rechtlicher Hinsicht Vertragsparität, betrachtet man jedoch die wirtschaftliche Seite, so stellt man oft einen mehr oder weniger starken Vorteil des Staates fest. Fehlt es aber an einem annähernden Kräfteausgleich der Vertragsparteien, kann mit den Mitteln des Vertragsrechts allein kein angemessener Ausgleich gefunden werden[521].

Gerade aufgrund des regelmäßig vorhandenen wirtschaftlichen Übergewichts des Staates, muß ein besonderer Grad an Rücksichtnahme erfolgen.

Das Übermaßverbot mit dem Kriterium der Verhältnismäßigkeit im engen Sinne bietet die notwendigen Grundsätze, um die Interessen der Vertragsbeteiligten zum Ausgleich zu bringen. Berücksichtigung finden muß dabei, daß es nicht um die Rechtfertigung klassischer Grundrechtseingriffe geht, sondern um die Berücksichtigung objektiver Wertentscheidungen bei der umweltschutzpolitischen Instrumentalisierung der öffentlichen Auftragsvergabe. Die vom Bundesverfassungsgericht[522] verlangte, von Zumutbarkeitserwägungen geprägte Gesamtabwägung zwischen der Schwere des Eingriffs einerseits und dem Gewicht sowie der Dringlichkeit der ihn rechtfertigenden Gründe andererseits, muß folglich für die vorliegende Untersuchung abgewandelt werden[523].

Die Interessenabwägung erfolgt hier zwischen dem Gewicht und der Dringlichkeit der umweltschutzorientierten Instrumentalisierung einerseits und der objektiven Wertentscheidung einer freien unternehmerischen Betätigung andererseits. In Anlehnung an den weiten Gestaltungsspielraum des Gesetzgebers bei Berufsausübungsregelungen im Hinblick auf sozial- und wirt-

---

[520] Osterloh, aaO., S. 72; Rittner, Rechtsgrundlagen, Rdnr. 72, 159.

[521] BVerfGE 81, 242 (255).

[522] BVerfGE 30, 292 (316); 71, 183 (196 f.); 81, 156 (189 f.).

[523] Osterloh, Frauenförderung im Rahmen der öffentlichen Mittelvergabe, Gutachten im Auftrag der MWMT NRW, 1991, S. 73.

schaftspolitische Ziele[524], ist es angemessen, diese Freiheit auch dem staatlichen Auftraggeber zuzubilligen.

Die Grenze des Gestaltungsspielraums bildet jedoch immer die Zumutbarkeit der Maßnahme -hier der Festlegung von Vertragsbedingungen - für den Auftragnehmer.

Da es - wie eingangs dargelegt - keinen Anspruch auf Vertragsabschluß aus Art. 12 I GG gibt, ist der Staat frei, einen Bewerber auszuwählen, der sich im Rahmen seiner unternehmerischen Tätigkeit bereits in der Vergangenheit umweltgerecht verhalten hat. Im Hinblick auf die Vereinbarung zumutbarer und angemessener umweltschutzbezogener Vertragspflichten für die Zukunft ist in Anbetracht der ständig wachsenden Bedeutung des Umweltschutzes und dessen Rang in der Verfassung im Ergebnis wie bei der vorangegangenen Prüfung des Art 3 I GG zu entscheiden. Insoweit kann auf die dortigen Ausführungen verwiesen werden.

§ 4   Wettbewerbsrechtliche Bindungen bei der Koppelung der Auftragsvergabe mit umweltschutzbezogenen Zielen

I.   Allgemeines

Untersuchungsgegenstand dieses Abschnitts ist die Vereinbarkeit der umweltschutzpolitischen Instrumentalisierung der Auftragsvergabe mit dem Gesetz gegen den unlauteren Wettbewerb (UWG) einerseits und dem Gesetz gegen Wettbewerbsbeschränkungen (GWB) andererseits.

---

[524] BVerfGE 81, 156 (189).

1. Das Verhältnis von UWG und GWB

Ursprünglich verstand man diese Gesetze als völlig voneinander getrennte Rechtsgebiete mit unterschiedlichem Regelungszweck. Das UWG diente ausschließlich dem Individualschutz des Konkurrenten während das GWB den Bestandssicherung des Wettbewerbs zum Ziel hatte und damit ausnahmslos das Allgemeininteresse an der Existenz des Wettbewerbs schützte. Das Hauptgewicht des GWB lag ursprünglich auf dem Kartellverbot, einer dem UWG völlig fremden Regelungsmaterie.

Im Laufe der Zeit haben sich beide Regelungswerke immer stärker aufeinander zubewegt. Die Einführung der Verbandsklage in § 13 UWG dehnte den Schutz auf die kollektiven Interessen der Verbraucher aus. Neben dem Qualitätsschutz des Wettbewerbs dient das UWG nun auch der Aufrechterhaltung einer funktionsfähigen Wettbewerbsordnung[525].

Auch das GWB sichert nicht mehr ausschließlich nur den Bestand des Wettbewerbs, sondern befaßt sich daneben in den §§ 19 I, IV, 20 I, II GWB/ §§ 20 IV, 26 II GWB a. F. mit dem Schutz der Mitbewerber marktbeherrschender Unternehmen vor wettbewerbsbeschränkenden Verhaltensweisen, die allgemein als Nichtleistungs- oder Behinderungswettbewerb bezeichnet werden. Darunter ist ein negativer Wettbewerb zu verstehen, der einzig und allein dadurch charakterisiert ist, mittels Behinderung eines Konkurrenten einen Wettbewerbsvorsprung zu erreichen[526].

Unter dem Oberbegriff des Nichtleistungswettbewerbs werden GWB und UWG von der h.M. als Teile eines einheitlichen Wettbewerbsrechts gesehen[527]. Gemeinsames Schutzziel ist die Sicherung des Wettbewerbs und seiner leistungsgerechten Durchführung[528]. Diese einheitliche Betrachtung ist

---

[525] BGHZ 43, 278 (Kleenex); BGHZ 51, 236 (Stuttgarter Wochenblatt I).

[526] Baumbach/Hefermehl, Wettbewerbsrecht, Einl UWG, Rdnr. 96.

[527] So schon Scholz, Wettbewerbsrecht der öffentlichen Hand, ZHR 132 (1969), 97 (99); Baumbach/Hefermehl, Wettbewerbsrecht, Allg. Rdnr. 86 ff.; Rinck/Schwark, Wirtschaftsrecht, § 19, Rdnr. 665; Hirtz, Die Relevanz der Marktmacht bei der Anwendung des UWG, GRUR 1980, 93 (94); Lindacher, Grundfragen des Wettbewerbsrechts, BB 1975, 1311 (1312).

[528] Schwintowski, Wettbewerbsrecht, S. 2.

auch folgerichtig, wenn man bedenkt, daß ein durch das UWG angestrebter Lauterkeitsschutz überhaupt erst möglich wird, wenn die Freiheit des Wettbewerbs gewährleistet ist beziehungsweise lediglich ein lauterer Wettbewerb frei sein kann[529]. Durch die Zusammenfassung beider Normenkomplexe unter dem Dach eines einheitlichen Wettbewerbsrechts wird eine Konkurrenzsituation zwischen beiden Gesetzen geschaffen.

Umstritten ist in dem Zusammenhang, inwieweit die Wertungen aus dem GWB für die Auslegung der Generalklausel des § 1 UWG von Bedeutung sind, respektive § 1 UWG im Vorfeld der §§ 19 I, IV, 20 I, II GWB/ §§ 22 IV, 26 II GWB a. F. Anwendung findet. Die Lösung dieser Frage ist abhängig davon, ob man der einen oder anderen Vorschrift Spezialität oder Exklusivität einräumt. Bevor eine Beurteilung dieser Frage erforderlich wird, muß zunächst einmal geprüft werden, ob und gegebenenfalls inwieweit UWG und GWB auf die staatliche Auftragsvergabe Anwendung finden.

2. Grundsätzlich Anwendbarkeit des UWG und GWB auf die öffentliche Auftragsvergabe

a. Anwendbarkeit des UWG

Wie bereits oben dargelegt[530], nimmt die öffentliche Hand im Bereich der staatlichen Auftragsvergabe als Nachfrager am Wirtschaftsleben teil.

Da es sich dabei nicht um hoheitliche, sondern um fiskalische Tätigkeit des Staates handelt und im Rahmen der Auftragsvergabe ein privatrechtlicher Vertrag mit dem Auftragnehmer geschlossen wird, begibt sich der Staat auf die Ebene der Gleichordnung gegenüber seinen privaten Auftragnehmern. Demzufolge ist auch auf die am Privatrechtsverkehr teilnehmende öffentliche Hand das dem Privatrecht angehörende UWG anwendbar. Eine Sonderbehandlung aufgrund der mittelbaren Verfolgung öffentli-

---

[529] Emmerich, Das Recht des unlauteren Wettbewerbs, S. 50; Hirtz, GRUR 1980, 93 (94).

[530] Siehe hierzu Kapitel § IV.

cher Zwecke kann nicht erfolgen, da ansonsten von vornherein eine Schwächerstellung der privaten Konkurrenten eintreten würde[531]. Denn eine staatliche Tätigkeit, die nicht wenigstens mittelbar öffentlichen Zwekken dient, ist praktisch nicht denkbar.

Es stellt sich jedoch die Frage, ob die Verknüpfung der Auftragsvergabe mit verfassungsrechtlich legitimierten Zielen, wie z.b. dem Umweltschutz, eine andere Beurteilung erfordert. Sofern neben dem eigentlichen Beschaffungszweck unmittelbar andere öffentliche Zwecke verfolgt werden, bedeutet dies nicht, daß automatisch öffentliches Recht Anwendung findet. Entscheidend darf nicht der Beweggrund des staatlichen Handelns sein, sondern die Form, derer sich der Staat im Wirtschaftsleben bedient. Auch wenn das Handeln des Staates als Verwaltungsprivatrecht qualifiziert werden muß, was im Bereich der instrumentalisierten Auftragsvergabe anzunehmen ist[532], bleibt die Qualität des marktrelevanten Verhaltens immer noch privatrechtlich, so daß auch dann der Anwendbarkeit des UWG nichts im Wege steht[533].

Einige Vertreter innerhalb der Literatur lehnen die Anwendbarkeit des UWG auf die Tätigkeit der öffentlichen Hand ab. So ist Schachtschneider der Auffassung, daß § 1 UWG ein Autonomierecht der Privaten begründe und demzufolge nicht auf den Staat angewendet werden könne[534]. Da er aber für eine Anwendung des § 823 BGB plädiert, würden im Rahmen der Schutzposition des eingerichteten und ausgeübten Gewerbebetriebs dennoch mittelbar wettbewerbsrechtliche Aspekte eine Rolle spielen. Die Konsequenzen wären die gleichen wie bei einer unmittelbaren Anwendung des § 1 UWG.

---

[531] Baumbach/Hefermehl, Wettbewerbsrecht, § 1 UWG, Rdnr. 928, siehe auch Schrikker, Wirtschaftliche Tätigkeit der öffentlichen Hand und unlauterer Wettbewerb, S. 74; Piper, Zum Wettbewerb der öffentlichen Hand, GRUR 1986, 574 (575); Emmerich, Das Recht des unlauteren Wettbewerbs, S. 28 ff.

[532] Siehe die Ausführungen in Kapitel § 3 I 2.

[533] So schon das RG in RGZ 116, 28; RG 132, 296/300; BGHZ 74, 733 (Schilderverkauf), BGH-NJW RR 1996, 231.

[534] Schachtschneider, Staatsunternehmen und Privatrecht, S. 90.

161

Diese Auffassung ist aber hauptsächlich deshalb abzulehnen, weil ein effektiver Autonomieschutz der privaten Marktteilnehmer nur möglich ist, wenn § 1 UWG auch auf das wirtschaftliche Handeln des Staates Anwendung findet[535].

b. Anwendbarkeit des GWB

Ob beziehungsweise inwieweit das GWB auf die öffentliche Auftragsvergabe Anwendung findet, ist eine sehr bedeutsame Frage, berücksichtigt man, daß der Staat zu den größten Nachfragern zählt und auf einigen Märkten sogar eine Monopolstellung innehat. Diese Marktposition ist zur Durchsetzung seiner politischen Vorstellungen in besonderem Maße geeignet und sollte auch kartellrechtlich untersucht werden können.

Adressaten des GWB sind die Unternehmen, wobei § 130 GWB/ 98 I GWB a. F. den Anwendungsbereich auch auf Unternehmen erstreckt, die ganz oder zum Teil im Eigentum beziehungsweise unter der Verwaltung der öffentlichen Hand stehen oder von ihr betrieben werden. Die Anwendbarkeit des GWB ist unproblematisch, soweit es um öffentliche Unternehmen geht. § 130 GWB/ § 98 I GWB a. F. deckt jedoch in keiner Weise die wirtschaftliche Betätigung des Staates und seiner Untergliederungen ab.

Entscheidender Anknüpfungspunkt für die Anwendung der kartellrechtlichen Vorschriften auf das Handeln des Staates bildet der Unternehmensbegriff[536]. Nach ganz herrschender Auffassung in Rechtsprechung und Literatur gilt auch im Rahmen des § 130 GWB/ § 98 I GWB a. F. der weit auszulegende funktionale Unternehmensbegriff, der sich aus dem Sinn und Zweck des Kartellrechts - der Sicherstellung der Wettbewerbsfreiheit - ergibt[537]. Auch das Bundeskartellamt hat sich dieser Sichtweise ange-

---

[535] Schricker, Wirtschaftliche Tätigkeit der öffentlichen Hand, S. 75.

[536] Ulmer, Die Anwendung von Wettbewerbs- und Kartellrecht auf die wirtschaftliche Tätigkeit der öffentlichen Hand beim Angebot von Waren oder Dienstleistungen, ZHR 146 (1982), S.466 (474).

[537] Ständige Rspr., vgl. z.B. BGHZ 36, 91 (103); 67, 81 (84); 101, 72 ff. = WuW 1987, 1009. Richtungsweisend auch die zum Aktienrecht ergangene "Gelsenberg"-Entscheidung des BGH, BGHZ 69 334 (340 f.); Gemeinsamer Senat BGHZ 97, 312; 102, 280 = NJW 1988, 2295; BGH, NJW 1993, 2680 = JuS 1994, 81 Nr. 11;

schlossen[538]. Es kommt danach nicht auf die Beschaffenheit des Rechtssubjekts an, sondern auf dessen marktrelevantes Verhalten[539]. Folglich ist die Unternehmenseigenschaft immer dann anzuerkennen, wenn und soweit Waren oder Dienstleistungen auf dem Markt angeboten oder nachgefragt werden[540]. Soweit sich der staatliche Auftraggeber - wie bereits oben dargestellt - auf die Ebene des Privatrechtsverkehrs begibt, handelt er funktionell als Unternehmer und muß sein Verhalten an den Vorschriften des GWB messen lassen[541].

Daran ändert auch die umweltschutzorientierte Instrumentalisierung der Auftragsvergabe nichts, da der privatrechtliche Charakter dieser staatlichen Tätigkeit erhalten bleibt und nicht etwa zu hoheitlichem Verhalten modifiziert wird. Auf das Ziel, das die öffentliche Hand durch die Marktteilnahme anstrebt, kommt es für die Anwendbarkeit des GWB nicht an. Das bedeutet nicht, daß die Besonderheiten des Staates nicht auch im Rahmen seiner wirtschaftlichen Betätigung Berücksichtigung finden können[542].

Scholz, Wettbewerbsrecht und öffentliche Hand, ZHR 132 (1969), 97 (128); Schwarz, Die Anwendbarkeit des kartellrechtlichen Unternehmensbegriffes auf die Beschaffungstätigkeit der öffentlichen Hand, BB 1973, 1283 (1284); Schricker, aaO., S. 65; Authenrieth, § 98, Rdnr. 24; Emmerich in: Immenga-Mestmäcker, Kommentar zum GWB, § 98 GWB, Rdnr. 40 ff.; ders., Kartellrecht, S. 47.

[538] Vgl. BKartA TB 1985/86, BT-Drucks. 11/554, S. 22 f.; TB 1989/90. S. 27 f., 1991/92, S. 34 f..

[539] Scholz, ZHR 132 (1969), 97 (122); Schwarz, BB 1973, 1283 (1284).

[540] Emmerich in: Immenga-Mestmäcker, GWB, Kommentar zum Kartellrecht, § 98 GWB, Rdnrn. 47 f..

[541] So die h.M. innerhalb der neueren Literatur, vgl.:Emmerich in: Immenga-Mestmäcker, aaO., § 98 EWG, Rdnr. 50, Emmerich, Wirtschaftsrecht, S. 258 ff; ders. Kartellrecht, S. 42 f.; Schricker, Wirtschaftliche Tätigkeit der öffentlichen Hand und unlauterer Wettbewerb, S. 65; BGHZ 36 91 (102);97, 312 (316); Rittner, Rechtsgrundlagen, Rdnr. 89, 90; a.A.: früher Pietzcker, Staatsauftrag, S. 377, der eine Nachfrage zur bloßen Deckung des Eigenbedarfs nicht dem GWB unterstellen wollte, in AöR 107 (1982), 61 (76) folgt er aber bereits der herrschenden Auffassung.

[542] Emmerich, Kartellrecht, S. 48.

II. Die Generalklausel des § 1 UWG

Gemäß § 1 UWG kann auf Unterlassung und Schadensersatz in Anspruch genommen werden, wer im geschäftlichen Verkehr zu Zwecken des Wettbewerbs Handlungen vornimmt, die gegen die guten Sitten verstoßen.

Die wettbewerbsrechtliche Problematik besteht darin, feststellen, ob die Nutzung staatlicher Nachfragemacht für die Durchsetzung umweltschutzpolitischer Ziele gegen die durch das UWG geschützte Lauterkeit des Wettbewerbs verstößt. Dabei kommt es entscheidend auf das äußerst vage formulierte und ausfüllungsbedürftige Tatbestandsmerkmal der „guten Sitten" an.

1. Das Handeln im geschäftlichen Verkehr

Das weit auszulegende Tatbestandsmerkmal des „geschäftlichen Verkehrs" hat die Aufgabe, den wirtschaftlichen Verkehr von rein privatem bzw. rein hoheitlichem Handeln abzugrenzen, welches nicht von der Generalklausel des § 1 UWG umfaßt wird[543]. Zum Bereich des geschäftlichen Verkehrs gehört jede selbständige Tätigkeit, die der Förderung eines beliebigen und sei es auch fremden Geschäftszweckes dient[544]. Auf die tatsächliche Gewinnerzielung respektive eine Gewinnabsicht kommt es nicht an. Nicht verzichtbar ist hingegen eine Außenwirkung der Tätigkeit[545].

Die weite Auslegung dieses Tatbestandsmerkmals bedingt, daß auch die wirtschaftliche Betätigung der öffentlichen Hand darunter fällt, wobei die Abgrenzung zu rein hoheitlichem Handeln oft schwierig ist. Im Rahmen der öffentlichen Auftragsvergabe tritt der Staat den privaten Auftragnehmern auf der Ebene des Privatrechtsverkehrs gegenüber, um von diesen Waren oder Dienstleistungen zu beschaffen. Wie eingangs dargelegt[546], wird dieses

---

[543] Emmerich, Das Recht des unlauteren Wettbewerbs, S. 16.
[544] Baumbach/Hefermehl, Wettbewerbsrecht, UWG Einl., Rdnr. 208; Rittner, Wirtschaftsrecht, § 13 A I 2, S. 197.
[545] Emmerich, a.a.O., S. 16.
[546] Siehe Kapitel § 4 I 2 a.

wirtschaftliche Tätigwerden nicht dadurch zu rein hoheitlichem Handeln, daß der eigentliche Beschaffungszweck mit umweltschutzorientierten Zwecken verbunden wird. Vielmehr ist zu prüfen, ob diese Instrumentalisierung der staatlichen Nachfrage mit dem Schutzzweck des UWG vereinbar ist.

2. Das Handeln zu Zwecken des Wettbewerbs

Die Wettbewerbshandlung als äußeres Zeichen des Wettbewerbs ist Tatbestandsmerkmal vieler UWG-Vorschriften und bildet damit den zentralen Begriff des UWG-Rechts[547]. Folglich muß, bevor die eigentliche Lauterkeitsprüfung erfolgen kann, erst einmal die Wettbewerbshandlung festgestellt werden.

Innerhalb der Voraussetzungen dieses Tatbestandsmerkmals wird von der Rechtsprechung und der Lehre zwischen objektiven und subjektiven Kriterien unterschieden.

a. Objektive Voraussetzungen

In objektiver Hinsicht muß das Verhalten äußerlich geeignet sein, den Absatz oder Bezug einer Person zum Nachteil einer anderen Person zu fördern[548]. Es kommt also im wesentlichen darauf an, die Wettbewerbsposition eines Marktteilnehmers zu verbessern.

Im Hinblick auf die Fragestellung dieser Arbeit ist es von entscheidender Bedeutung, daß wettbewerbsrechtliche Relevanz sowohl der Förderung eigener wie auch fremder wirtschaftlicher Betätigung zukommt[549]. Der dazu von der

---

547 Baumbach/Hefermehl, Wettbewerbsrecht, UWG Einl., Rdnr. 214.

548 Baumbach/Hefermehl, UWG Einl., Rdnr. 215, Ulmer, Die Anwendung von Wettbewerbs- und Kartellrecht auf die wirtschaftliche Tätigkeit der öffentlichen Hand beim Angebot von Waren oder Dienstleistungen, ZHR 146 (1982), 466 (474); Emmerich, a.a.O., S. 18; RGZ 118, 133 (136), BGH GRUR 51, 283; 86, 898 (899), 89, 430.

549 Baumbach/Hefermehl, UWG Einl., Rdnr. 215; von Gamm, Verfassungs- und wettbewerbsrechtliche Grenzen des Wettbewerbs der öffentlichen Hand, WRP 1984,

Rechtsprechung entwickelte Grundsatz lautet: „Eine Handlung zu Zwecken des Wettbewerbs nimmt auch derjenige vor, der selbst nicht Wettbewerber ist, sondern lediglich fremden Wettbewerb fördert[550]. Der staatliche Nachfrager, der den Auftrag einem umweltschutzengagierten Bewerber erteilt und einen anderen wegen mangelndem Umweltschutzbewußtsein ablehnt, fördert nicht seinen eigenen Wettbewerb, sondern beeinflußt das Wettbewerbsverhältnis der um den Staatsauftrag konkurrierenden Anbieter.

Damit ist auch schon die zweite objektive Voraussetzung genannt, nämlich das Wettbewerbsverhältnis. Da es sich vorliegend um die Förderung fremden Wettbewerbs durch staatliche Nachfrage handelt, muß zwischen dem geförderten Unternehmen und dem beeinträchtigten Unternehmen ein Wettbewerbsverhältnis bestehen[551]. Es liegt hier die Besonderheit vor, daß der die Wettbewerbshandlung ausführende Staat als Dritter außen vorsteht. Für die Bejahung einer Wettbewerbshandlung kommt es auf die Mitbewerbereigenschaft des Handelnden nicht an[552]. Wesentlich für das Wettbewerbsverhältnis ist die Wechselbeziehung zwischen den Vorteilen, die für einen Anbieter erstrebt werden und den Nachteilen, die einem anderen entstehen sollen. Dabei ist entscheidend, daß sich die verschiedenen Anbieter an den gleichen Abnehmerkreis wenden, so daß der beiderseitige Absatz voneinander abhängig ist. Im Rahmen der Anbieterkonkurrenz um Staatsaufträge ist dies regelmäßig gegeben.

b. *Subjektive Voraussetzung*

Die subjektive Voraussetzung für das Vorliegen einer Wettbewerbshandlung bildet die Wettbewerbsabsicht.

Dabei genügt die Absicht, einen fremden Wettbewerber zum Nachteil eines Mitbewerbers zu fördern[553]. Nicht erforderlich ist eine Schädigungsab-

---

303 (307); Hubmann, Der unlautere Wettbewerb der öffentlichen Hand, WiVerw. 1982, 41 (46).

550 BGHZ 19, 299; 67, 81 (84).

551 Baumbach/Hefermehl, UWG Einl., Rdnr. 216.

552 BGHZ 19, 299 (303).

553 BGHZ 3 270 (277); BGH GRUR 53, 293; 64, 392 (394).

sicht[554]. Infolge der weiten Auslegung der Wettbewerbsabsicht kann auch der staatliche Auftraggeber dem UWG unterstellt werden, sofern er als Nachfrager in den Wettbewerb der Anbieter eingreift. Sein Verhalten steht dem des Wettbewerbers gleich, der vom Staat gefördert werden soll[555].

Im Zusammenhang mit der Wettbewerbsabsicht des staatlichen Auftraggebers ist zu beachten, daß zumindest mittelbar immer öffentliche Zwecke gefördert werden. Wird die Auftragsvergabe zur Durchsetzung bestimmter politischer Ziele wie z.b. des Umweltschutzes fruchtbar gemacht, sind überdies unmittelbar öffentliche Ziele betroffen. Es stellt sich demnach die Frage, ob die Verfolgung öffentlicher Interessen der Wettbewerbsabsicht und damit einem Handeln zu Zwecken des Wettbewerbs entgegensteht[556]. Einige Vertreter innerhalb der Literatur lehnen eine Wettbewerbsabsicht ab, wenn der öffentliche Zweck gegenüber dem Wettbewerbszweck überwiegt bzw. wenn ein Handeln der öffentlichen Hand vollständig durch einen öffentlichen Zweck gedeckt ist[557]. Die überwiegende Auffassung in Rechtsprechung und Lehre steht dem entgegen. Danach braucht die auf Förderung des eigenen oder fremden Wettbewerbs gerichtete Absicht nicht der alleinige und wesentliche Beweggrund des Handelns zu sein. Vielmehr genügt es, daß der Wettbewerbszweck nicht völlig hinter anderen Zielen zurücktritt[558].

Der Umweltschutz, zu dessen Förderung die öffentliche Auftragsvergabe eingesetzt wird, stellt ein im öffentlichen Interesse stehendes Ziel dar, welches unmittelbar mit der Wirtschaftsteilnahme des Staates verknüpft wird. Es kommt dem Staat gerade im Rahmen der Instrumentalisierung der öffentlichen Auftragsvergabe darauf an, umweltschutzpolitisch besonders aktive Unternehmen zu fördern, um dadurch die konkurrierenden Unternehmen dazu zu bewegen, sich künftig ebenfalls engagierter in Sachen Umweltschutz zu verhalten. Insofern bietet der Wettbewerb die Handhabe, öffentliche Zwecke zu realisieren. Der Wettbewerbszweck tritt keinesfalls völlig in den Hinter-

---

[554] Baumbach/Hefermehl, a.a.O., Rdnr. 232.

[555] Vgl. Baumbach/Hefermehl, a.a.O., Rdnr. 233.

[556] Vgl. dazu Schricker, Wirtschaftliche Tätigkeit der öffentlichen Hand, S. 81.

[557] Insbesondere Hubmann, WiVerw. 1982, 41 (47).

[558] BGHZ 3, 270 (276); 14, 171; 19, 299 (303); GRUR 60, 384 (386); 90, 373 (374), Baumbach/Hefermehl, a.a.O., Rdnr. 234, v. Gamm, WRP 1984, 303 (307), Schricker, a.a.O., S. 84, Ulmer, ZHR 146 (1982), 466 (484).

grund, es besteht vielmehr eine Art Einheit zwischen den verschiedenen Zielrichtungen. Schon das Reichsgericht hatte entschieden, daß es genüge, wenn der Wettbewerbszweck als Mittel für die Erreichung des im öffentlichen Interesse stehenden Zieles dient[559].

Damit handelt die öffentliche Hand auch dann mit Wettbewerbsabsicht, wenn sie Anbietern zu Lasten anderer den Zuschlag erteilt, weil diese über die gesetzlichen Verpflichtungen hinaus den Umweltschutz beachten.

3. Der Verstoß gegen die guten Sitten

Für die Beurteilung der Lauterkeit einer Wettbewerbshandlung verweist die Generalklausel des § 1 UWG auf den unbestimmten Rechtsbegriff der guten Sitten. Das Kernproblem des UWG bildet die Frage, was unter diesem ausfüllungsbedürftigen Wertmaßstab zu verstehen ist.

a. Konkretisierung des Begriffes der guten Sitten

In Rechtsprechung und Literatur sind zahlreiche rechtliche und außerrechtliche Ansatzpunkte zur Konkretisierung dieser zentralen Komponente des § 1 UWG entwickelt worden, von denen hier nur diejenigen dargestellt werden sollen, die für die vorliegende Fragestellung von besonderer Relevanz sind.

Im Hinblick auf die Vielfalt der geschützten Interessen wird als Verfahren zur Konkretisierung der Generalklausel häufig die Interessenabwägung angeführt[560]. Von Bedeutung ist, daß es sich dabei zunächst einmal nur um eine Bestandsaufnahme der kollidierenden Interessen handelt, sprich um eine tatbestandliche Konkretisierung. Der rechtliche Maßstab für die Interessenabwägung bleibt ungeklärt und kann nur aus den in der Gesamtrechtsordnung

---

[559] RGSt 47, 128.

[560] Baumbach/Hefermehl, UWG Einl., Rdnr. 83, Ulmer, ZHR 146 (1982), 466 (486); Kraft, Interessenabwägung im Wettbewerbsrecht, S. 43

angelegten Wertentscheidungen gefunden werden. Die Interessenabwägung bildet damit die Grundlage der rechtlichen Beurteilung[561].

Eine wesentliche Bedeutung für die Auslegung des § 1 UWG mißt das neuere Schrifttum vor allem der Funktion und dem Schutzzweck des UWG bei. Nach funktionalem Verständnis impliziert das Wettbewerbssystem selbst den Maßstab für die Beurteilung der Sittenwidrigkeit des unternehmerischen Verhaltens, d.h. für die Konkretisierung der Generalklausel ist ein Rückgriff auf die Funktionsweise eines Systems freien und fairen Wettbewerbs erforderlich[562]. Entscheidend ist, daß das Wettbewerbssystem nicht vollkommen losgelöst betrachtet werden kann, sondern immer unter Berücksichtigung der gesamten Rechtsordnung zu beurteilen ist, deren Wertungen den rechtlichen Maßstab der guten Sitten wesentlich mitbestimmen[563].

aa.   Der Einfluß der Grundrechte

Als ranghöchstes Regelungswerk unserer Gesamtrechtsordnung kommt der Verfassung zweifelsfrei eine herausragende Rolle hinsichtlich der Konkretisierung des Begriffes der guten Sitten zu. Die im Grundrechtsabschnitt festgelegte objektive Wertordnung gilt als verfassungsrechtliche Grundentscheidung für alle Bereiche des Rechts. Beruhend auf dem Prinzip der Einheit der gesamten Rechtsordnung zeitigen die Grundrechte damit eine Ausstrahlungswirkung auch auf das dem Zivilrecht angehörenden Wettbewerbsrecht[564]. Das BVerfG hat dies in seiner Rechtsprechung durchgehend vertreten[565]. In einer Entscheidung, die fehlerhafte Auslegung der Generalklausel des § 1 UWG betreffend, hat das Gericht den freien Wettbewerb als ein

---

[561] Emmerich, Das Recht des unlauteren Wettbewerbs, S. 43 ff.; Baumbach/Hefermehl, UWG Einl., Rdnr. 83; Ulmer, ZHR 146 (1982), 466 (486); a.A. Kraft, Interessenabwägung, S. 43, der gänzlich auf die Interessenabwägung abstellt ohne auf andere Wertmaßstäbe zurückzugreifen.

[562] Emmerich, Das Recht des unlauteren Wettbewerbs, S. 46; 48; Baumbach/Hefermehl, UWG Einl., Rdnr. 73; Merz, Die Vorfeldthese, S. 61, 262 ff..

[563] Anstatt vieler, Emmerich, a.a.O., S. 47.

[564] Baumbach/Hefermehl, Allg., Rdnr. 44, 50; Emmerich, a.a.O., S. 48; Ulmer, ZHR 146 (1982), 466 (487).

[565] BVerfGE 7, 189 (206 f.); 24, 236 (251 f.); 32, 311 (317); 81, 242 (254).

Grundprinzip unserer Wirtschaftsverfassung bezeichnet und entschieden, daß die Einstufung eines unternehmerischen Verhaltens als sittenwidrig stets unter Beachtung des in Art. 12 GG enthaltenen Freiheitsgehalts erfolgen müsse[566].

Die Konkretisierung des Begriffes der guten Sitten muß sich in angemessener Weise an den in den Grundrechten enthaltenen objektiven Wertentscheidungen orientieren, ist also wie das Bundesverfassungsgericht es ausdrückt im „Lichte der Grundrechte" zu bewerten.

In den genannten Fällen standen sich wie allgemein üblich zwei Grundrechtsträger gegenüber, deren konkurrierende grundrechtlich geschützten Interessen gegeneinander abzuwägen waren. Für den Bereich der öffentlichen Auftragsvergabe besteht aber die Besonderheit, daß der staatliche Auftraggeber gerade nicht grundrechtsberechtigt ist, sondern im Gegenteil verfassungsrechtlichen Bindungen unterliegt. Das bedeutet, daß sich auf der einen Seite ein Grundrechtsträger und auf der anderen Seite ein Grundrechtsgebundener gegenüber stehen. Trotz der fehlenden Grundrechtsträgerschaft des staatlichen Auftraggebers müssen die in den Grundrechten verankerten objektiven Wertentscheidungen auch hinsichtlich der Interessen des Auftraggebers gewürdigt werden, da sie ohne Rücksicht auf bestehende subjektive Ansprüche immer einen Geltungsanspruch besitzen.

Welche konkreten Auswirkungen der genannte Sonderstatus des öffentlichen Auftraggebers für die Auslegung des § 1 UWG hat, ist für die wettbewerbsrechtliche Einordnung der zu prüfenden Wettbewerbshandlung von entscheidender Bedeutung.

Erwähnt werden muß in diesem Zusammenhang der in der Literatur umstrittene Aspekt der Ambivalenz der Grundrechtsbindung, die sich im Rahmen der Abwägung der beteiligten Interessen nicht nur nachteilig, sondern vielmehr auch günstig auswirken kann[567].

---

[566] BVerfGE 32, 311 (317 f.).

[567] Rittner, Rechtsgrundlagen, Rdnr. 117, 262; Ulmer, ZHR 146 (1982), 466 (487); Rathjen, Zum unlauteren Wettbewerb der öffentlichen Hand, DVBl. 1975, 649 (651); zustimmend auch Osterloh, aaO., S. 79; a.A.: Emmerich, a.a.O., S. 30, der eine verschärfte Auslegung des § 1 UWG für die öffentliche Hand befürwortet.

Mit anderen Worten erwächst aus der Grundrechtsbindung nicht nur die Verpflichtung des öffentlichen Auftraggebers, im Rahmen seiner Nachfragetätigkeit die in Art. 12 GG objektiv geschützte Wettbewerbsfreiheit des Auftragnehmers zu beachten[568]. Vielmehr kann die Verfolgung verfassungsrechtlich legitimer öffentlicher Zwecke auch zu einer Privilegierung der Interessen der öffentlichen Hand führen. Inwieweit dies für den Umweltschutz zutrifft, wird später dargestellt.

Der vor allem von Emmerich[569] vertretenen Auffassung, der Sonderstatus der öffentlichen Hand führe lediglich zu einer verschärften Auslegung des § 1 UWG, kann nicht gefolgt werden. Wenn es auch keinen grundsätzlichen Vorrang der öffentlichen Interessen des staatlichen Auftraggebers gibt, so muß bei der Konkretisierung der Unlauterkeitskriterien doch beachtet werden, daß die Verfolgung verfassungsrechtlich legitimer Ziele auch eine Folge der Bindung des Staates an die Verfassung darstellt. Eine gerechte Interessenabwägung kann nur unter Berücksichtigung aller rechtlichen Aspekte erfolgen.

bb. Der Einfluß des GWB

Wie bereits angedeutet spielt die Funktionsweise des Systems eines freien und fairen Wettbewerbs für die Konkretisierung der Generalklausel des § 1 UWG eine entscheidende Rolle. Wesentlich mitgeprägt wird dieses System durch das GWB, dessen Einfluß auf die Auslegung des Begriffes der guten Sitten folglich einer Überprüfung unterzogen werden muß.

Da die wettbewerbsrechtliche Problematik speziell in dem Einsatz von Marktmacht zur Förderung umweltschutzpolitischer Ziele liegt, stellt sich die Frage, inwieweit das im GWB besonders zu würdigende Kriterium der Marktmacht schon für die Auslegung des § 1 UWG zu beachten ist.

---

568 Vgl. Ulmer, der dem Grundrechtsaspekt vor allem im Vorfeld von Grundrechtseingriffen wettbewerbsrechtliche Bedeutung beimißt, ZHR 146 (1982), 466 (487); BGHZ 82, 375 (379) - Brillen-Selbstabgabestellen.

569 Emmerich, a.a.O., S. 30.

Eine starke Nachfrageposition (z.B. im Straßenbau) respektive Monopolstellungen in einigen Bereichen machen die Auftragsvergabe zu einem bevorzugten Mittel zur Durchsetzung bestimmter verfassungsrechtlich legitimer Ziele. Angesichts der besonderen Marktmacht kann die Wettbewerbshandlung eine andere Qualität erreichen, die eine erhöhte Aufmerksamkeit erforderlich macht[570].

Im grundsätzlichen besteht Einigkeit darüber, daß die Wertungen des GWB auch für die Auslegung des § 1 UWG von Bedeutung sind, was vor allem auf der eingangs dieses Kapitels dargestellten wechselseitige Abhängigkeit der beiden Gesetze beruht. Die Diskussion über das Ausmaß der gegenseitigen Beeinflussung ist bis heute nicht verstummt und soll im folgenden kurz skizziert werden.

(1)   Die wirtschaftspolitische Neutralität des UWG

Einer grundsätzlichen wirtschaftspolitischen Neutralität des UWG wie sie von einigen Autoren befürwortet wird, kann nur insoweit zugestimmt werden, als das UWG nicht auf ein bestimmtes Wirtschaftssystem zugeschnitten ist. Das bedeutet aber nicht, daß die vom Gesetzgeber getroffenen Wertentscheidungen einer bestehenden Wirtschaftsordnung im Rahmen der Auslegung der Generalklausel des § 1 UWG völlig unbeachtet bleiben.

Speziell im GWB wird der Wille des Gesetzgebers deutlich, die Institution des Wettbewerbs als Wertentscheidung unserer Wirtschaftsordnung zu begreifen. Die Mitberücksichtigung der Funktionsfähigkeit des Wettbewerbs bei der Prüfung der Sittenwidrigkeit der Wettbewerbshandlung ist nicht nur möglich, sondern zum Zwecke der korrekten Einstufung des unternehmerischen Verhaltens geboten. Denn nicht nur die Freiheit, sondern auch die Lauterkeit ist der Institution „Wettbewerb" gleichermaßen verpflichtet[571].

---

[570] Hirtz, GRUR 1980, 93; Emmerich, a.a.O., S. 51; Ulmer, ZHR 146 (1982), 466 (485).

[571] Vgl. dazu Lindacher, Grundfragen des Wettbewerbsrechts, BB 1975, 1311 (1312); Hirtz, GRUR 1980, 93 (94/95); siehe auch Baumbach/Hefermehl, der den rechtlichen Unwert einer Wettbewerbshandlung ohne Berücksichtigung der gesetzlich getroffenen Grundentscheidungen für nicht beurteilbar hält, UWG Einl., Rdnr. 75; a.A. Kraft, Gemeinschaftsschädliche Wirtschaftsstörungen als unlauterer Wettbewerb?, GRUR 1980, 966 (967).

Konsequenz dieser Auffassung ist, daß der Bestandsschutz des freien Wettbewerbs nicht exklusiv dem GWB zugewiesen ist[572].

(2) Die marktbezogene Unlauterkeit

(a) Die Vorfeldthese

Die von Ulmer[573] begründete und sehr umstrittene Vorfeldthese hat zum Gegenstand, die durch das GWB offen gelassenen Freiräume für unternehmerische Maßnahmen durch § 1 UWG zu schließen und den Wettbewerbsschutz weiter zu verstärken. Konkret gesprochen, die in den §§ 19 I,.IV, 20 I, II GWB/ §§ 26 II, 22 IV GWB a. F. enthaltenen Behinderungs- und Diskriminierungsverbote sollen sinngemäß schon im Vorfeld der Anwendbarkeit dieser Normen für die Konkretisierung des § 1 UWG herangezogen werden können. Die Marktstärke eines Unternehmens würde zum Hauptkriterium für die Unlauterkeitsprüfung des § 1 UWG mit der Folge, daß ein den Wettbewerb behinderndes Verhalten von Unternehmen unterhalb der für das GWB erforderlichen Marktbeherrschungsschwelle nach § 1 UWG unlauter ist.

Dieser Auffassung ist entgegenzuhalten, daß es trotz der grundsätzlich zu berücksichtigenden Wertentscheidungen des GWB nicht zu einer vom Gesetzgeber ungewollten Ausdehnung der freiheitssichernden Normen des §§ 19 I, IV, 20 I, II GWB/ §§ 26 II, 22 IV GWB a. F. kommen darf. Das gesetzlich eindeutig gefaßte Behinderungsverbot würde unterlaufen, wenn die Behinderung eines zwar marktstarken aber noch nicht marktbeherrschenden Unternehmens allein aufgrund der Marktposition als unlauter qualifiziert würde. Wo das GWB bewußt den Kreis der Normadressaten beschränkt hat, darf das UWG diese Lücke nicht schließen. Der Schutz vor Vermachtungstendenzen ist Aufgabe des GWB und sollte grundsätzlich dort verbleiben. Das bedeutet, die Sittenwidrigkeit einer Wettbewerbshandlung nach § 1 UWG darf nicht

---

572 Baudenbacher, Machtbedingte Wettbewerbsstörungen als Unlauterkeitstatbestände, GRUR 1981, 19 (24).

573 Ulmer, AfP 1975, 870 (875 f.); ders. in Festschrift für Max Kummer, 1980, S. 565 ff.; zustimmend auch Baudenbacher, GRUR 1981, 19 (26 f.); Tilmann, Über das Verhältnis von GWB und UWG, GRUR 1979, 825 (831 f.).

allein auf die Marktstärke eines Unternehmens gestützt werden, ohne daß weitere Umstände gegeben sind, die eine Wettbewerbswidrigkeit begründen[574].

Es bedeutet hingegen nicht, daß im Falle des Eingreifens des kartellrechtlichen Diskriminierungs- und Behinderungsverbotes nur das GWB anwendbar ist. Da in diesem Fall keine unzulässige Erweiterung des Wettbewerbsschutzes durch das UWG eintritt, kommen, sofern wettbewerbswidrige Umstände gegeben sind, beide Gesetze parallel zur Anwendung. Eine Spezialität des GWB besteht nicht[575].

(b)   Marktmacht als Konkretisierungskriterium des § 1 UWG

Zunächst ist festzustellen, daß die Anwendbarkeit des § 1 UWG keine bestimmte Marktmachtschwelle voraussetzt. Im Rahmen der Interessenabwägung ist eine umfassende Gesamtwürdigung aller in Betracht kommenden Umstände des Einzelfalles durchzuführen, so daß die Marktstärke eines Unternehmens eines von vielen Unlauterkeitskriterien bilden kann. Es kann nicht von der Hand gewiesen werden, daß Wettbewerbshandlungen marktmächtiger Unternehmen im jeweiligen Einzelfall andere Wirkungen erzielen als solche von marktschwächeren Beteiligten[576].

---

[574] Vgl. von Gamm, Wettbewerbsrecht, 1. Halbband, Kapitel 3, Rdnr. 12; Kraft, GRUR 1980, 966 (967); Hirtz, GRUR 1980, 93 (96); Emmerich, a.a.O., S. 51; Baumbach/Hefermehl, § 1 UWG, Rdnr. 834; Merz, Vorfeldthese, 1988.

[575] So Baumbach/Hefermehl, § 1 UWG, Rdnr. 834; von Gamm, a.a.O., Kapitel 18, Rdnr. 26; a.A. Baudenbacher, GRUR 1981, 19 (27); Raiser, Marktbezogene Unlauterkeit, GRUR Int. 1973, 443 (446).

[576] Vgl. hierzu Baumbach/Hefermehl, UWG Einl, Rdnr. 131, 119; Osterloh, Frauenförderung im Rahmen öffentlicher Mittelvergabe, S. 101.

b. *Vereinbarkeit der Wettbewerbshandlung des öffentlichen Auftragge-*
bers mit den guten Sitten

aa. Tatbestandliche Konkretisierung der Wettbewerbshandlung

Um eine Wettbewerbshandlung rechtlich bewerten zu können, muß sie zunächst einmal tatbestandlich konkretisiert werden. Vorliegend handelt es sich
- wie bereits angesprochen - um die Fruchtbarmachung von Nachfragemacht
für die Verfolgung umweltschutzpoltischer Ziele.

Diese Instrumentalisierung der öffentlichen Vergabe kann auf verschiedene
Art und Weise erfolgen. Zum einen durch die Vereinbarung von Vertragspflichten, die sich auf die zukünftige Berücksichtigung umweltschützender
Maßnahmen beziehen und zum anderen durch die Einführung von Bevorzugungskriterien und Bezugssperren. Beide sind auf ihre Vereinbarkeit mit § 1
UWG zu untersuchen. Anders als im Rahmen der sonst üblichen Fallgestal-
tungen tritt die öffentliche Hand hier nicht auf der Anbieterseite auf, sondern
wird als Nachfrager von Waren oder Dienstleistungen tätig.

bb. Klassifizierung der Wettbewerbshandlung

Die eigens für die Wettbewerbshandlungen der öffentlichen Hand gebildeten
- unter dem Mißbrauch von Machtstellungen zusammengefaßten - Fallgruppen[577] können allesamt nicht für die vorliegende Fallgestaltung nutzbar ge-

---

[577] Hierher gehören der Autoritäts- und Vertrauensmißbrauch (z.B.: Ausübung von
Zwang auf öffentliche Bedienstete zum bevorzugten Besuch des städtischen Thea-
ters; ein als Eigenbetrieb einer öffentlich-rechtlichen Gebietskörperschaft geführtes
Energieversorgungsunternehmen handelt wettbewerbswidrig, wenn es unter Mißbrauch seiner Vertrauensstellung Auskünfte über Notdienste wissentlich nicht objektiv erteilt – BGH GR 1994, 516 (518)); die Verquickung öffentlicher und privater
Interessen (z.B.: Gewährung einer Gebührenermäßigung durch einen Gemeinde-
friedhof beim Bezug eines Sarges von einem gemeindlichen Bestattungsunterneh-
men; ausschließlich Krankentransportbestellung bei der örtlichen Rettungsdienst-
stelle durch eine Kommune, obwohl der Patient ein bestimmtes privates Konkurren-
zunternehmen gewünscht hat – BGH GR 1989, 430); die Preisunterbietung durch

macht werden. Sie betreffen ausschließlich Wettbewerbshandlungen, in denen die öffentliche Hand ihre Machtposition zur Durchsetzung eigener Wettbewerbsvorteile auf Anbieterseite ausnutzt. Die hier zu untersuchende Wettbewerbshandlung des öffentlichen Auftraggebers ist anders gelagert. Sie betrifft die Ausnutzung vorhandender Nachfragemacht für die Verfolgung und Förderung umweltschutzpolitischer Ziele, wobei nicht der eigene, sondern fremder Wettbewerb gefördert wird.

Da die öffentliche Hand hier eine Wettbewerbshandlung vornimmt, die grundsätzlich auch von Privaten ausgeführt werden könnte, müssen die allgemeinen Wettbewerbsverstöße herangezogen werden, wobei dort selbstverständlich die oben dargelegten Besonderheiten der öffentlichen Hand zu berücksichtigen sind.

Zwecks Schaffung einer größeren Transparenz bei der Anwendung der Generalklausel des § 1 UWG sind die Wettbewerbsverstöße von der Literatur in Fallgruppen aufgegliedert worden, die auch von der Rechtsprechung gebilligt werden[578]. Diese Fallgruppen sollen die Fülle allgemeiner Wettbewerbsverstöße systematisieren helfen, wobei sie weder abschließend verstanden werden dürfen, noch streng voneinander zu trennen sind. Es ist vielmehr so, daß Wettbewerbshandlungen häufig mehreren Fallgruppen zugeordnet werden können.

(1) Vereinbarung umweltschutzbezogener Vertragsbedingungen

Als Wettbewerbshandlung des staatlichen Nachfragers kommt einerseits die Vereinbarung umweltschutzbezogener Vertragsbedingungen mit einem Auftragnehmer in Betracht. Hier nutzt die öffentliche Hand ihre Nachfragemacht dazu aus, im Rahmen der vertraglichen Gestaltung neben dem eigentlichen Beschaffungszweck zusätzliche dem Umweltschutz dienende Vertragskonditionen durchzusetzen.

Diese vertragliche Verknüpfung des Beschaffungszwecks mit umweltschutzpolitischen Zielsetzungen ist unter dem Stichwort des „Anzapfens" wettbe-

---

zweckwidrige Verwendung öffentlicher Mittel, siehe dazu Baumbach/Hefermehl, § 1 UWG, Rdnrn. 937 ff..

[578] Siehe die Einteilung in Baumbach/Hefermehl, Einl UWG, Rdnr. 160 ff..

176

werbsrechtlich relevant. Unter Anzapfen als Unterfall des Mißbrauches von Nachfragemacht versteht man die Forderung zusätzlicher unentgeltlicher Nebenleistungen vom Lieferanten[579]. Wegen der Bedeutung der Nachfragemacht für diesen Wettbewerbsverstoß ist umstritten, ob das Anzapfen auch nach UWG-Recht beurteilt werden kann. Solange die Marktmacht nicht als ausschließliches Kriterium herangezogen wird, steht einer UWG-rechtlichen Bewertung nichts entgegen. Auch der BGH hat bislang die Fälle des Anzapfens unter dem Aspekt des § 1 UWG geprüft[580].

Im Unterschied zu den bislang entschiedenen Fällen, besteht hier jedoch die Besonderheit, daß der öffentliche Auftraggeber nicht zwecks Förderung des eigenen Wettbewerbs handelt, sondern den Wettbewerb zwischen den Anbietern beeinflußt, indem er denjenigen auswählt, der die gewünschten umweltschutzorientierten Konditionen akzeptiert.

Im folgenden ist nun herauszuarbeiten, ob in dem Aushandeln solcher Konditionen ein unlauteres Verhalten zu sehen ist. Nach ständiger Rechtsprechung des BGH ist die Ablehnung einer Geschäftsbeziehung bei Nichtannahme der gestellten Bedingung grundsätzlich üblich im Geschäftsleben und kann nur unter bestimmten Umständen als sittenwidrig eingestuft werden[581].

Zunächst kann festgestellt werden, daß gegen die offene Verknüpfung des Beschaffungszweckes mit umweltschutzbezogenen Zielsetzungen als solche nichts einzuwenden ist. Derartige Koppelungsgeschäfte sind wettbewerbsrechtlich grundsätzlich erlaubt[582]. Das beweist auch die gesetzliche Bestimmung des § 16 I Nr. 4 GWB/ § 18 I Nr. 4 GWB a. F., wo solche Koppelungen lediglich einer Mißbrauchsaufsicht unterstellt sind. Dies muß um so mehr gelten, als der Umweltschutz wie bereits dargelegt als verfassungsrechtlich legitimes Ziel eingestuft werden kann.

---

579 Emmerich, a.a.O., S. 102; Baumbach/Hefermehl, § 1 UWG, Rdnr. 902.
580 BGH NJW 1977, 631; 1242; BGH NJW 1983, 169; 171.
581 BGH NJW 1977, 1242; BGH NJW 1983, 169 (170); siehe auch Baumbach/Hefermehl, § 1 UWG, Rdnrn. 906/907.
582 Baumbach/Hefermehl, § 1 UWG, Rdnr. 127; Emmerich, a.a.O., S. 174.

Damit das Anzapfen als unlauter qualifiziert werden kann, müssen Umstände vorliegen, die nicht mehr im Einklang mit den im Geschäftsleben üblichen Verhandlungsmethoden stehen.

In dem Zusammenhang ist zu betonen, daß die Unlauterkeit jedenfalls nicht allein auf die Marktmächtigkeit des öffentlichen Auftraggebers gestützt werden kann[583]. Das eine Vertragspartei die Vorteile ihrer starken Marktposition zur Durchsetzung ihrer Vorstellungen nutzt, ist durchaus vertretbar und auch marktüblich, so daß nicht jede Druckausübung auf die Marktgegenseite als sittenwidrig anzusehen ist. Entscheidend ist, daß dem Auftragnehmer ein gewisser Verhandlungsspielraum verbleibt, so daß sich die zusätzliche Vertragskondition nebst Gegenleistung letztlich als Ergebnis eines freien Aushandelns darstellt[584]. In diesem Zusammenhang erscheint es sinnvoll, die im Bereich des AGBG geltenden Grenzen solcher Vertragsbedingungen auch hier zu beachten, da die Verwendung unwirksamer AGB regelmäßig auch unlauter im Sinne des § 1 UWG ist[585].

Selbst wenn man für den zu untersuchenden Sachverhalt unterstellt, daß der Auftragnehmer aufgrund einer besonders starken wirtschaftlichen Abhängigkeit keine Möglichkeit hatte, die zusätzliche Vertragskondition wirklich frei auszuhandeln, ist noch nicht festgestellt, daß tatsächlich ein Sittenverstoß nach § 1 UWG vorliegt[586]. Zu berücksichtigen sind in jedem Fall die Besonderheiten, die einem Vertragsschluß mit einem öffentlichen Auftragnehmer innewohnen. Im Verhältnis zu einem privaten marktstarken Auftraggeber kann die Verfolgung verfassungsrechtlich legitimer Ziele durchaus einen größeren Verhaltensspielraum begründen[587]. Auch die bisherige Rechtsprechung des BGH zeigt, daß die öffentlichen Interessen im Rahmen der vorzunehmenden Interessenabwägung in besonderem Maße zu berücksichtigen

---

[583] Baumbach/Hefermehl, § 1 UWG, Rdnr. 906.

[584] Baumbach/Hefermehl, § 1 UWG, Rdnr. 907; BGH NJW 1983, 169 (171).

[585] Wolf/Horn/Lindacher, AGBG-Kommentar, § 9 AGBG, Rdnr. 41.

[586] In diesem Sinne auch Baumbach/Hefermehl, der bei dieser Fallgestaltung lediglich von der Möglichkeit eines wettbewerbswidrigen Verhaltens spricht, § 1 UWG, Rdnr. 907.

[587] Siehe dazu Ulmer, ZHR 146 (1982), S. 487 (488); Schricker, a.a.O., S. 140.

sind[588]. Da dies sogar für die Verknüpfung mit eigenwirtschaftlichen Interessen entschieden wurde, sollte es für die hier zu untersuchende Wettbewerbshandlung erst recht gelten.

Da die Unlauterkeit eines Verhaltens nur aufgrund einer umfassenden Gesamtwürdigung aller Umstände festgestellt werden kann, muß im Rahmen der Interessenabwägung neben den Wertungen des Wettbewerbsrechts auch die Grundrechtsbindung der öffentlichen Hand berücksichtigt werden. Wie oben bereits erörtert sind in diesem Zusammenhang nicht nur die wettbewerbs- und grundrechtlich geschützten Interessen der Auftragnehmer zu beachten, sondern auch begünstigende Auswirkungen der Verfassungsbindung für den öffentlichen Auftraggeber, die eine Ausweitung des Handlungsspielraums bewirken können. So hat Schricker anläßlich eines Urteils des OLG Köln[589] die Auffassung vertreten, das Gericht hätte prüfen müssen, inwieweit das öffentliche Interesse an der Ausweitung umweltfreundlicher Heizungssysteme die Wettbewerbshandlung rechtfertigen konnte[590]. Das Bestreben des öffentlichen Auftraggebers, den Umweltschutz entsprechend zu fördern, kann als eine legitime öffentliche Aufgabe gewertet werden. Für die Konkretisierung von Generalklauseln bietet eine Staatszielbestimmung wichtige Anhaltspunkte. Insoweit kann auf die Ausführungen innerhalb der Angemessenheitsprüfung des Art. 3 I GG verwiesen werden. Im Rahmen der Konkretisierung der Generalklauseln sind im Hinblick auf den Grundsatz der Einheitlichkeit der Rechtsordnung auch einfachgesetzliche Normen heranzuziehen, die die umweltschutzrechtliche Staatszielbestimmung konkretisieren. Berücksichtigung finden muss daher im Rahmen der Interessenabwägung auch der § 37 Krw-/AbfG. Diese Vorschrift normiert – wie bereits in Kapitel § 1 III näher dargelegt – eine Pflicht des öffentlichen Auftraggebers, zu prüfen, ob und gegebenenfalls in welchem Umfang im Rahmen der öffentlichen Auftragsvergabe umweltfreundliche Produkte eingesetzt werden können. Gerade auch unter diesem Aspekt ist die Vereinbarung umweltschutzbezogener Vertragsbedingungen nicht von vornherein sittenwidrig.

---

[588] BGH LM § 1 UWG Nrn. 455, 456, 519 (Kommunaler Bestattungwirtschaftsbetrieb I, II, III); BGHZ 101, 72 (Krankentransport); BGHZ 107, 40(Krankentransportbestellung).

[589] OLG Köln, WRP 1985, 511.

[590] Schricker, a.a.O., S. 140.

Solange der öffentliche Auftraggeber solche dem Umweltschutz dienenden Vertragsbedingungen in maßvoller Art und Weise vereinbart, d.h. den Bestand des Unternehmens des Auftragnehmers nicht ernsthaft gefährdet, kann eine Sittenwidrigkeit im Sinne des § 1 UWG nicht angenommen werden. Eine andere Bewertung wäre unvereinbar mit der im Rahmen der Sittenwidrigkeitsprüfung gebotenen umfassenden Würdigung aller relevanten Umstände.

(2)   Bevorzugungsregelungen und Bezugssperren

Als weitere Wettbewerbshandlung des öffentlichen Nachfragers kommt die bevorzugte Berücksichtigung von Auftragnehmern in Betracht, die sich bereits in besonderem Maße für den Umweltschutz engagiert haben, im übrigen aber ein ungefähr gleichwertiges Angebot im Verhältnis zu den abgewiesenen Bewerbern abgegeben haben. Die in der Vergangenheit angestrebte Förderung des Umweltschutzes bekäme hier die Qualität eines Vergabekriteriums. Auftragnehmer, die dieses Vergabekriterium nicht erfüllen, blieben beim Vergabeverfahren außen vor.

Im übrigen käme auch eine Bezugssperre in Betracht, die auch als einfacher Boykott bezeichnet wird. Im Unterschied zum Boykott tritt die Sperre nicht auf Veranlassung eines Dritten ein, sondern beruht auf einem eigenen Entschluß[591]. Gemeint ist damit nicht nur das Abbrechen bereits bestehender Geschäftsbeziehungen aufgrund irgendeines Fehlverhaltens des Auftragnehmers, sondern auch die Ablehnung der Aufnahme einer neuen Geschäftsbeziehung[592].

In beiden Fällen ist die Fallgruppe der Behinderung betroffen, wenn auch in unterschiedlicher Ausprägung. Die Bevorzugungsregelungen betreffen die Absatzbehinderung, die Bezugssperre kann der Diskriminierung zugeordnet werden. Beides sind Unterfälle der Behinderung.

---

[591] Baumbach/Hefermehl, § 1 UWG, Rdnr. 311.
[592] Baumbach/Hefermehl, § 1 UWG, Rdnr. 311.

(a)   Die Bevorzugungsregelung als Wettbewerbshandlung

Unter Berücksichtigung des geltenden EG-Rechts ist eine solche Wettbewerbshandlung rechtlich nur denkbar für Aufträge unterhalb der in den Koordinierungsrichtlinien genannten Schwellenwerten[593].

Sofern der öffentliche Auftraggeber als Verwender solcher Bevorzugungsregelungen ein Nachfragemonopol besitzt, d.h. marktbeherrschend ist, greift
parallel § 20 I, II GWB/ § 26 II GWB a. F. ein, da das Kartellrecht in erster
Linie Vermachtungstendenzen auf dem Markt entgegenwirkt. Dem § 1 UWG
kommt insoweit keine eigenständige Bedeutung zu, da zusätzliche über den §
20 I, II GWB/ § 26 II GWB a. F. hinausgehende Beschränkungen nicht erfolgen.

Problematisch ist, ob § 1 UWG auch dann zur Anwendung gelangen kann,
wenn die in § 20 I, II GWB/ § 26 II GWB a. F. geforderte Marktbeherrschungsschwelle noch nicht erreicht ist. Sofern man jedenfalls der oben
dargestellten Vorfeldthese[594] folgt, müßten die Wertungen aus §§ 20 I, II,
19 I, IV GWB/ § 26 II, 22 IV GWB a. F. bereits vor Eingreifen dieser Be-
hinderungs- und Diskriminierungsverbote für die Konkretisierung des § 1
UWG hinzugezogen werden. Die Konsequenz wäre, daß die Feststellung der
Unlauterkeit im wesentlichen von der Marktstärke eines Unternehmens abhängig wäre. Aus den oben genannten Gründen ist diese Vorfeldthese jedoch
abzulehnen, so daß die Marktstärke lediglich ein Konkretisierungskriterium
unter vielen bleibt.

Die Sittenwidrigkeit kann auch hier nur anhand einer umfassenden Gesamtwürdigung aller in Betracht kommenden Umstände festgestellt werden[595].

Im Ergebnis kann hier daher nicht anders entschieden werden als innerhalb
der vorangegangen Prüfung, betreffend die umweltschutzbezogenen Vertragsbedingungen. Es ist vor allem anerkannt, daß Umweltschutzmaßnahmen
zumindest in der ersten Zeit zusätzliche Kosten für die Unternehmer verursachen können. Insoweit ist es nur vertretbar, wenn solche Auftragnehmer im

---

[593] Siehe hierzu § 2 I 6.
[594] Siehe dazu § 4 II 3 a bb (2) (a).
[595] Siehe hierzu § 4 II 3 b bb (1).

Vergabeverfahren besonders berücksichtigt werden. Darüber hinaus bieten sie für abgelehnte Bewerber einen Anreiz, sich künftig ebenfalls verstärkt um den Umweltschutz zu bemühen. Sofern solche Bevorzugungskriterien unter Berücksichtigung der Grundrechtsbindung maßvoll und sachgerecht erscheinen, kann eine Unlauterkeit im Sinne des § 1 UWG nicht angenommen werden.

(b)   Bezugssperren

Auch die Bezugssperre ist ein probates Mittel des öffentlichen Nachfragers, die Förderung des Umweltschutzes voranzutreiben. Die Ausführung einer solchen Bezugssperre wird im Rahmen der vorliegenden Untersuchung in der Regel durch die Ablehnung einer neuen Geschäftsbeziehung erfolgen, welche dem Abbruch einer bestehenden Geschäftsverbindung gleichzusetzen ist[596].

Wichtig ist, daß § 1 UWG den öffentlichen Auftraggeber grundsätzlich nicht in seiner Auswahlfreiheit einschränkt, so daß dieser grundsätzlich frei entscheiden kann, mit welchem Anbieter er den Vertrag schließt[597].

Da der öffentliche Auftraggeber jedoch oftmals eine marktstarke Stellung, zuweilen sogar eine marktbeherrschende Position innehat, die er zur Durchführung der Bezugssperre einsetzt, ist auch hier wieder zu prüfen, inwieweit das Behinderungs- und Diskriminierungsverbot des § 20 I, II GWB/ § 26 II GWB a. F. für die Konkretisierung des § 1 UWG eine Rolle spielt und die Abschlußfreiheit beschränkt. Hinsichtlich der rechtlichen Beurteilung kann in vollem Umfang auf die Ausführungen zu den Bevorzugungsregelungen verwiesen werden.

Solange Bezugssperren im Hinblick auf die grundrechtlichen Bindungen nicht in willkürlicher und übermäßiger Art und Weise eingesetzt werden, ist eine Unlauterkeit gemäß § 1 UWG aus den gleichen Gründen wie oben abzulehnen.

---

[596] Baumbach/Hefermehl, § 1 UWG, Rdnr. 311.
[597] Baumbach/Hefermehl, § 1 UWG, Rdnr. 313.

III. Das GWB

1. Die maßgeblichen Vorschriften

Ausgangspunkt für die Bestimmung der in Betracht kommenden kartellrechtlichen Vorschriften bildet die konkrete wirtschaftliche Tätigkeit der öffentlichen Hand, die sich vorliegend als Ausnutzung staatlicher Nachfragemacht zur Verfolgung umweltschutzpolitischer Ziele qualifizieren läßt. Entscheidende Bedeutung für die rechtliche Beurteilung der Instrumentalisierung der öffentlichen Auftragsvergabe kommt dem allgemeinen Mißbrauchsverbot des § 19 I, IV 2 Nr. 1 GWB/ § 22 IV 2 Nr. 1 GWB a. F. einerseits und dem konkreter gefaßten Behinderungs- und Diskriminierungsverbot des § 20 I GWB/ § 26 II 1 GWB a. F: andererseits zu.

Der praktisch wichtigste Unterschied zwischen beiden Vorschriften ist, daß § 20 I, II GWB/ § 26 II GWB a. F. als Schutzgesetz im Sinne von § 33 GWB/ § 35 GWB a. F. den Unternehmen eine eigenes Klagerecht einräumt, während § 19 GWB/ § 22 GWB a. F. nur von den Kartellbehörden wahrgenommen werden kann. Von daher wird deutlich, warum § 20 I, II GWB/ § 26 II GWB a. F. in der Praxis eine wesentlich wichtigere Rolle zufällt.

Zwischen den beiden Vorschriften besteht keine Spezialität im technischen Sinne, vielmehr handelt es sich bei § 20 I GWB/ § 26 II 1 GWB a. F. um einen konkretisierenden Unterfall des allgemeinen Mißbrauchstatbestandes. Aufgrund der weitestgehenden Deckungsgleichheit beider Vorschriften sind diese grundsätzlich nebeneinander anwendbar[598].

Da § 20 I GWB/ § 26 II 1 GWB a. F. eine Konkretisierung des § 19 I, IV GWB/ § 22 IV GWB a. F. darstellt und exakt auf die hier zu untersuchende Problematik zugeschnitten ist, sollte die erstgenannte Vorschrift bezüglich der Prüfungsreihenfolge den Vorrang erhalten.

[598] Möschel in: Immenga/Mestmäcker, § 22 GWB, Rdnr. 207; Emmerich, Kartellrecht, S. 260, 330; Rinck/Schwark, Wirtschaftsrecht, § 14, Rdnr. 467.

Im Rahmen der vorliegenden Untersuchung kommt dem allgemeinen Miß-
brauchsverbot keinerlei eigenständige Bedeutung zu, da keine zusätzlichen
Mißbrauchstatbestände ersichtlich sind, die über die durch § 20 I GWB/ § 26
II 1 GWB a. F. abgedeckten Konstellationen hinausgehen.

2. Die allgemeinen Voraussetzungen des Behinderungs- und Diskriminierungsverbotes des § 20 I GWB/ § 26 II 1 GWB a. F.

§ 20 I GWB/ § 26 II 1 GWB a. F. verbietet marktbeherrschenden Unternehmen, andere gleichartige Unternehmen im Geschäftsverkehr unbillig zu behindern oder ohne sachlich gerechtfertigten Grund unterschiedlich zu behandeln. Beide Verbote sind alternativ anwendbar. In der Regel sind die Tatbestände jedoch derart eng miteinander verknüpft, daß eine klare Trennung
kaum möglich ist. Demzufolge werden sie häufig zusammen und nach einheitlichen Kriterien geprüft[599].

Als allgemeine Voraussetzungen, die für beide Verbotstatbestände gleichermaßen gelten, sind die Unternehmenseigenschaft, das Handeln im Geschäftsverkehr und die Marktmacht zu prüfen.

a. Unternehmenseigenschaft

Wie oben in Kapitel § 4 I 2 b bereits ausführlich erörtert gilt allgemein der
weite funktionale Unternehmensbegriff, so daß auch der Staat und seine Untergliederungen als Unternehmen im Sinne des § 20 I GWB/ § 26 II 1 GWB
a. F. zu begreifen sind.

b. Das Handeln im Geschäftsverkehr

Der Anwendungsbereich des § 20 I GWB/ § 26 II 1 GWB a. F. beschränkt
sich entsprechend dem allgemeinen Anwendungsbereich des Kartellrechts

---

[599] Markert in: Immenga/Mestmäcker, § 26 GWB, Rdnrn. 181, 182; Emmerich, Kartellrecht, S. 304, 305.

auf Handlungen innerhalb des Geschäftsverkehrs. Darunter ist jeder privatrechtlich geordnete Verkehr mit Waren oder gewerblichen Leistungen mit
Ausnahme rein privater oder hoheitlicher Tätigkeit zu verstehen[600].

Früher war umstritten, ob die Betätigung des Staates auf ausschließlich einer
Marktseite als Handlung im Geschäftsverkehr zu qualifizieren ist[601]. Nach
heutiger allgemein anerkannter Auffassung handelt der Staat bei der Nachfrage nach wirtschaftlichen Gütern oder Dienstleistungen stets unternehmerisch. Da der Staat sich im Rahmen seiner Beschaffungstätigkeit auf die
Ebene des Privatrechtsverkehrs begibt, ist das Kartellrecht und damit auch §
20 I, II GWB/ § 26 II GWB a. F. uneingeschränkt anwendbar[602].

Wie schon im Rahmen des § 1 UWG festgestellt, ändert auch die gleichzeitige Verfolgung umweltschutzpolitischer Ziele nichts an der grundsätzlich privatrechtlichen Qualifikation der staatlichen Nachfragetätigkeit.

c.   Das Kriterium der Marktmacht

aa.   Marktbeherrschung

Normadressaten des Behinderungs- und Diskriminierungsverbotes sind gemäß § 20 I GWB/ § 26 II 1 GWB a. F. zunächst einmal marktbeherrschende
Unternehmen. Der Begriff der marktbeherrschenden Stellung, der sowohl für
das allgemeine Mißbrauchsverbot des § 19 I, IV GWB/ § 22 IV GWB a. F.
als auch für § 20 I GWB/ § 26 II 1 GWB a. F. Bedeutung hat, ist in § 19 II,
III GWB/ § 22 I-III GWB a. F. geregelt.

Innerhalb der Literatur wird u.a. die Auffassung vertreten, daß eine genaue
Prüfung dieser Marktbeherrschung bei wirtschaftlichem Tätigwerden der öf-

---

600 Emmerich, Kartellrecht, S. 302.
601 Anhänger der sogenannten "Zwei-Fronten-Theorie" war früher Müller-Henneberg,
    NJW 1971, 113, 115 f.
602 Emmerich in: Immenga/Mestmäcker, § 98 GWB, Rdnr. 50; ders., Kartellrecht, S. 46
    m. v. w. N.; Gemeinsamer Senat BGHZ 97, 312; 102, 280 = NJW 1988, 2295; für
    die Bundespost, OLG Düsseldorf, WuW/E OLG 2274 = JuS 1981, 228 Nr. 9.

fentlichen Hand überflüssig sei, da diese wegen ihres besonderen Verhaltens-spielraums stets als marktbeherrschend zu behandeln sei[603].

Es ist sicherlich richtig, daß der öffentlichen Hand aufgrund ihrer besonderen Stellung besonders häufig eine marktbeherrschende Stellung zukommt. Es geht jedoch zu weit, sie stets und ohne eingehende Prüfung als marktbeherr-schend zu bezeichnen[604]. Wenn man auf der einen Seite die öffentliche Hand hinsichtlich der Anwendbarkeit wirtschaftlicher Normen den Privatun-ternehmen gleichstellt, wäre es auf der anderen Seite unverständlich, sie im Hinblick auf die Voraussetzungen dieser Normen schlechter zu stellen als Privatunternehmen, indem man ohne exakte Prüfung eine Marktbeherrschung automatisch annimmt.

Demzufolge kann die marktbeherrschende Stellung der öffentlichen Unter-nehmen nur im Einzelfall anhand einer Gesamtbetrachtung aller relevanten Faktoren festgestellt werden. Im Rahmen dieser Gesamtschau sind die Markt-struktur und das Wettbewerbsverhalten auf dem jeweils relevanten Markt zu berücksichtigen[605].

Die Prüfung der Marktbeherrschung auf der Nachfrageseite erfolgt nach der-selben Methode wie auf der Angebotsseite. Innerhalb einer zweigliedrigen Prüfung wird zunächst der sachlich und räumlich relevante Markt abgegrenzt. Ohne im einzelnen auf die Marktabgrenzung einzugehen, sei zumindest fol-gendes bemerkt. Abzustellen ist in jedem Fall auf die Sicht der Anbieter, de-ren Ausweichmöglichkeiten auf andere Nachfrager überprüft werden müs-sen[606]. Erst im Anschluß daran kann die Feststellung der marktbeherrschen-den Stellung nach § 19 II; III GWB/ § 22 I-III GWB a. F. erfolgen.

In § 19 II GWB/ § 22 I GWB a. F. werden drei Fälle der Marktbeherrschung unterschieden. Dem Monopol bzw. dem Fehlen eines wesentlichen Wettbe-

---

[603] Emmerich in: Immenga/Mestmäcker, § 98 GWB, Rdnrn. 80, 81.

[604] Siehe Ulmer, ZHR 146 (1982), 466, (493); Rittner, Rechtsgrundlagen, Rdnr. 237; Schwarz, Die wirtschaftliche Betätigung der öffentlichen Hand im Kartellrecht, S. 136; BGHZ 101, 72 (78 f.); a.A. Emmerich in: Immenga/Mestmäcker, § 98 GWB, Rdnr. 81.

[605] Emmerich, Kartellrecht, S. 244; Möschel in: Immenga/Mestmäcker, § 22 GWB, Rdnrn. 17 f..

[606] Emmerich, Kartellrecht, S. 237.

werbs in § 19 II Nr. 1 GWB/ § 22 I Nr. 1 GWB a. F. wird die sogenannte überragende Marktstellung des § 19 II Nr. 2 GWB/ § 22 I Nr. 2 GWB a. F. gleichgestellt. Dieser zuletzt genannte Fall ist gerade im Bereich der wirtschaftlichen Tätigkeit der öffentlichen Hand von Bedeutung, da hier neben dem Marktanteil auch auf sonstige qualitative Kriterien der Unternehmen, beispielsweise auf die Finanzkraft oder dem Zugang zu Absatz- und Beschaffungsmärkten abgestellt wird. Es fließen allerdings ebenfalls die Ausweichmöglichkeiten der Marktgegenseite in die Beurteilung mit ein.

Es kommt hier wie auch in den Fällen der Nr. 1 darauf an, daß der Nachfrager aufgrund seines Marktanteils und seiner sonstigen Möglichkeiten keine Rücksicht mehr auf andere Nachfrager zu nehmen braucht und ihm ein besonders großer Verhaltensspielraum zur Verfügung steht[607].

In einigen Bereichen liegt die marktbeherrschende Stellung öffentlicher Auftraggeber klar auf der Hand, da sie dort ohne Wettbewerber sind. Dies gilt für die öffentlichen Unternehmen, Deutsche Telekom und Deutsche Bahn AG bei der Beschaffung von Fernmeldeeinrichtungen[608], Lokomotiven und Waggons[609] ebenso wie für die Bundeswehr bei der Beschaffung von Rüstungsgütern. Ein anderer wichtiger Anwendungsbereich für die umweltschutzpolitische Instrumentalisierung der Auftragsvergabe bildet der gesamte Bereich des Tiefbaus[610]. Wenn hier auch keine Monopolstellung im Sinne des § 19 II Nr. 1 GWB/ § 22 I Nr. 1 GWB a. F. vorliegt, so kommt der öffentlichen Hand als Auftraggeber von Tiefbauleistungen eine im Sinne von § 19 II Nr. 2 GWB/ § 22 I Nr. 2 GWB a. F. überragende Marktstellung zu[611]. Dies ist jedenfalls insoweit unproblematisch als der Bund oder die Länder Auftraggeber sind. Für den Bereich der kommunalen Nachfrage bestehen angesichts des örtlich beschränkten Wirkungsbereiches Zweifel an einer Markt-

---

607 Emmerich, a.a.O., S. 250.

608 OLG Düsseldorf, WuW/E OLG 2274 (2277)= JuS 1981, 228 Nr. 9.

609 Schwarz, Die wirtschaftliche Betätigung, S. 136; Emmerich, Kartellrecht, S. 237, 269; Rittner, Rechtsgrundlagen, Rdnr. 238.

610 BKartA, WuW/E 1987, 643; BKartA, WuW/E 1984, 2150, 2152.

611 So schon Schwarz, a.a.O., S. 136, bezogen auf die Nachfrage des Bundes und der Länder nach Tiefbauleistungen; generell für eine Marktbeherrschung in diesem Bereich spricht sich Emmerich aus, in Immenga/Mestmäcker, § 98 GWB, Rdnr. 48.

beherrschung[612]. Dies wird im übrigen auch darauf gestützt, daß die verschiedenen Vergabestellen der öffentlichen Hand nicht grundsätzlich als Einheit behandelt werden können, sondern vielmehr dezentralisiert sind[613]. Auch wenn man diese Auffassung teilt, so muß man für den Tiefbaubereich andererseits auch anführen, daß die hohen Transportkosten die Mobilität der Anbieter einengen können, so daß wegen der Abhängigkeit der Anbieter oftmals doch eine überragende Marktstellung gegeben ist[614].

Für den Bereich der übrigen kommunalen Nachfrage ist immer auf den Einzelfall abzustellen. Sofern die nachgefragte Leistung sehr speziell ist und Anbieter anspricht, die sich auf solche Produkte spezialisiert hat, kann auch hier eine Marktbeherrschung vorliegen.

bb. Die relative Marktstärke

Eine Erweiterung des Adressatenkreises wird durch § 20 II GWB/ § 26 II 2 GWB a. F. erreicht, der den Anwendungsbereich des Behinderungs- und Diskriminierungsverbotes auch auf relativ marktstarke Unternehmen erstreckt. Mit dieser Ausdehnung des Anwendungsbereiches sollte eine effektivere Verfolgung sogenannter Mißbräuche der Nachfragemacht erreicht werden[615]. Da § 20 II GWB/ § 26 II GWB a. F. bereits im Vorfeld des § 19 GWB/ § 22 GWB a. F. eingreift, ist eine Marktbeherrschung entbehrlich.

Adressaten des § 20 II GWB/ § 26 II 2 GWB a. F. sind solche Unternehmen, von denen kleinere oder mittlere Anbieter der vor- oder nachgeordneten Marktstufe aufgrund fehlender Ausweichmöglichkeit abhängig sind. Hierher

---

[612] So z.B. Altenmüller, DVBl. 1982, 241 (248).

[613] Rittner, Rechtsgrundlagen, Rdnr. 240; Schwarz, a.a.O., S. 137, Authenrieth, in: Gemeinschaftskommentar, 4. Aufl., § 98 GWB, Rndr. 38.

[614] Siehe auch Schwarz, a.a.O., S. 137, der dieses Argument für den Bereich des § 22 I Nr. 1 GWB anführt, da die überragende Marktstellung in § 22 I Nr. 2 GWB erst 1973 neu eingeführt worden ist.

[615] Emmerich, Kartellrecht, S. 291.

gehören Unternehmen, die ihre Ware nicht auf anderem für sie wirtschaftlich zumutbarem Wege absetzen können[616].

Unterschieden werden die sortimentsbedingte, die mangelbedingte, die unternehmensbedingte und die nachfragebedingte Abhängigkeit[617], wobei letztere für die hier zu untersuchende Tätigkeit der öffentlichen Hand entscheidend ist. Eine nachfragebedingte Abhängigkeit liegt dann vor, wenn Anbieter keine ausreichenden und zumutbaren Ausweichmöglichkeiten mehr besitzen und allein auf die Nachfrage eines bestimmten Unternehmens angewiesen sind. Gründe für dieses Abhängigkeitsverhältnis sind beispielsweise der Marktanteil des Nachfragers, eine Spezialisierung des Anbieters auf Produkte, die nur beschränkt nachgefragt werden und die besondere Bedeutung eines Nachfragers[618].

Auch hier gilt wieder, daß der Sonderstatus der öffentlichen Unternehmen nicht automatisch ein Abhängigkeitsverhältnis anderer Unternehmen begründet. Für den Fall eines hohen Marktanteils respektive einer Monopolstellung eines Nachfragers ist in aller Regel bereits die Schwelle zur Marktbeherrschung überschritten. Im Hinblick auf die kommunale Nachfrage nach Gütern außerhalb des Bausektors kann das Kriterium der Spezialisierung eines Anbieters auf ein bestimmtes Produkt die relative Marktstärke der öffentlichen Hand begründen.

Abschließend kann festgestellt werden, daß in den Bereichen, die aufgrund der starken Nachfrageposition der öffentlichen Hand in besonderem Maße für die Instrumentalisierung in Frage kommen, der Anwendungsbereich des § 20 I, II GWB/ § 26 II GWB a. F. betroffen ist.

---

[616] Markert in: Immenga/Mestmäcker, § 26 GWB, Rdnr. 130 f.; Emmerich, Kartellrecht, S. 292.

[617] Emmerich, Kartellrecht, S. 294 ff..

[618] Emmerich, Kartellrecht, S. 301.

3. Die speziellen Voraussetzungen des § 20 I, II GWB/ § 26 II GWB a. F.

Neben den eingangs dargelegten allgemeinen Voraussetzungen enthält § 20 I, II GWB/ § 26 II GWB a. F. weitere spezifische Tatbestandsmerkmale des Behinderungs- und Diskriminierungsverbotes. Eine klare Abgrenzung beider Alternativen ist kaum möglich, da sich deren Tatbestände weitestgehend überschneiden[619]. Es ist zwar so, daß die Behinderung primär das Verhältnis der Normadressaten zu den Konkurrenten abdeckt, während die Diskriminierung für das Vertikalverhältnis gilt. Da jedoch in der unterschiedlichen Behandlung von Lieferanten regelmäßig auch eine Behinderung der benachteiligten Unternehmen im Verhältnis zu dem bevorzugten Unternehmen zu sehen ist, schafft auch dieses Kriterium keine klare Abgrenzung. Die weitestgehende Deckung beider Tatbestände findet seinen Ausdruck auch in der einheitlichen normativen Bewertung[620].

a. Der Begriff der Behinderung

Der Behinderungstatbestand hat neben dem vornehmlichen Schutz des Horizontalverhältnisses auch das Verhältnis des Nachfragers zu seinen Anbietern im Auge.

Der extensiv auszulegende Begriff der Behinderung umfaßt jede unmittelbare oder mittelbare Beeinträchtigung der Betätigungsmöglichkeiten eines anderen Unternehmens, wobei es gleichgültig ist, ob wettbewerbsfremde oder sonstige Mittel angewendet werden[621]. Eine Behinderung im Sinne des § 20 I GWB/ § 26 II 1 GWB a. F. liegt jedoch nur vor, sofern durch das Verhalten der Normadressaten andere Unternehmen in ihren Betätigungsmöglichkeiten tatsächlich beeinträchtigt werden. Die bloße Eignung oder ein erfolgloser

---

[619] WuW/E BGH 864 (868) "Rinderbesamung II" = BGH LM § 26 GWB Nr. 13.

[620] Markert in: Immenga/Mestmäcker, § 26 GWB, Rdnr. 181, 182; Emmerich, Kartellrecht, S. 289.

[621] BGHZ 81, 322 (327) = WuW/E BGH 1829 (1832) = NJW 82, 46 ff "Original-VW-Ersatzteile II"; BGHZ 116, 47 (56) = NJW 1992, 1817 = JuS 1992, 700 Nr. 9 "Stadtkurier"; Emmerich, Kartellrecht, S. 305; Markert in: Immenga/Mestmäcker, § 26 GWB, Rdnr. 183.

Versuch reichen nicht aus. Es müssen objektiv nachteilige Auswirkungen auf die Wettbewerbschancen der Betroffenen festzustellen sein[622].

Bezogen auf den hier zu untersuchenden Sachverhalt ist die Vereinbarung bestimmter dem Umweltschutz dienender Vertragsbedingungen in erster Linie dem Behinderungstatbestand zuzuordnen.

Wichtig ist aber, daß die Feststellung der Behinderung für sich genommen noch keinen Kartellrechtsverstoß begründet[623]. Eine andere Betrachtungsweise würde zu einer ausufernden Geltung des § 20 I GWB/ § 26 II 1 GWB a. F. führen. Die rechtliche Beurteilung der behindernden Maßnahme erfolgt erst im Rahmen der Unbilligkeitsprüfung.

b. Der Begriff der Diskriminierung

Im Unterschied zum Behinderungstatbestand betrifft das Diskriminierungsverbot in erste Linie das Vertikalverhältnis des Normadressaten zum Abnehmer oder Lieferanten.

Als Diskriminierung bezeichnet man die unterschiedliche Behandlung gleichartiger Unternehmen. Das in § 20 I GWB/ § 26 II 1 GWB a. F. enthaltene Tatbestandsmerkmal des „gleichartigen Unternehmen üblicherweise zugänglichen Geschäftsverkehrs" bezieht sich sinngemäß allein auf das Diskrimininierungsverbot im engen Sinne, da eine Ungleichbehandlung nur anhand eines Vergleichsmaßstabs festgestellt werden kann. Das Tatbestandsmerkmal der Gleichartigkeit dient der groben Sichtung der für § 20 I GWB/ § 26 II 1 GWB a. F. wesentlichen Fälle. Aus diesem Grund kann der Begriff weit ausgelegt werden und ist bereits zu bejahen, sofern die zu vergleichenden Unter-

---

[622] Markert in: Immenga/Mestmäcker, § 26 GWB, Rdnr. 184, 185; Emmerich, Kartellrecht, S. 305; Möschel, Recht der Wettbewerbsbeschränkungen, Rdnr. 647.

[623] Rittner, Rechtsgrundlagen, Rdnr. 243; Emmerich, Kartellrecht, S. 305; Markert, a.a.O., § 26 GWB, Rdnr. 181; BGHZ 116, 47 (56 f.) = NJW 1992, 1817 = JuS 1992, 700 Nr. 9 "Stadtkurier".

nehmen in etwa dieselbe wirtschaftliche Funktion erfüllen und auf die gleiche Art und Weise unternehmerisch tätig werden[624].

Die Gleichartigkeit der um den Auftrag bemühten Auftragnehmer wirft innerhalb der vorliegenden Untersuchung keinerlei Probleme auf.

Die Ungleichbehandlung gleichartiger Unternehmen kann sowohl in einer Benachteiligung als auch in einer Bevorzugung einzelner gegenüber der Mehrzahl der betreffenden Unternehmen liegen[625]. § 20 I GWB/ § 26 II 1 GWB a. F. richtet sich gegen die aus dieser Benachteiligung bzw. Bevorzugung mittelbar resultierenden Beeinträchtigung der Wettbewerbschancen[626].

In den Bereich des Diskriminierungsverbotes fallen insbesondere die Bevorzugungsregelungen, aber auch die Auftragssperren.

Entsprechend dem Behinderungsverbot liegt auch im Falle einer Ungleichbehandlung noch kein Kartellrechtsverstoß vor. Erst wenn festgestellt wird, daß die Diskriminierung ohne sachlich gerechtfertigten Grund erfolgt ist, steht einer negativen Beurteilung nichts mehr im Wege.

c.   Die Unbilligkeit und das Fehlen eines sachlich gerechtfertigten Grundes

§ 20 I GWB/ § 26 II 1 GWB a. F. setzt voraus, daß die Behinderung unbillig oder die Diskriminierung ohne sachlich gerechtfertigten Grund erfolgt. Erst im Rahmen dieses zweiten Prüfungsschrittes kann das Unwerturteil über das jeweilige Verhalten getroffen werden. Da eine Behinderung oder Diskriminierung aufgrund der Weite beider Begriffe relativ häufig vorliegt, soll durch die Schranke der Unbilligkeit und der Grundlosigkeit eine Ausuferung des Anwendungsbereiches des § 20 I GWB/ § 26 II 1 GWB a. F. verhindert werden.

---

[624] Siehe die neueren Entscheidungen des BGH, LM § 26 Nr. 51 = NJW 1986, 49, LM aaO. Nr. 65 = WuW/E BGH 2535.

[625] BGH GRUR 1970, 200 (201) = WuW/E BGH 1069 (1072) " Tonbandgeräte"; Markert in: Immenga/Mestmäcker, § 26 GWB, Rdnr. 188; Emmerich, Kartellrecht, S. 309.

[626] Markert, a.a.O., Rdnr. 188.

Die rechtliche Beurteilung beider Tatbestandsalternativen erfolgt aufgrund der dargelegten Überschneidungen nach denselben Kriterien. Danach kann nach Auffassung der Rechtsprechung und Literatur sowohl die Unbilligkeit als auch das Fehlen eines sachlich gerechtfertigten Grundes nur anhand einer auf den jeweiligen Einzelfall bezogenen umfassenden Interessenabwägung unter Berücksichtigung der auf die Wettbewerbsfreiheit gerichteten Zielsetzung des GWB entschieden werden[627].

Die Schwierigkeit einer solchen Interessenabwägung liegt zum einen in der Unschärfe des Interessenbegriffes und zum anderen in der fehlenden Erkennbarkeit einer genauen Unterscheidung zwischen der Interessenfeststellung und der Interessenabwägung[628].

Klargestellt werden muß der Kreis derjenigen Unternehmen, deren Interessen überhaupt beachtlich sind und darüber hinaus deren berücksichtigungsfähigen Interessen. Nach ständiger Rechtsprechung des BGH sind allein die Individualinteressen der Beteiligten entscheidend, wo hingegen es auf eine gesamtwirtschaftliche Betrachtungsweise nicht ankommt[629]. Die Interessen unbeteiligter Dritter oder beliebige öffentliche Interessen können grundsätzlich nicht berücksichtigt werden[630].

Nach allgemeiner Auffassung sind auf beiden Seiten nur solche Interessen anerkennungsfähig, die auf einen legitimen Zweck gerichtet sind beziehungsweise nicht gegen ein gesetzliches Verbot verstoßen[631].

Im übrigen sind auf der Seite der durch § 20 I, II GWB/ § 26 II GWB a. F. geschützten Unternehmen solche Interessen maßgeblich, die auf die Freiheit

---

627 Emmerich, Kartellrecht, S. 309; Markert aaO., § 26 GWB, Rdnr. 196; stetige Rspr. des BGH seit BGH/ 38, 90 (102); GRUR 1980, 125 (127) „Modellbauartikel II", BGHZ 81, 322 (331) „Original VW-Ersatzteile II"; BGH GRUR 1989, 774 „Lotterievertrieb"; WuW/E BGH 2683 (2686), „Zuckerrübenanlieferungsrecht".

628 Lukes, Die Problematik der umfassenden Interessenabwägung in § 26 Abs. 2 GWB, BB 1986, 2074 (2076, 2077).

629 WuW/BGH, 1391 "Rossignol"; 1629 (1632) "Modellbauartikel II"; 2707 (2715) "Krankentransportunternehmen II".

630 Emmerich, Kartellrecht, S. 306.

631 Emmerich, a.a.O., S. 306; Markert in: Immenga/Mestmäcker, § 26 GWB, Rdnr. 200; Lukes, BB 1986, 2074 (2079).

der wettbewerblichen Betätigungsmöglichkeiten abzielen. Dazu wird das Interesse an einem freien Marktzugang gerechnet aber auch das Interesse, nicht durch Beeinträchtigung der Chancengleichheit gegenüber anderen Unternehmen benachteiligt zu werden[632].

Die abwägungsfähigen Interessen der Normadressaten sind nicht derart eng begrenzt. Grundsätzlich kann jedes Interesse in die Interessenabwägung einfließen, das rechtlich nicht zu beanstanden ist, unabhängig davon, ob es nach kaufmännischen oder betriebswirtschaftlichen Gesichtspunkten sinnvoll erscheint[633].

Hinsichtlich der umweltschutzbezogenen Instrumentalisierung der staatlichen Auftragsvergabe ist neben dem Beschaffungsinteresse das Interesse an der Förderung des Umweltschutzes von besonderer Bedeutung. Problematisch ist, ob dieses Interesse im Rahmen der Interessenabwägung überhaupt Berücksichtigung finden darf, da der mit dem Gesundheitsschutz eng verknüpfte Umweltschutz ein Anliegen der Allgemeinheit ist. In diesem Zusammenhang von Bedeutung ist zunächst einmal, daß der Ausschluß öffentlicher Interessen nicht unter dem Blickwinkel einer Beteiligung der öffentlichen Hand erfolgt ist. Primär ist das GWB auf die wirtschaftlichen Beziehungen von Privaten zugeschnitten, die grundsätzlich losgelöst von Interessen Außenstehender beurteilt werden sollen.

Ist aber wie im hier zu untersuchenden Fall ein Beteiligter die öffentliche Hand, ist eine andere Betrachtungsweise angebracht.

Da die Verwirklichung öffentlicher Interessen - wie hier des Umweltschutzes - zu den Aufgaben des Staates gehört, kann auch von einem eigenen Interesse an der Förderung des Umweltschutzes gesprochen werden. Letztlich dient die gesamte Beschaffung der öffentlichen Hand - ob unmittelbar oder mittelbar - der Daseinsvorsorge und damit öffentlichen Zwecken. Das eigene Interesse des Staates, der diese Zwecke zu erfüllen hat, deckt sich insoweit mit den öffentlichen Interessen. Das Eigeninteresse des Staates wird auch sichtbar in § 37 Krw-/AbfG, der den öffentlichen Auftraggeber dazu verpflichtet, im Rahmen der öffentlichen Auftragsvergabe zu prüfen, ob und gegebenenfalls in

---

[632] Markert in: Immenga/Mestmäcker, § 26 GWB, Rdnr. 199 m.w.N..

[633] Markert in: Immenga/Mestmäcker, § 26 GWB, Rdrn. 198.

welchem Umfang umweltverträgliche Produkte und Verfahren eingesetzt werden können. Folglich ist das Interesse an der Förderung des Umweltschutzes anzuerkennen und als Grundlage der Interessenabwägung heranzuziehen[634].

Nachdem nun die individuellen Interessen der Betroffenen erfaßt sind, müssen diese gegeneinander abgewogen werden. Nach welchen Bewertungsmaßstäben die Interessenabwägung zu erfolgen hat beziehungsweise in welchem Verhältnis die in Betracht kommenden Beurteilungskriterien stehen, ist nicht abschließend geklärt. Entscheidend ist jedenfalls," ob die Wettbewerbsfreiheit mißbräuchlich ausgenutzt und die Handlungsfreiheit des betroffenen Unternehmens unangemessen eingeschränkt wird und dadurch eigene Interessen in rechtlich zu mißbilligender Weise auf Kosten des betroffenen Unternehmens verwirklicht werden sollen"[635].

Die Verpflichtung der Normadressaten zur Rücksichtnahme auf die wettbewerblichen Interessen der Marktgegenseite bedeutet letztlich nichts anderes als die Beachtung des Verhältnismäßigkeitsgrundsatzes im Falle der Beeinträchtigung der Betätigungsfreiheit anderer. Die Normadressaten des § 20 I, II GWB/ § 26 II GWB a. F. müssen sich demnach grundsätzlich auf das die Wettbewerbsfreiheit der Betroffenen am wenigsten beeinträchtigende Mittel beschränken[636].

Der Gesetzeswortlaut macht deutlich, daß ein wesentliches Kriterium jedenfalls die auf die Freiheit des Wettbewerbs gerichtete Zielsetzung des GWB ist. Damit ist das gesamte Wertungssystem des GWB bei der Abwägung zu berücksichtigen.

---

[634] I. E. zutreffend BKartA/WuW/E 2150 (2153) "Bevorzugung von Ausbildungsbetrieben": Dort ging es um die Verknüpfung der Auftragsvergabe mit arbeitsmarktpolitischen Zielen. In die gleiche Richtung deutet auch die Aussage von Lukes, der Gruppeninteressen dann einbeziehen will, wenn diese auch als Eigeninteresse der am Individualvorgang Beteiligten zu bewerten sind, BB 1986, 2074 (2078).

[635] BGHZ 107, 273 (279); von Gamm, Wettbewerbsrecht, Kapitel 30, Rdrn. 6.

[636] Markert in: Immenga/Mestmäcker, § 26 GWB, Rdnr. 210; Lukes, BB 1986, 2074 (2080); WuW/E BGH 1783 (1785) "Neue Osnabrücker Zeitung"; BGHZ 81, 322 (341) = WuW/E BGH 1829 (1838) "Original-VW-Ersatzteile II".

Im übrigen kann die Wettbewerbsfreiheit nicht frei von einem anderen Kriterium gesehen werden, das mit § 20 I, II GWB/ § 26 II GWB a. F. untrennbar verknüpft ist. Gemeint ist die konkrete Marktstärke des Normadressaten. Das GWB im allgemeinen und das Diskriminierungs- und Behinderungsverbot des § 20 I, II GWB/ § 26 II GWB a. F. im speziellen verfolgen gleichermaßen das Ziel, die wirtschaftliche Betätigungsfreiheit vor Vermachtungstendenzen zu schützen[637]. Insofern kommt der Marktstärke eine zentrale Bedeutung zu. Die prinzipiell auch für den Normadressaten geltende Wettbewerbsfreiheit ist eingeschränkt, sofern das behindernde oder diskriminierende Verhalten im wesentlichen von dessen Marktstärke bestimmt wird. Anders ausgedrückt: Je mehr die Interessenverwirklichung ihre Ursache in der konkreten Marktstärke hat, desto größer ist die Wahrscheinlichkeit eines Verstoßes gegen § 20 I, II GWB/ § 26 II GWB a. F..[638].

Die Unbilligkeit und die sachliche Rechtfertigung stellen wie die Sittenwidrigkeit im § 1 UWG weitgefaßte unbestimmte Rechtsbegriffe dar, so daß die sonst auch üblichen Maßstäbe zur Konkretisierung dieser Begriffe herangezogen werden sollen[639]. Wie schon innerhalb der Prüfung der Generalklausel des UWG dargelegt, kann man die Wertungen des Wirtschaftsrechts nicht losgelöst von anderen Grundsätzen der Rechtsordnung sehen. Das Wertungssystem des GWB bietet zwar einen sehr wichtigen Beurteilungsmaßstab, welcher allerdings nicht so verstanden werden darf, daß andere Kriterien vollkommen dahinter zurücktreten müßten. Darauf deutet auch eine neuere Entscheidung des BGH[640], der in Fortführung der ständigen Rechtsprechung zwar ausgeführt hat, daß die Zielsetzungen des GWB zu berücksichtigen seien. Aus der Formulierung - „Das Gesetz gegen Wettbewerbsbeschränkungen soll zwar die Freiheit des Wettbewerbs als Institution sowie einen leistungsgerechten Wettbewerb sicherstellen; das gilt jedoch nicht schranken- und unterschiedslos." - wird jedoch deutlich, daß neben der Institutsgarantie der

---

[637] Markert in: Immenga/Mestmäcker, § 26 GWB, Rdnr. 211; Emmerich, Kartellrecht, S. 307; Lukes, BB 1986, 2074 (2080).

[638] Emmerich, Kartellrecht, S. 307; Lukes, BB 1986, 2074 (2081); Markert, a.a.O., § 26 GWB, Rdnr. 211 m.w.N. aus der Rechtsprechung.

[639] Lukes, BB 1986, 2074 (2080).

[640] BGHZ 107, 273 (278).

Wettbewerbsfreiheit auch andere Kriterien im Rahmen der Interessenabwägung zur Anwendung gelangen können[641].

Demzufolge kann auch hier die Grundrechtsbindung der öffentlichen Hand als weiteres Beurteilungskriterium herangezogen werden, das sich wie auch schon im Rahmen der Prüfung des § 1 UWG dargestellt, für die Interessen der Normadressaten sowohl beschränkend als auch begünstigend auswirken kann[642].

Das Ergebnis der Interessenabwägung und der damit zusammenhängenden Konsequenzen für die umweltschutzpolitische Instrumentalisierung der Auftragsvergabe wird unter dem nachfolgenden Gliederungspunkt dargestellt.

4. Konsequenzen für die umweltschutzpolitische Instrumentalisierung der öffentlichen Auftragsvergabe

Entsprechend der Prüfung des § 1 UWG sind drei konkrete für die Instrumentalisierung der öffentlichen Auftragsvergabe relevante Maßnahmen anzuführen, die auf eine Vereinbarkeit mit § 20 I, II GWB/ § 26 II GWB a. F. zu untersuchen sind. Es handelt sich um die Vereinbarung von umweltschutzbezogenen Vertragsbedingungen, um Bevorzugungsregelungen und Auftragssperren.

Die grundsätzlichen Gesichtspunkte, die aus den vorhergehenden Ausführungen resultieren und für alle genannten Maßnahmen gleichermaßen Geltung beanspruchen, werden im folgenden vor die Klammer gezogen und vorab dargestellt.

---

641 Siehe dazu Osterloh, aaO., S. 107; Emmerich, Kartellrecht, S. 308, der im Zusammenhang mit dem Maßstab der Interessenabwägung auch Wertungen des EGV und des Grundgesetzes erwähnt.

642 Zur näheren Begründung siehe Kapitel § 4 II 3 b bb (1).

a. Grundsätzliche Bewertungsrichtlinien

Zunächst kann allgemein festgestellt werden, daß auch dem GWB ein generelles Koppelungsverbot fremd ist[643], was die Verbindung des mit der Auftragsvergabe verfolgten Beschaffungszweckes mit umweltschutzbezogenen Zielsetzungen nicht von vornherein ausschließt. Ein Blick auf § 16 I Nr. 4 GWB/ § 18 I Nr. 4 GWB a. F. verdeutlicht, daß solche Koppelungspraktiken nicht generell unzulässig sind, sondern lediglich der Kartellaufsicht unterliegen.

Natürlich wird vorausgesetzt, daß es sich um ein rechtlich makelloses Interesse handelt, was wie bereits mehrfach dargelegt beim Umweltschutz der Fall ist.

Sofern marktbeherrschende oder relativ marktstarke Unternehmen sich diese Koppelungen zunutze machen, muß unter Beachtung der Zielsetzung des GWB, dem Erhalt eines freien Wettbewerbs die Vereinbarkeit mit § 20 I, II GWB/ § 26 II GWB a. F. überprüft werden. Diese Überprüfung kann aber nicht isoliert, sondern mittels einer einzelfallbezogenen umfassenden Interessenabwägung erfolgen[644].

Von grundsätzlicher Bedeutung ist darüber hinaus ein weiterer Gesichtspunkt. Es handelt sich um die Auswirkungen einer Abweichung von den Regelungen der VOL und VOB (Teil A und B) auf § 20 I, II, 19 IV Nr. 1 GWB/ § 26 II, 22 IV Nr. 1 GWB a. F. durch umweltschutzbezogene Vertragsbedingungen oder Vergabevoraussetzungen.

Nach Auffassung des Bundeskartellamtes stellt ein VOB-widriges Verhalten der öffentlichen Hand, sofern eine marktbeherrschende oder zumindest marktstarke Stellung gegeben ist, regelmäßig eine Diskriminierung oder unbillige Behinderung im Sinne des § 20 I, II GWB/ § 26 II GWB a. F. bezie-

[643] Emmerich, Kartellrecht, S. 265 f.; BGHZ 81, 322 = BGH NJW 1982, 46 (48) "Original-VW-Ersatzteile II"; NJW 1984, 1116 (1117); NJW 1987, 3007 (3008).
[644] Vgl. BGH NJW 1984, 1116 (1117).

hungsweise für den Fall der Marktbeherrschung als mißbräuchliches Verhalten gemäß § 19 IV Nr. 1 GWB/ § 22 IV Nr. 1 GWB a. F. dar[645].

Eine solche automatisierte Bewertung verbietet sich, betrachtet man den Rechtscharakter der Verdingungsordnungen für Leistungen und Bauleistungen. Nach herrschender Auffassung handelt es sich dabei um bloße Verwaltungsvorschriften, die zwar Innenrechtscharakter besitzen, weil die nachgeordneten Behörden und Bediensteten daran gebunden sind. Den Verdingungsordnungen fehlt jedoch die rechtliche Bindungswirkung nach außen, d.h. der Bürger kann daraus weder unmittelbar einklagbare Rechte noch Pflichten ableiten[646]. Demzufolge sind auch die Gerichte im Rahmen ihrer Entscheidungsfindung nicht an die Verwaltungsvorschriften gebunden[647].

Anerkannt ist nach der h.M. lediglich eine mittelbare Außenwirkung in Form der auf Art. 3 I GG gestützten Selbstbindung der Verwaltung, wonach der Behörde im Falle einer gleichförmigen Verwaltungspraxis das Abweichen von einschlägigen Verwaltungsvorschriften ohne sachlich gerechtfertigten Grund verboten ist[648]. Darüber hinaus ist von der Rechtsprechung entschieden worden, daß ein Verstoß gegen die Vergabevorschriften im Einzelfall eine Haftung für Vertrauensschäden aus culpa in contrahendo begründen kann[649].

Dies kann jedoch nicht bedeuten, daß bei einem VOL- und VOB-widrigen Verhalten automatisch eine Diskriminierung oder unbillige Behinderung vorliegt. Ein solches Verhalten kann lediglich eine Indizwirkung für das Vorliegen einer Diskriminierung oder einer Behinderung haben, so daß der sachliche Anwendungsbereich - wie Rittner[650] ausführt - tangiert ist. Die

---

645 WuW/E BKartA, 2150 (2152).

646 Maurer, Allgemeines Verwaltungsrecht, § 24, Rdnr. 3, 16,17; Jarass, Wirtschaftsverwaltungsrecht und Wirtschaftsverfassungsrecht, § 14, Rdnr. 43; siehe dazu auch Auszug aus einem Diskussionspapier der 5. Beschlußabt. des BKartA zur Konferenz II/86 der Kartellbehörden, WuW 1987, 643 (644).

647 Maurer, aaO., § 24, Rdnr. 17; Jarass, aaO., § 11, Rdnr. 23; BVerfGE 78, 214 (227): "Verwaltungsvorschriften mit materiell-rechtlichem Inhalt sind grundsätzlich Gegenstand, nicht jedoch Maßstab richterlicher Kontrolle".

648 Maurer, aaO, § 24, Rdnr. 21, 22; Jarass, aaO., § 11, Rdnr. 26, § 14, Rdnr. 46.

649 BGHZ 60, 221 (225); BGH NJW 1980, 180; 1985, 1466.

650 Rittner, Rechtsgrundlagen, Rdnr. 247.

sachliche Rechtfertigung einer möglichen Diskriminierung bzw. die Unbilligkeit einer Behinderung muß immer noch gesondert festgestellt werden.

Ob umweltschutzbezogene Vertragsbedingungen oder Voraussetzungen für die Auftragsvergabe, die von den Bestimmungen der Verdingungsordnungen abweichen mit dem GWB vereinbar sind, läßt sich folglich auch hier nur anhand einer auf den Einzelfall bezogenen umfassenden Interessenabwägung ermitteln. In diesem Zusammenhang ist darauf hinzuweisen, daß eine Änderung der Verwaltungsvorschriften mit genereller Wirkung möglich und zulässig ist[651].

b. Vereinbarung umweltschutzbezogener Vertragsbedingungen

aa.   Das Verhältnis des § 20 I, II GWB/ § 26 II GWB a. F. zum AGBG

Sofern ein Normadressat des § 20 I, II GWB/ § 26 II GWB a. F. die Auftragsvergabe von der Bereitschaft des Auftragnehmers zur Vereinbarung umweltschutzbezogener Vertragsbedingungen abhängig macht, kann darin sowohl ein Verstoß gegen das Behinderungsverbot als auch ein Verstoß gegen das AGBG zu sehen sein. Insofern kann es zu Überschneidungen des Anwendungsbereiches beider Normkomplexe kommen.

Gleichwohl ist allgemein anerkannt, daß dem Behinderungs- und Diskriminierungsverbot im Verhältnis zur Inhaltskontrolle des § 9 AGBG eine selbständige Bedeutung zukommt[652]. Begründet wird dies vor allem mit dem zum Teil unterschiedlichen Schutzzweck beider Regelungsbereiche[653]. Darüber hinaus erfolgt die Beurteilung der unangemessenen Benachteiligung in § 9 AGBG und der unbilligen Behinderung oder fehlenden sachlichen Recht-

---

651 Jarass, aaO., § 11, Rdnr. 26; Menzel, Berücksichtigung sozialpolitischer Kriterien bei der öffentlichen Auftragsvergabe, DB 1981, 303 (307).

652 Brandner in: Ulmer/Brandner/Hensen, AGB-Gesetz, Kommentar zum Gesetz zur Regelung der Allgemeinen Geschäftsbedingungen, § 9 AGBG, Rdnr. 45; Wolf in: Wolf/Horn/Lindacher, AGBG-Kommentar, § 9 AGBG, Rdnr. 36; BGHZ 78, 190 (198) "Rote Liste"; 82, 238 (243) = BGH NJW 1982, 644 "Dispositionsrecht".

653 Rittner, Rechtsgrundlagen, Rdnr. 125.

fertigung in § 20 I, II GWB/ § 26 II GWB a. F. nach unterschiedlichen Methoden. Die Bewertung des § 9 AGBG unterliegt einer generalisierenden Betrachtungsweise, während für § 20 I, II GWB/ § 26 II GWB a. F. eine individuelle einzelfallbezogene Interessenabwägung vorzunehmen ist[654]. Infolgedessen kann es zu einer unterschiedlichen Beurteilung der Vereinbarung umweltschutzbezogener Vertragsbedingungen kommen.

bb.   Konkrete Bewertung solcher Vertragsbedingungen

Eine der zu bewertenden Maßnahmen des öffentlichen Auftraggebers stellt die Vereinbarung umweltschutzbezogener Vertragsbedingungen dar, durch die der Auftragnehmer sich verpflichtet, bestimmte vom Auftraggeber vorgegebene Umweltschutzmaßnahmen durchzuführen. Dabei beschränkt sich der Schutz des § 20 I, II GWB/ § 26 II GWB a. F. nicht auf den tatsächlichen Vertragspartner, sondern erstreckt sich in gleicher Weise auf sämtliche Mitbewerber, die sich den Vertragskonditionen nicht beugen wollen. Begründen läßt sich dies mit dem von § 20 I, II GWB/ § 26 II GWB a. F. bezweckten umfassenden Schutz der institutionellen und individuellen Wettbewerbsfreiheit.

Die Vereinbarung umweltschutzpolitischer Vertragsbedingungen ist, soweit diese den tatsächlichen Vertragspartner betrifft, dem Behinderungstatbestand des § 20 I, II GWB/ § 26 II GWB a. F. zuzuordnen. Im Verhältnis zu den Konkurrenten, die sich den gewünschten Vertragsbedingungen nicht unterwerfen wollen, können diese diskriminierend wirken. Sofern allerdings eine Unbilligkeit der Behinderung nicht festgestellt werden kann, ist aufgrund der gleichlaufenden rechtlichen Bewertung in der Regel auch eine Diskriminierung auszuschließen.

Wie schon dargelegt, wird der Begriff der Behinderung sehr weit ausgelegt und umfaßt jede tatsächliche unmittelbare und mittelbare Beeinträchtigung der wirtschaftlichen Bewegungsfreiheit[655]. Aus ökonomischen Gründen, d.h. um die Auftragserteilung nicht zu gefährden, sehen sich viele Auftra-

---

654 BGHZ 107, 273 (280) = BGH NJW 1989, 3010 (3012).

655 Statt vieler Emmerich, Kartellrecht, S. 305.

gnehmer veranlaßt, den dem Umweltschutz dienenden Vertragsbedingungen des öffentlichen Auftraggebers zuzustimmen. Dieser wirtschaftliche Druck führt zu einer Beeinträchtigung der wirtschaftlichen Bewegungsfreiheit der Auftragnehmer, so daß eine Behinderung durchaus angenommen werden kann.

Für sich allein betrachtet führt das Vorliegen einer Behinderung noch nicht zu einem Verstoß gegen § 20 I, II GWB/ § 26 II GWB a. F. Die Unbilligkeit einer solchen Maßnahme muß erst im Rahmen einer umfassenden einzelfallbezogenen Interessenabwägung festgestellt werden.

Der Sinn der Interessenabwägung liegt darin, klarzustellen, ob die Handlungsfreiheit des konkreten Vertragspartners durch die umweltschutzorientierten Vertragskonditionen unangemessen eingeschränkt wird und dadurch eigene Interessen des öffentlichen Auftraggebers mißbräuchlich durchgesetzt werden[656]. Die Abwägung der konkreten Interessen hat demzufolge unter dem Aspekt zu erfolgen, ob die Zustimmung zu solchen Vertragsbedingungen mit Rücksicht auf die Zielsetzung des GWB noch zumutbar für den Auftragnehmer ist[657].

Da auch das AGBG die Überprüfung von Vertragsbedingungen zum Gegenstand hat, können die dort erzielten Ergebnisse zumindest partiell auf § 20 I, II GWB/ § 26 II GWB a. F. übertragen werden. Sofern demnach festgestellt worden ist, daß die Vertragsbedingung sich in den Grenzen der Angemessenheit des § 9 AGBG hält, liegt regelmäßig auch keine unbillige Behinderung im Sinne von § 20 I, II GWB/ § 26 II GWB a. F. vor. Im Gegensatz dazu kann nicht jede nach § 9 AGBG unangemessene Vertragsbedingung zugleich als unbillige Behinderung eingestuft werden. Das hängt zum einen mit dem unterschiedlichen Maßstab der Interessenabwägung zusammen und zum an-

---

[656] BGHZ 107, 273 (279).

[657] BGH GRUR 1976, 711 (712) = WuW/E BGH 1429 (1433, 1434) "Bedienungsfachgroßhändler; BGH GRUR 1979, 792 (795) "Modellbauartikel I"; WuW/E BGH 1629 (1632) "Modellbauartikel II".

deren mit dem Schutzzweck des GWB, der nicht durch jede unangemessene Vertragskondition gefährdet ist[658].

Daraus folgt, daß die im Rahmen der Interessenabwägung zu berücksichtigenden individuellen Interessen des öffentlichen Auftraggebers durchaus eine andere Bewertung zulassen. Anders als in allen bislang von Gerichten entschiedenen Fällen zur öffentlichen Beschaffung geht es hier aber nicht um ökonomische Interessen der öffentlichen Hand, sondern um das uneigennützige Ziel der Förderung des Umweltschutzes.

Die Verfolgung des Umweltschutzes als verfassungsrechtliches Grundprinzip (Staatsziel) liegt sowohl im Interesse der Öffentlichkeit als auch, was auf die besondere Stellung des öffentlichen Auftraggebers zurückzuführen ist, in dessen eigenem Interesse – dies wird im übrigen auch durch die § 37 Krw-/AbfG normierte Verpflichtung zur Prüfung des Einsatzes umweltfreundlicher Produkte und Verfahren im Rahmen der Auftragsvergabe deutlich - und stellt den eigentlichen Anlaß für die Behinderung des Auftraggebers dar. Entsprechend den Ausführungen zum UWG müssen im Rahmen der hier notwendigen umfassenden Interessenabwägung neben den Interessen der Betroffenen auch alle für den Normadressaten günstigen Umstände Berücksichtigung finden. Demnach ist in die Interessenabwägung auch die Grundrechtsbindung des öffentlichen Auftraggebers einzustellen, die sich für den Handlungsspielraum nicht nur beschränkend, sondern auch privilegierend auswirken kann.

Sofern wie vorliegend die Verfolgung eines legitimen öffentlichen Zieles der Anlaß für die Behinderung war, kann eine Unbilligkeit nur bejaht werden, wenn der öffentliche Auftraggeber das Interesse des Auftragnehmers an einer möglichst unbeschränkten Wettbewerbstätigkeit unangemessen einschränkt, mit anderen Worten gegen den Verhältnismäßigkeitsgrundsatz verstößt.

Im Rahmen der Angemessenheitprüfung und damit gleichzeitig für die normative Bewertung des Verhaltens des öffentlichen Auftraggebers spielt dessen konkrete Marktstärke eine wesentliche Rolle. Jedenfalls sofern die

---

Wolf in Wolf/Horn/Lindacher, AGBG-Kommentar, § 9 AGBG, Rdnr.36; Westphalen, Das Dispositionsrecht des Prinzipals im Vertragshändlervertrag, NJW 1982, 2465 (2467); BGH NJW 1982, 644 (646).

Marktmacht das entscheidende Mittel zur Interessenverwirklichung darstellt, ist sie für die Interessenabwägung erheblich. Dies entspricht dem Marktmachtbezug des § 20 I, II GWB/ § 26 II GWB a. F. und dem Gesetzeszweck des GWB, Vermachtungstendenzen entgegenzuwirken und den Marktzugang offenzuhalten. Das Ausmaß der Rücksichtnahme auf die Belange der Marktgegenseite ist danach um so größer, je stärker die jeweilige Marktmacht ist und um so weniger Ausweichmöglichkeiten bestehen[659].

Unter Berücksichtigung der Zielsetzung des GWB, den Wettbewerb zu erhalten und den Markt offenzuhalten, darf die Vereinbarung umweltschutzbezogener Vertragsbedingungen keinesfalls dazu führen, den Auftragnehmer wirtschaftlich zu ruinieren und ihn vom Markt zu verdrängen. Solange die Vertragsbedingungen in maßvoller Art und Weise vereinbart werden, ist gerade auch im Hinblick auf die besondere Bedeutung des vom öffentlichen Auftraggebers verfolgten Interesses eine Unbilligkeit der Behinderung nicht gegeben.

c. Bevorzugungsregelungen

Es handelt sich dabei um Regelungen hinsichtlich der beim Zuschlag bevorzugten Berücksichtigung solcher Auftragnehmer, die in der Vergangenheit bereits verstärkt Maßnahmen zur Förderung des Umweltschutzes durchgeführt haben, darüber hinaus aber im Vergleich zu den abgelehnten Bewerbern ein annähernd gleichwertiges Angebot vorgelegt haben.

Entsprechend dem derzeitigen EG-Recht bietet sich die Verwendung eines solchen Bevorzugungskriteriums von vornherein nur für Aufträge unterhalb der in den Koordinierungsrichtlinien genannten Schwellenwerte an.

Wie schon innerhalb der Prüfung des UWG betont, führt der öffentliche Auftraggeber ein zusätzliches Vergabekriterium ein, welches nicht in den einschlägigen Verdingungsordnungen genannt ist. In den §§ 2, 25 VOL/A und VOB/B werden lediglich die Eignungskriterien der Fachkunde, Leistungsfähigkeit und Zuverlässigkeit und das Zuschlagskriterium der Wirt-

---

[659] Markert in: Immenga/Mestmäcker, § 26 GWB, Rdnr. 211; Möschel, Recht der Wettbewerbsbeschränkungen, Rdnr. 650, BGH NJW 1987, 3197 (3198).

schaftlichkeit und Sparsamkeit aufgeführt. Ein Vorschlag des BMI ging in die Richtung, Umweltschutzanforderungen im Rahmen der Leistungsbeschreibung als nicht ungewöhnlich im Sinne des § 8 Nr. 3 I VOL/A zu erklären. Dies hätte eine Konkretisierung der Leistungsfähigkeit bedeutet und folglich die Möglichkeit eröffnet, die Auftragsvergabe in größerem Umfang an Umweltschutzkriterien auszurichten. Dieser Vorschlag wurde im Hinblick auf die Aufweichung des Wirtschaftlichkeitsprinzips und der Auftragsbezogenheit der Vergabekriterien abgelehnt. Man konnte sich lediglich darauf einigen, in den Erläuterungen zu der oben genannten Vorschrift festzuhalten, daß Umweltgesichtspunkte berücksichtigt werden können, sofern sie zur Aufgabenerfüllung unbedingt erforderlich sind[660].

Die nun folgende Untersuchung befaßt sich mit der Frage, ob für den öffentlichen Auftraggeber aus § 20 I, II GWB/ § 26 II GWB a. F. eine Verpflichtung zum Vertragsabschluß mit dem abgelehnten Bewerber erwächst, die mit einem Anspruch des abgelehnten Bewerbers auf Vertragsabschluß korrespondiert.

Nur wenn § 20 I, II GWB/ § 26 II GWB a. F. als Grundlage für einen Kontrahierungszwang in Betracht käme, kann in der Verwendung umweltschutzbezogener Vergabekriterien eine nicht gerechtfertigte Diskriminierung und unbillige Behinderung der abgelehnten Bewerber gesehen werden.

Innerhalb der Literatur wird von einigen Autoren eine unbillige Behinderung oder ungerechtfertigte Diskriminierung bereits dann angenommen, wenn bei der Vergabeentscheidung gesetzesverschärfende Kriterien verwendet werden, die in keinerlei Zusammenhang mit dem zu vergebenden Auftrag stehen. Danach sind nur solche Gründe sachgerecht, „die sich auf die Durchführung des Auftrags selbst oder zumindest auf die Geschäftsbeziehung zwischen Anbieter und Nachfrager beziehen"[661].

Umweltschutzbezogene Kriterien, denen ein Bezug zu dem konkreten Auftrag fehlt, dürfen demnach nicht verwendet werden, so daß hinsichtlich dem Bewerber, der dieses Kriterium nicht erfüllt aber ansonsten ein gleichwerti-

---

[660] Rengeling, Umweltschutz durch Vergabe oder Nichtvergabe öffentlicher Aufträge, Festschrift für Lukes, S. 169 (171).

[661] Rittner, Rechtsgrundlagen, Rdnrn. 260, 263.

ges Angebot abgegeben hat ein Kontrahierungszwang besteht. In der Bevorzugung desjenigen Bewerbers, der zusätzlich den Umweltschutzanforderungen genügt, läge nach dieser Auffassung unweigerlich eine ungerechtfertigte Diskriminierung nach § 20 I, II GWB/ § 26 II GWB a. F..

Dieser Auffassung kann aus verschiedenen Gründen nicht gefolgt werden. Zum einen kennt auch das Kartellrecht kein generelles Koppelungsverbot, welches es verbieten würde neben kaufmännischen oder wirtschaftlichen Erwägungen auch umweltschutzbezogene Interessen zu verfolgen, sofern diese wie bereits mehrfach dargelegt sowohl verfassungsmäßig auch als EG-vertraglich legitim sind. Zum anderen steht das Prinzip der Einheitlichkeit der Rechtsordnung dieser Ansicht entgegen, denn in § 37 Krw-/AbfG wird dem öffentlichen Auftraggeber gerade auferlegt, im Rahmen der Vergabe zu prüfen, ob und gegebenenfalls in welchem Umfang, umweltverträgliche Verfahren und Produkte eingesetzt werden können. Eine Koppelung des Beschaffungsinteresses mit Umweltschutzinteressen führt folglich selbst dann nicht zwangsläufig zu einem Verstoß gegen § 20 I, II GWB/ § 26 II GWB a. F., wenn tatsächlich eine Behinderung oder Diskriminierung vorliegt.

Die Unbilligkeit bzw. die mangelnde Rechtfertigung kann nur im Wege einer umfassenden individuellen Interessenabwägung festgestellt werden. Für diese Interessenabwägung maßgeblich ist vor allem das Ausmaß der Belastung, die die abgelehnten Bewerber aufgrund der Diskriminierung oder Behinderung erleiden. Mit anderen Worten nicht das beschaffungsfremde Interesse des öffentlichen Auftraggebers an sich ist entscheidend, sondern das Ausmaß der Auswirkungen, welche infolge der Durchsetzung dieses Interesses verursacht werden[662].

Nach der oben dargestellten Meinung führen nicht auftragsbezogene Bevorzugungsregelungen automatisch zu einem Kontrahierungszwang des öffentlichen Auftraggebers, was der eindeutigen Rechtsprechung des BGH zuwiderläuft, der nämlich nur in besonderen Ausnahmefällen einen Kontrahierungszwang annimmt, insbesondere wenn sich die Ablehnung als Marktzugangs-

---

662 BGHZ 107, 273 (278, 279).

sperre auswirkt[663]. Dazu führt der BGH[664] aus, daß „die Normadressaten des § 20 I, II GWB/ § 26 II GWB a. F. im allgemeinen keine Verpflichtung trifft, die benötigten Waren oder Leistungen in der Weise nachzufragen, daß jeder Anbieter einen seiner Leistungsfähigkeit im Verhältnis zu den Mitbewerbern entsprechenden Anteil an den zu vergebenden Aufträgen erhält". Demzufolge erwächst für den öffentlichen Auftraggeber aus § 20 I, II GWB/ § 26 II GWB a. F. lediglich eine Verpflichtung, die Mitbewerber in den durch objektive Auswahlkriterien zu bestimmenden Kreis der zu berücksichtigenden Anbieter einzubeziehen[665].

Im übrigen muß bei der Interessenabwägung beachtet werden, daß die konkreten Verhaltensregeln für die Anbieter nicht uneingeschränkt auf die Nachfrager übertragen werden können, was mit der unterschiedlichen Funktion beider Marktseiten zusammenhängt. Die Anstrengungen auf der Anbieterseite, Wettbewerbsvorteile zu erzielen, können nur erfolgreich sein, sofern auf der Nachfrageseite eine entsprechende Auswahlbereitschaft besteht. Demzufolge muß für die Bezugsfreiheit der Nachfrager ein größerer Spielraum eingeräumt werden, so daß nur unter sehr engen Voraussetzungen ein Kontrahierungszwang entsteht[666].

Der BGH führt dazu weiter aus, daß in die Auswahlentscheidung eines Nachfragers eine Vielzahl von unbedenklichen Gesichtspunkten einfließen, die sich aus der Unterschiedlichkeit der Waren oder Leistungen ergeben, auch wenn diese grundsätzlich gleichartig sind. „Da auch einem marktbeherrschenden oder marktstarken Nachfrager eine Differenzierung nach solchen Kriterien nicht untersagt werden kann, müssen sie im Rahmen der Interessenabwägung berücksichtigt werden"[667].

---

663 Markert in Immenga/Mestmäcker, § 26 GWB, Rdnr. 278, 282; Langen/Bunte, Kommentar zum deutschen und europäischen Kartellrecht, § 26 GWB, Rdnr. 195; zuletzt BGHZ 101, 72 "Krankentransporte".

664 BGHZ 101, 72 (82).

665 Langen/Bunte, a.a.O., § 26 GWB; Rdnr. 196, Markert, a.a.O., § 26 GWB, Rdnr. 282.

666 Markert a.a.O., § 26 GWB, Rdnr. 278, Langen/Bunte, a.a.O., § 26, Rdnr. 195; BGHZ 101, 72 (82) "Krankentransporte"; WuW/E BGH, 2683 (2686, 2687) "Zuckerrübenanlieferungsrecht"; WuW/E OLG 4354 (4356, 4357) "Betankungsventile".

667 BGHZ 101, 72 (82) "Krankentransporte".

Aus alledem wird deutlich, daß auch dem öffentliche Auftraggeber unter Berücksichtigung seiner Marktstärke nicht generell verwehrt wird, umweltschutzbezogene Kriterien in die konkrete Vergabeentscheidung einfließen zu
lassen, jedenfalls solange die in Konkurrenz zueinander stehenden Angebote
ansonsten annähernd gleichwertig sind und damit auch den allgemein anerkannten Leistungskriterien Beachtung geschenkt wird. Dies entspricht auch
dem Gedanken des § 37 Krw-/AbfG, der dem öffentlichen Auftraggeber im
Rahmen der Vergabe eine Prüfpflicht auferlegt, ob und in welchem Umfang,
umweltverträgliche Produkte und Verfahren eingesetzt werden können. Diese
Vorschrift lässt dem öffentlichen Auftraggeber genügend Raum, dem Gebot,
mit öffentlichen Mitteln sparsam und wirtschaftlich umzugehen, in gebüh-
render Form Rechnung zu tragen[668]. Sofern nicht die Existenz der abgelehnten Mitbewerber auf dem Spiel steht, d.h. die Bevorzugungskriterien in
einem angemessenen Umfang eingesetzt werden, besteht mangels eines Anspruchs der abgelehnten Konkurrenten auf Vertragsabschluß kein Schutz aus
§ 20 I, II GWB/ § 26 II GWB a. F.. Auch unter Berücksichtigung des mit dem
GWB bezweckten institutionellen sowie individuellen Wettbewerbsschutzes
kann daher in der Verwendung solcher Bevorzugungskriterien keine ungerechtfertigte Diskriminierung oder unbillige Behinderung im Sinne des § 20
I, II GWB/ § 26 II GWB a. F. gesehen werden.

d. Bezugssperren

Um eine verwandte Problematik handelt es sich bei der Verhängung sogenannter Bezugssperren. Darunter versteht man sowohl den Abbruch bestehender als auch die Nichtaufnahme neuer Geschäftsbeziehungen, wodurch
die nicht beachteten Mitbewerber diskriminiert oder auch behindert werden[669]. Praktisch relevant werden diese Bezugssperren erst, wenn die Behörde sie nach außen bekannt macht, da der Beweis einer solchen Sperre anders schwerlich zu führen ist[670].

---

[668] Siehe hierzu Kapitel § 1 III.

[669] Markert, a.a.O., § 26 GWB, Rdnr. 277.

[670] Pietzcker, Rechtsschutz bei der Vergabe öffentlicher Aufträge, NVwZ 1983, 121
(123).

Im Rahmen der hier zu untersuchenden Thematik kann dies zum einen in Form des Abbrechens bereits bestehender Vertragsbeziehungen geschehen, etwa weil der Vertragspartner die zuvor ausgehandelten umweltschutzpolitischen Vertragsbedingungen nicht eingelöst hat. Hier kommt der Bezugssperre ein Art Sanktionscharakter zu.

Zum anderen kann die Bezugssperre aber auch durch die Verweigerung der Aufnahme neuer Geschäftsbeziehungen betreffen, sofern es sich um Auftragnehmer handelt, die nicht einmal die gesetzlich vorgeschriebenen Umweltschutzmaßnahmen erfüllen, von denen folglich auch keine weitergehenden Umweltschutzmaßnahmen erwartet werden können.

Der generelle Ausschluß einzelner Anbieter vom Geschäftsverkehr ohne Rücksicht auf allgemein anerkannte Leistungskriterien stellt eine der schärfsten Maßnahmen dar, Geschäftsbeziehungen abzubrechen oder erst gar nicht aufzunehmen und unterliegt folglich strengen Anforderungen, insbesondere bei Nachfragern mit sehr starker Marktposition wie dies bei öffentlichen Auftraggebern häufig der Fall ist.

Infolgedessen ist dem Verhältnismäßigkeitsgrundsatz im Rahmen der Interessenabwägung ein großes Gewicht beizumessen. Da solche Bezugssperren je nach Abhängigkeit des Unternehmens existenzbedrohend sind, darf diese Maßnahme nur als ultima ratio eingesetzt werden und muß in jedem Fall in zeitlich angemessener Weise begrenzt werden[671].

Darüber hinaus ist der öffentliche Auftraggeber nach § 20 I, II GWB/ § 26 II GWB a. F. unter Berücksichtigung der Bindung der öffentlichen Hand an Art. 3 GG in der Regel verpflichtet, jeden Bewerber aus Gründen der Gleichbehandlung zur Angebotsabgabe zuzulassen[672]. Eine andere Bewertung ist nur zulässig, sofern zwingende Gründe für eine Beschränkung des Anbieterkreises erkennbar sind[673].

---

[671] Pietzcker, AöR 107 (1982), 61 (87); ders., NVwZ 1983, 121 (123); Rittner, Rechtsgrundlagen, Rdnr. 258; Osterloh, aaO., S. 115; WuW/E BGH 1423 "Sehhilfen".

[672] Markert a.a.O., § 26 GWB, Rdnr. 282; Emmerich, Kartellrecht, S. 321; WuW/E BGH 2683 (2687) "Zuckerrübenanlieferungsrecht"; WuW/E OLG 4354 (4357) "Betankungsventile"; BGHZ 101, 72 (82) "Krankentransporte".

[673] Markert a.a.O., § 26 GWB, Rdnr. 281.

Die soeben dargestellte Verpflichtung aus § 20 I, II GWB/ § 26 II GWB a. F. greift jedoch nicht in die Freiheit des Auftraggebers ein, eine Auswahl zwischen den verschiedenen Angeboten zu treffen. Eine Behinderung oder Diskriminierung kann insoweit nur angenommen werden, in denen dem öffentlichen Nachfrager eine Ermessenswillkür nachgewiesen werden kann, die sich wie ein Ausschluß von der Teilnahme am Ausschreibeverfahren auswirkt[674]. Nur eine Maßnahme des Nachfragers, die spürbar und von einigem Gewicht ist, kann als tatbestandlich im Sinne des § 20 I, II GWB/ § 26 II GWB a. F. gewertet werden[675]. Die Annahme einer generellen Kontrahierungspflicht würde die im Rahmen der Interessenabwägung zu berücksichtigende wirtschaftliche Handlungsfreiheit des öffentlichen Nachfrager zu stark einschränken. Daher kann eine solche nur anerkannt werden, soweit keine milderen Mittel zur Verfügung stehen, die geeignet sind, der Diskriminierung oder Behinderung in gleichem Maße entgegenzuwirken[676].

Bei der einzelfallbezogenen Interessenabwägung kommt es entscheidend darauf an, ob die Auswahl auf nachvollziehbaren Gesichtspunkten beruht[677]. Soweit die Bezugssperre mit der Durchsetzung eines gesetzeswidrigen Zweckes in Zusammenhang steht, ist die Unbilligkeit beziehungsweise fehlende Rechtfertigung der Behinderung oder Diskriminierung in jedem Fall zu bejahen[678].

Bei der Förderung und Durchsetzung von Umweltschutzmaßnahmen handelt es sich nicht um einen gesetzwidrigen Zweck. Vielmehr ist diese Zielsetzung verfassungsrechtlich als auch EG-rechtlich unbedenklich und verstößt im Falle angemessener Durchsetzung auch nicht gegen § 1 UWG. Eine einfachgesetzliche Konkretisierung der Staatszielbestimmung Umweltschutz findet

---

[674] So insbesondere WuW/E OLG 4354 (4357) "Betankungsventile"; WuW/E BGH 2683 (2687) "Zuckerrübenanlieferungsrecht; aber auch Markert a.a.O., § 26 GWB, Rdnr. 282.

[675] Kaiser, Kontrahierungszwang des öffentlichen Bauherrn nach dem GWB bei einem Verstoß gegen § 25 VOB/A, BauR 1978, 196 (200).

[676] WuW/E BGH 2683 (2687) "Zuckerrübenanlieferungsrecht".

[677] Langen/Bunte, Kommentar zum deutschen und europäischen Kartellrecht, § 26 GWB, Rdnr. 196.

[678] Markert a.a.O., § 26 GWB, Rdnr. 283; WuW/E OLG 4354 (4357) "Betankungsventile".

sich in § 37 Krw-/AbfG. Infolgedessen ist die Verhängung einer Auftragssperre im Falle der Nichtbeachtung gesetzlich vorgeschriebener Umweltschutzauflagen bzw. der Nichtbeachtung vertraglicher Verpflichtungen zur Durchführung bestimmter Umweltschutzmaßnahmen nachvollziehbar und nicht derart mißbräuchlich, daß ein Behinderungs- oder Diskriminierungsvorwurf erhoben werden könnte.

Allerdings darf eine solche Sperre mit Rücksicht auf das ultima ratio - Prinzip nur als letztes Mittel angewendet werden. Insbesondere darf sie nur nach vorangegangenen schwerwiegenden Verletzungen der vertraglichen oder gesetzlichen Verpflichtungen erfolgen und bedarf auch einer vorherigen Abmahnung des Auftraggebers[679].

Im übrigen könnte man in der dauerhaften Nichterfüllung gesetzlicher wie auch vertraglicher Pflichten ein Anzeichen mangelnder Zuverlässigkeit des Auftragnehmers sehen. Da die Zuverlässigkeit des Auftragnehmers eines der entscheidenden Kriterien der Auftragsvergabe ist, erscheint eine Bezugssperre bei Fehlen dieser Voraussetzung ebenfalls als gerechtfertigt.

Eine Unzuverlässigkeit ist bislang von der herrschenden Auffassung in der Literatur nur bei Nichterfüllung gesetzlicher Pflichten bejaht worden, die für die Art und Weise der Auftragserfüllung von Bedeutung sind[680].

Für die Nichterfüllung von Steuerpflichten und Sozialversicherungspflichten ist bereits jetzt in den Verdingungsordnungen die Möglichkeit eingeräumt worden, die betreffenden Bewerber von der Teilnahme am Vergabeverfahren auszuschließen, da ein solches Verhalten zu finanziellen Nachteilen der Allgemeinheit und der Mitbewerber führt[681]. Auch im Gewerberccht ist anerkannt, daß die Nichterfüllung von Abgabepflichten Rückschlüsse auf die Unzuverlässigkeit erlaubt[682].

Es ist nicht einzusehen, warum dem im EGV aufgeführten Gemeinschaftsziel Umweltschutz, welches auch für den in Art. 2 II GG garantierten Gesund-

---

[679] Siehe Osterloh, aaO., S. 115.

[680] Rittner, Rechtsgrundlagen, Rdnr. 261.

[681] Siehe dazu §§ 7 Nr. 5 VOL/A und 8 Nr. 4 I d VOB/A.

[682] Rittner, Rechtsgrundlagen, Rdnr. 261.

heitsschutz der Allgemeinheit von wesentlicher Bedeutung ist, ein geringerer Wert eingeräumt wird als den genannten finanziellen Verpflichtungen. Was die Verletzung vertraglicher Verpflichtungen zur Durchführung von Umweltschutzmaßnahmen angeht, die über den gesetzlich vorgeschriebenen Rahmen hinausgehen, sollte in Anbetracht der Schärfe und der Auswirkungen solcher längerfristigen Bezugssperren allerdings eine Auftragsbezogenheit solcher Maßnahmen verlangt werden.

5.   Das allgemeine Mißbrauchsverbot des § 19 I, IV GWB/ § 22 IV GWB a. F.

Eine nähere Prüfung des allgemeinen Mißbrauchsverbotes in § 19 I, IV GWB/ § 22 IV GWB a. F. braucht nicht vorgenommen zu werden, da Mißbräuche, die über die in § 20 I, II GWB/ § 26 II GWB a. F. konkret geregelten Behinderungen oder Diskriminierungen hinausgehen, nicht ersichtlich sind.

§ 5   Die Bindungen an das AGBG

I.   Grundsätzliche Relevanz des AGBG für die Vereinbarung von Vertragsbedingungen im Rahmen öffentlicher Aufträge

Da die öffentliche Auftragsvergabe nach ganz herrschender Auffassung in Form eines privatrechtlichen Vertrages erfolgt, unterliegt sie dem Zivilrecht, auch wenn einer der Vertragspartner die öffentliche Hand ist. Sofern sich öffentliche Auftraggeber bei ihrer Beschaffungstätigkeit allgemeiner Geschäftsbedingungen bedienen, findet daher auch das AGBG Anwendung[683].

Solche Allgemeinen Geschäftsbedingungen sind insbesondere die VOL/B und VOB/B, wobei sich letztere in größerem Umfang bei den öffentlichen Auftraggebern durchgesetzt hat. Im Bereich des weniger komplizierten Liefervertragsrecht tun sich die öffentlichen Auftraggeber offensichtlich wesentlich leichter, komplett eigene Bedingungswerke zu schaffen[684].

Die Instrumentalisierung der Auftragsvergabe sowie auch die sonstige Praxis erschöpft sich jedoch oftmals gerade nicht in der Vereinbarung solcher Standardbedingungen. Vielmehr werden eigene, speziell erstellte Bedingungswerke benutzt, die die genannten Verdingungsordnungen ersetzen oder die Verdingungsordnungen werden durch zusätzliche eigene Vertragsbedingungen modifiziert und ergänzt[685]. Das bedeutet aber nicht, daß das AGBG hier keine Anwendung findet. Solange die öffentliche Hand sich Allgemeiner Geschäftsbedingungen bedient und seien es eigens geschaffene, genießt sie keine Privilegien. Die Folge ist vielmehr, daß die Bedingungswerke nicht mehr der sonst üblichen Gesamtkontrolle unterliegen, sondern sämtliche Klauseln einzeln auf ihre Vereinbarkeit mit dem AGBG untersucht werden müssen[686]. Begründet wird dies damit, daß die mit den Verdingungsordnungen bezweckte ausgewogene und angemessene Risiko- und Interessenverteilung gestört wird[687].

Für die vorliegend zu untersuchende Fragestellung ist es folglich in jedem Fall erforderlich die umweltschutzbezogenen Vertragsbedingungen einer Einzelprüfung zu unterziehen, gleichgültig ob überhaupt auf die VOB/B oder VOL/B zurückgegriffen wird oder diese modifiziert und ergänzt wird.

---

[683] Pietzcker, NVwZ 1983, 121; Zuleeg, WiVerw. 1984, 112 (122); Rittner, Rechtsgrundlagen, Rdnr. 105.

[684] Rittner, Rechtsgrundlagen, Rdnr. 216.

[685] Rittner, Rechtsgrundlagen, Rdnr. 221.

[686] BGHZ 86, 135 (142); BGH NJW 1988, 55; BGH NJW-RR 1991, 1238 = BauR 1991, 740 (741) = WM 1991, 1962 (1964); BGH NJW 1993, 2738 (2739).

[687] Heiermann, Wirksamkeit des Ausschlusses der Preisanpassungsmöglichkeit nach VOB durch Allgemeine Geschäftsbedingungen, NJW 1986, 2682 (2687).

Die Bindung des öffentlichen Auftraggebers an das AGBG bekommt immer dann eine besondere Bedeutung, wenn umweltschutzbezogene Maßnahmen in Form zusätzlicher ergänzender Vertragsbedingungen durchgeführt werden sollen.

1. Allgemeines

Im folgenden werden zunächst die allgemeinen Grundlagen dargestellt, die für die zu untersuchende Fragestellung von Relevanz sind.

a. Schutzzweck und Anwendungsbereich des AGBG

Der Schutzzweck des AGBG wird bestimmt durch die einseitige Gestaltung des Vertragsinhalts durch den Verwender. Regelungsziel des AGBG ist es, die Gestaltungsfreiheit bei der einseitigen Vorformulierung von Vertragsbedingungen insoweit einzuschränken als der Verwender verpflichtet wird, die Interessen der Vertragspartner in angemessener Form zu berücksichtigen[688]. Die Bindung an das AGBG soll die einseitige Ausnutzung der vom Verwender Allgemeiner Geschäftsbedingungen beanspruchten Vertragsfreiheit zu verhindern suchen und das Vertragsgleichgewicht bewahren[689].

Nach herrschender Auffassung sind die AGB trotz ihres generell-abstrakten Charakters keine Rechtsnormen[690] und erlangen demzufolge erst aufgrund der Einbeziehung in den Vertrag gemäß § 2 AGBG Geltung. Dabei ist es nicht erforderlich, daß der Vertrag bereits zustandegekommen ist. Es reicht aus, daß die vorformulierten Vertragsbedingungen durch Bezugnahme in ei-

---

[688] Ulmer in: Ulmer/Brandner/Hensen, AGBG-Kommentar, Vor § 1 AGBG, Rdnr. 4.

[689] Ulmer/Brandner/Hensen, Einl., Rdnr. 28 ff.; Rabe, Die Auswirkungen des AGBG auf den kaufmännischen Verkehr, NJW 1987, 1978 (1979); Siegburg, Zum AGB-Charakter der VOB/B und deren Privilegierung durch das AGBG, BauR 1993, 9 (10); BGHZ 99, 160 (161).

[690] Palandt-Heinrichs, § 1 AGBG, Rdnr. 1; Ulmer in: Ulmer/Brandner/Hensen, Vor § 1 AGBG, Rdnr. 5; a.A. Meyer-Cording, Die Rechtsnormen 1971, S. 85, 86.

nem konkreten Vertragsangebot in die Vertragsverhandlungen eingebracht werden[691].

Da sich die in den §§ 9-11 AGBG geregelte Inhaltskontrolle auf Regelungen in den AGB bezieht, wird der sachliche Anwendungsbereich zunächst durch die Definition der AGB in § 1 I 1 AGBG bestimmt, der wie folgt lautet:

„Allgemeine Geschäftsbedingungen sind alle für eine Vielzahl von Verträgen vorformulierte Vertragsbedingungen, die eine Vertragspartei (Verwender) der anderen Vertragspartei bei Abschluß eines Vertrages stellt."

Die Definition in § 1 I 1 ABGB wird ergänzt durch den S. 2, der lediglich klarstellt, daß der Begriff der AGB in weitem Sinne zu verstehen ist und auch Bedingungen miteinschließt, die nur aus einer einzigen Klausel bestehen[692].

Die in § 1 I 1 AGBG enthaltenen Begriffsmerkmale „Vorformulierung" und „Vielzahl" grenzen die AGB von individuell vereinbarten Vertragsbedingungen ab, d.h. von solchen Bedingungen, die speziell für einen konkreten Vertragsabschluß entworfen worden sind. Der Anwendungsbereich des AGBG ist folglich nur dann berührt, wenn die vorformulierten Vertragsbedingungen von vornherein in der Absicht späterer allgemeiner Verwendung verfaßt werden. In diesem Zusammenhang spielt es keine Rolle, ob die Bedingungen tatsächlich in eine Vielzahl von Rechtsgeschäften einbezogen worden sind, maßgebend ist allein der mit der Vorformulierung verfolgte Zweck[693].

Wichtig ist darüber hinaus, daß die Anwendung des AGBG nicht dadurch ausgeschlossen wird, daß der Vertragspartner des Verwenders die Bedingungen im Rahmen ihrer Einbeziehung in den Vertrag freiwillig akzeptiert und nicht mittels Zwang dazu veranlaßt wird[694].

Wird die umweltschutzpolitische Instrumentalisierung der Auftragsvergabe in der Weise durchgeführt, daß zusätzliche Vertragsbedingungen durch die Umsetzung in den Vertrag zu Vertragsbestandteilen werden, findet das

---

691 Ulmer in: Ulmer/Brandner/Hensen, § 1 AGBG, Rdnr. 5.

692 Palandt-Heinrichs, § 1 AGBG, Rdnr. 12.

693 Ulmer in: Ulmer/Brandner/Hensen, § 1 AGBG, Rdnrn. 21 ff..

694 Ulmer in: Ulmer/Brandner/Hensen, § 1 AGBG, Rdnr. 26.

AGBG vorbehaltlich der sachlichen Ausnahmeregelung des § 23 AGBG in der Regel Anwendung.

Die Verwendung vorformulierter Vertragsbedingungen, auf die bei Vertragsschluß Bezug genommen wird oder die Verwendung von Musterverträgen ist in stärkerem Maße geeignet, umweltschutzpolitische Ziele effizient und zweckmäßig durchzusetzen und das aus der Verfassung und dem EG-Recht abgeleitete Gebot der sachgerechten Gleichbehandlung aller Auftragnehmer sicherzustellen als jeweils auf den konkreten Einzelfall abgestimmte Vereinbarungen.

Solange in diesem Sinne verfahren wird und keine individuellen Vereinbarungen getroffen werden, gilt der öffentliche Auftraggeber als Verwender Allgemeiner Geschäftsbedingungen gemäß § 1 AGBG und unterliegt damit der Inhaltskontrolle dieses Gesetzes.

b. *Der Umfang der Inhaltskontrolle*

Für den Umfang der Inhaltskontrolle von besonderer Bedeutung ist zunächst, daß bei der Vereinbarung solcher zusätzlichen, für alle Auftragnehmer in gleichem Maße geltenden Vertragsbedingungen keine EG-rechtlichen Schranken bestehen. Sofern die Umweltschutzbedingungen als Vertragsbestandteile und nicht als Bevorzugungsregelungen ausgestaltet sind, bestehen nach Auffassung des EuGH auch im Anwendungsbereich der EG-Richtlinien keine prinzipiellen Bedenken[695]. Folglich kann diese Instrumentalisierungsmaßnahme auch bei Auftragsvolumen gewählt werden, die über den in den Koordinierungsrichtlinien genannten Schwellenwerten liegen, was sich erweiternd auf den Umfang der Inhaltskontrolle nach dem AGBG auswirkt.

Im übrigen wird der persönliche Anwendungsbereich des AGBG durch § 24 AGBG bestimmt. Grundsätzlich gilt das AGBG abgesehen von den sachlichen Ausnahmen in § 23 AGBG für alle allgemeinen Geschäftsbedingungen, die der Definition des § 1 AGBG entsprechen. Die Ausnahmeregelung des § 24 S. 1 AGBG/ § 24 Nr. 1 AGBG a. F. schließt die Anwendbarkeit der §§ 2, 10 und 11/ §§ 2, 10, 11 und 12 a. F. auf Allgemeine Geschäftsbedingungen

---

[695] Vgl. EuGH, Rs 31/87 (Beentjes/Niederlande), Slg. 1988, 4635 (4652 ff.).

aus, sofern diese gegenüber einem Kaufmann verwendet werden und der Vertrag zum Betrieb seines Handelsgewerbes gehört.

Es handelt sich bei den Vertragspartnern der öffentlichen Auftraggeber in aller Regel um Kaufleute. Da auch hier die Vermutung des § 344 I HGB gilt[696], wonach die von einem Kaufmann vorgenommenen Rechtsgeschäfte im Zweifel Handelsgeschäfte sind, ist § 24 AGBG im Bereich der öffentlichen Auftragsvergabe grundsätzlich anwendbar. Wie der letzte Satz der Vorschrift verdeutlicht, gelten andere Bestimmungen des Gesetzes ohne persönliche Ausnahme. Die Inhaltskontrolle der zusätzlichen Vertragsbedingungen erfolgt nach der Generalklausel des § 9 AGBG, wobei die im Handelsverkehr üblichen Gewohnheiten und Gebräuche angemessen berücksichtigt werden müssen.

Die §§ 10 und 11 AGBG können im kaufmännischen Geschäftsverkehr lediglich als Indizien für eine unangemessene Benachteiligung des Vertragspartners im Sinne des § 9 AGBG herangezogen werden und haben damit nur eine mittelbare Bedeutung innerhalb der Inhaltskontrolle[697].

2.   Die Generalklausel des § 9 AGBG

Der Anwendungsbereich des AGBG beschränkt sich für die vorliegende Fragestellung gemäß obiger Ausführungen auf die Inhaltskontrolle nach § 9 AGBG.

Bevor mit der eigentlichen Prüfung der Generalklausel des § 9 AGBG begonnen werden kann, muß zunächst festgestellt werden, ob deren Anwendbarkeit nicht durch die Schranke des § 8 AGBG ausgeschlossen wird.

---

[696] Brandner: in Ulmer/Brandner/Hensen, § 24 AGBG, Rdnr. 11, BGH NJW 1986, 842.

[697] Brandner: in Ulmer/Brandner/Hensen, § 24 AGBG, Rdnr. 15; Kötz in: Münchner Kommentar, AGBG, § 9 AGBG, Rdnr. 18; Palandt-Heinrichs, § 9 AGBG, Rdnr. 32; BGH NJW 1984, 1750; 1988, 1785; BGHZ 90, 273 (278).

a. Die Schranken der Inhaltskontrolle nach § 8 AGBG

Gemäß § 8 AGBG unterliegen nur solche Bestimmungen in AGB der Inhaltskontrolle nach § 9 AGBG, „durch die von Rechtsvorschriften abweichende oder ergänzende Regelungen vereinbart werden."

Sobald sich der Inhalt Allgemeiner Geschäftsbedingungen mit dem einer Rechtsvorschrift nach Wortlaut und Sinngehalt deckt, sind die AGB einer Kontrolle nach § 9 AGBG entzogen[698]. Der Sinn und Zweck des AGBG liegt gerade nicht darin, gesetzliche Interessenbewertungen zu überprüfen[699].

Die innerhalb der Literatur diskutierte Frage, ob die Kontrollfreiheit normativ betrachtet als Grundsatz[700] oder Ausnahme[701] zu bewerten sei, hat faktisch betrachtet keine große Relevanz, da die Voraussetzungen des § 8 AGBG in den allermeisten Fällen erfüllt sind, so daß die Inhaltskontrolle in der Regel durchgeführt werden kann[702].

Unstreitig ausgenommen von der Inhaltskontrolle sind die sogenannte Leistungsbeschreibung und deklaratorische Klauseln[703]. Die Leistungsbeschreibungen sind einer Kontrolle jedoch nur insoweit entzogen, als der Vertrag ohne sie mangels Bestimmtheit oder Bestimmbarkeit der Hauptleistung (essentialia negoti) aufgrund fehlender Rechtsvorschriften nicht mehr durchgeführt werden kann[704]. Erforderlich ist hier also eine Abgrenzung zwischen den kontrollfreien Hauptpflichten einerseits und den stets kontrollfähigen Nebenabreden andererseits.

---

[698] Kötz in MüKo, AGBG, § 8 AGBG, Rdnr. 1.

[699] Wolf in Wolf/Horn/Lindacher, AGBG-Kommentar, § 8 AGBG, Rdnr. 1.

[700] So Wolf in Wolf/Horn/Lindacher, a.a.O. § 8 AGBG, Rdnr. 3.

[701] So Brandner in Ulmer/Brandner/Hensen, AGBG-Kommentar, § 8 AGBG, Rdnr. 5.

[702] So auch Wolf a.a.O., § 8 AGBG, Rdnr. 3 am Ende.

[703] Wolf in Wolf/Horn/Lindacher, § 8 AGBG, Rdnr. 8, 10, Brandner in Ulmer/Brandner/Hensen, § 8 AGBG, Rdnr. 5, 9. 30.

[704] BGHZ 100, 157 (173) = BGH NJW 1987, 1931 (1935); BGH NJW RR 1993, 1049 (1050).

Leistungsbeschreibungen, die den unmittelbaren Gegenstand der Hauptleistung betreffen, unterliegen keiner Kontrolle nach § 9 AGBG, während solche, die die Hauptleistung näher konkretisieren, modifizieren oder einschränken als Nebenabrede zu qualifizieren sind und demzufolge kontrollpflichtig sind[705]. Gerade die Abgrenzung zwischen der unmittelbaren Hauptleistung von den Nebenabreden gestaltet sich nicht immer leicht und muß unter Berücksichtigung des Schutzzweckes des § 8 AGBG und des Umfangs der Inhaltskontrolle vorgenommen werden. Hier hat die Rechtsprechung an ihren bisherigen Grundsätzen festgehalten und sich tendenziell nicht am Wortlaut, sondern am Sinn und Zweck des § 8 AGBG orientiert, um den kontrollfreien Bereich nicht über Gebühr auszudehnen[706].

Vertraglich vereinbarte Bedingungen, Umweltschutzvorschriften zu beachten oder darüber hinausgehende Umweltschutzmaßnahmen durchzuführen sind nicht als unmittelbarer Gegenstand der Hauptleistung zu qualifizieren, da der Vertrag auch ohne diese Bedingungen bestimmbar bleibt. So ist beispielsweise der Bau einer Straße eine essentialia negotii, während die Bedingung der Verwendung von recyceltem Asphalt, als Maßnahme zur Vermeidung von Abfall eine nähere Konkretisierung dieser Hauptkondition darstellt.

Ebensowenig handelt es sich vorliegend um deklaratorische Klauseln, die bestehende Rechtsvorschriften lediglich wiederholen. Dies gilt selbst dann, wenn die Bedingung sich auf die Beachtung bereits vorhandener Umweltschutzvorschriften bezieht, da diese für die Durchführung der Auftragsvergabe als solche nicht maßgebend sind und ohne die vertragliche Vereinbarung keinerlei Bedeutung für das Auftragsverhältnis und die daraus abzuleitenden Rechte und Pflichten von Auftraggeber und Auftragnehmer hätten[707].

Streitig ist in diesem Zusammenhang jedoch, ob nur solche Bedingungen der AGBG-Kontrolle unterliegen, die von dispositiven Rechtsvorschriften abweichen, oder auch Klauseln, die gesetzlich nicht geregelte Vertragstypen oder Einzelpunkte betreffen, soweit sie über den unmittelbaren Gegenstand

---

[705] Brandner in: Ulmer/Brandner/Hensen, § 8 AGBG, Rdnr. 10, Wolf in: Wolf/Horn/Lindacher, § 8 AGBG, Rdnr. 10; BGH NJW 1992, 688 (689).

[706] Heinrichs, Die Entwicklung des Rechts der Allgemeinen Geschäftsbedingungen im Jahre 1994, NJW 1995, 1395 (1398).

[707] Siehe Osterloh, aaO., S. 84.

der Hauptleistung hinausgehen. Der letztgenannten Auffassung ist zu folgen, was schon daran zu sehen ist, daß in der Vergangenheit auch Bestimmungen in gesetzlich nicht erfaßten Verträgen (z.b. Leasing-Vertrag) der AGB-Kontrolle unterworfen wurden. Solche Klauseln müssen dem Sinn des § 8 AGBG folgend als ergänzende Regelungen von Rechtsvorschriften verstanden werden[708]. Andernfalls würde es zu einer nicht gerechtfertigten Verkürzung der Anwendung des § 9 AGBG kommen.

Demnach steht der § 8 AGBG einer Kontrolle der Vereinbarkeit umweltschutzbezogener Vertragsbedingungen mit der Generalklausel des § 9 AGBG nicht entgegen.

b. Voraussetzungen und Prüfungsmaßstäbe des § 9 AGBG

Da es an einschlägigem Rechtsprechungsmaterial zu dieser Problematik fehlt, müssen die allgemeinen Grundsätze zur Inhaltskontrolle nach § 9 AGBG herangezogen werden.

Für Bestimmungen in Allgemeinen Geschäftsbedingungen gilt das Verbot der unangemessenen Benachteiligung des Vertragspartners, dessen Mißachtung zur Unwirksamkeit der Bestimmungen führt. Unangemessen ist jede Beeinträchtigung eines rechtlich anerkannten Interesses, welche nicht durch berechtigte Interessen des Verwenders der AGB gerechtfertigt ist. Anders ausgedrückt liegt eine Unangemessenheit immer dann vor, wenn der Verwender eigene Interessen auf Kosten des Vertragspartners durchzusetzen versucht, ohne die Interessen des Partners hinreichend zu berücksichtigen und angemessen auszugleichen[709]. Eine nach dem Gebot von Treu und Glauben unangemessene Benachteiligung kann nur dann angenommen werden, wenn die Benachteiligung von einigem Gewicht und nicht nur verhältnismäßig geringfügig, unerheblich oder unwesentlich ist[710]. Das beeinträchtigte Inter-

---

[708] Brandner in Ulmer/Brandner/Hensen, § 8 AGBG, Rdnr. 6; siehe für Leasingverträge auch Quittnat, Unwirksamkeit von Verfallklauseln in Leasing-Formularverträgen, BB 1979, 1530.

[709] BGH NJW 1985, 53 (55); 1985, 2328; 1987, 2431; BGHZ 120, 108 (118) = BGH NJW 1993, 326; 1993, 2738; Wolf in: Wolf/Horn/Lindacher, § 9 AGBG, Rdnr. 100.

[710] Wolf in: Wolf/Horn/Lindacher, § 9 AGBG, Rdnr. 50.

esse des Vertragspartners muß das Interesse des Verwenders mehr als nur geringfügig überwiegen. Nicht erforderlich ist, daß sich die in der Klausel generell enthaltene Benachteiligung im Einzelfall auswirkt[711].

Für eine solche Benachteiligung sprechen die widerlegbaren Vermutungstatbestände des § 9 II Nr. 1 und 2, die die Generalklausel des § 9 I AGBG beispielhaft konkretisieren und die Beweislast für das Fehlen einer unangemessenen Benachteiligung dem Verwender auferlegen[712].

Ziel des § 9 AGBG ist es, einen angemessenen vertraglichen Interessenausgleich zwischen den Interessen der Parteien zu erzielen[713]. Unter Berücksichtigung dieser Zielsetzung ist eine umfassende Interessenabwägung durchzuführen, wobei im Unterschied zum GWB eine generalisierende Betrachtungsweise zugrundegelegt werden muß. Bewertungsmaßstab ist folglich nicht die konkret-individuelle Interessenlage, sondern die typische Interessenlage der beteiligten Kreise[714]. Ein weiterer Maßstab der Interessenabwägung ist das auf § 242 BGB zurückzuführende Gebot von Treu und Glauben, welches die Verpflichtung zur Rücksichtnahme auf die Belange des anderen Vertragspartners begründet[715].

Die Interessenabwägung ist für den gesamten § 9 AGBG erforderlich und wird nicht etwa durch das Vorliegen der Vermutungstatbestände des § 9 II AGBG entbehrlich[716]. Für deren Durchführung kann auf die Grundsätze zu § 9 I AGBG zurückgegriffen werden.

Bevor eine Abwägung der Interessen erfolgen kann, müssen zunächst die berücksichtigungsfähigen Interessen der Vertragsparteien ermittelt werden.

---

[711] Wolf in: Wolf/Horn/Lindacher, § 9 AGBG, Rdnrn. 100, 51.

[712] Wolf in: Wolf/Horn/Lindacher, § 9 AGBG, Rdnrn. 57 f..

[713] Brandner in: Ulmer/Brandner/Hensen, § 9 AGBG, Rdnr. 70.

[714] Brandner in: Ulmer/Brandner/Hensen, § 9 AGBG, Rdnr. 78; Wolf in: Wolf/Horn/Lindacher, § 9 AGBG, Rdnr. 51; Kötz in MüKo, § 9 AGBG, Rdnr. 6; so auch die ständige Rechtsprechung des BGHZ 98, 303 = BGH NJW 1987, 487 (489); BGHZ 110, 241 = BGH NJW 1990, 1601 (1602); BGH NJW 1992, 1626 (1627).

[715] Brandner in: Ulmer/Brandner/Hensen, § 9 AGBG, Rdnr. 73; Wolf in Wolf/Horn/Lindacher, § 9 AGBG, Rdnr. 113.

[716] Brandner in: Ulmer/Brandner/Hensen, § 9 AGBG, Rdnr. 129; Wolf in: Wolf/Horn/Lindacher, § 9 AGBG, Rdnr. 58.

Berücksichtigungsfähig sind gemäß dem Gebot von Treu und Glauben alle rechtlich anerkannten Interessen, wobei es genügt, daß das Interesse allgemein von der Rechtsordnung anerkannt wird[717]. Maßgebend sind neben den vielfältigen wirtschaftlichen Gesichtspunkten auch ideelle Interessen[718].

Auf der Seite des Vertragspartners sind insbesondere das Interesse an der wirtschaftlichen Entscheidungs- und Bewegungsfreiheit, das Interesse an der Teilnahme am Geschäftsverkehr, an der Vermeidung von Auftragsverlusten und an einem gleichgewichtigen Verhältnis zwischen Leistung und Gegenleistung während der gesamten Vertragsdauer[719].

Interessen Dritter, die nicht am Vertragsschluß beteiligt sind, sind grundsätzlich nicht unmittelbar durch § 9 AGBG geschützt, können aber mittelbar über die Interessen der Vertragspartner Berücksichtigung finden. Hier sei insbesondere der Fall genannt, daß eine der Vertragsparteien zur Wahrung der Drittinteressen verpflichtet ist[720]. Für die vorliegende Untersuchung besonders beachtlich ist, daß wichtige Gemeinschaftsbelange wie zum Beispiel die Sicherung grundgesetzlicher Institutionen geeignet sind, die Interessen des Verwenders zu stärken und die Zurücksetzung der Interessen des Vertragspartners zu rechtfertigen[721].

Die im Rahmen der Interessenabwägung zu beachtenden Gesichtspunkte sind sehr vielschichtig. Für die hier zu untersuchende Fragestellung von besonderer Bedeutung ist zunächst die besondere Interessenlage im kaufmännischen Verkehr, die generell von einem bei Kaufleuten vorhandenen geringeren Schutzbedürfnis ausgeht, welches auf der typischerweise zu erwartenden Geschäftserfahrenheit und -gewandtheit beruht[722].

---

[717] Wolf in: Wolf/Horn/Lindacher, § 9 AGBG, Rdnr. 101, 113.

[718] BGH NJW 1985, 2585 (2587).

[719] Wolf in: Wolf/Horn/Lindacher, § 9 AGBG, Rdnr. 102.

[720] Wolf in: Wolf/Horn/Lindacher, § 9 AGBG, Rdnr. 109, Brandner in: Ulmer/Brandner/Hensen, § 9 AGBG, Rdnr. 124; Palandt-Heinrichs, AGBG, § 9 AGBG, Rdnr. 7; BGH NJW 1982, 178 (180); 1984, 2816; generell a.A. Kötz in MüKo, AGBG, § 9 AGBG, Rdnr. 11.

[721] Wolf in: Wolf/Horn/Lindacher, § 9 AGBG, Rdnrn. 81, 110, 141.

[722] Brandner in: Ulmer/Brandner/Hensen, § 9 AGBG, Rdnr. 122; Wolf in: Wolf/Horn/Lindacher, § 9 AGBG, Rdnr. 121.

Im übrigen sind bei der Interessenbewertung und - abwägung auch die Vorschriften des EG-Rechts zu beachten, insbesondere sofern die Ziele des EG-Vertrags die gemeinschaftskonforme Auslegung des nationalen Rechts gebieten[723].

II. Konsequenzen für die umweltschutzpolitische Instrumentalisierung öffentlicher Aufträge

1. Allgemeine Konsequenzen der Inhaltskontrolle nach § 9 AGBG

Im Rahmen der Überprüfung der Vereinbarkeit umweltschutzbezogener Vertragsbedingungen mit § 9 AGBG muß zunächst eine Differenzierung nach der Reichweite solcher Bedingungen getroffen werden. Es bietet sich vorliegend an, einerseits die Vertragsbedingungen zu untersuchen, die auf die Einhaltung bestehender Umweltschutzvorschriften gerichtet sind und andererseits solche Vertragsbedingungen einer Prüfung zu unterziehen, die darüber hinausgehende Verpflichtungen des Vertragspartners beinhalten.

Für beide Bereiche gleichermaßen kann zunächst festgestellt werden, daß auch § 9 AGBG genau wie das UWG und GWB kein generelles Koppelungsverbot enthält. § 9 AGBG verbietet nicht die Interessen und Zielsetzungen des Verwenders an sich, sondern will den Vertragspartner vor einer unangemessenen Benachteiligung schützen, die auf der Durchsetzung dieser Interessen beruht. Selbst im Rahmen des § 138 BGB, dessen Schutz viel weitergehender als der des AGBG ist, wird ein generelles Koppelungsverbot nicht befürwortet[724]. Auch wenn der öffentlichen Hand aufgrund ihrer Sonderstellung und der damit zusammenhängenden häufig fehlenden Vertragsparität keine uneingeschränkte Privatautonomie zugestanden werden kann, kann

---

[723] Wolf in: Wolf/Horn/Lindacher,§ 9 AGBG, Rdnr. 142.

[724] Vgl. Palandt-Heinrichs, § 138 BGB, Rdnr. 89.

daraus aus dem genanntem Grund keine allgemeines Koppelungsverbot abgeleitet werden.

Vertragliche Vereinbarungen, die die Einhaltung bestehender Umweltschutzvorschriften durch den Auftragnehmer zum Gegenstand haben, sind nach § 9 I AGBG unbedenklich. Sofern der Auftraggeber die Auftragsvergabe von diesen Vertragsbedingungen abhängig macht, nimmt er Bezug auf die bestehende Rechtslage und will klarstellen, daß deren Beachtung ihm ein wesentliches Anliegen ist. Seinem rechtlich anerkannten Interesse, das darauf gerichtet ist, von vornherein Zuwiderhandlungen entgegenzuwirken, können keine höherrangigen oder zumindest gleichrangigen Interessen entgegengestellt werden.

Sofern der öffentliche Auftraggeber verlangt, daß sich der Auftragnehmer zur Durchführung von Umweltschutzmaßnahmen verpflichtet, die über die gesetzlichen Verpflichtungen hinausgehen, sind mangels Bezug auf gesetzliche Vorschriften grundsätzlich strengere Anforderungen an die Vereinbarkeit solcher Vertragsbedingungen mit § 9 I AGBG zu stellen.

Vor Durchführung der Inhaltskontrolle nach § 9 I AGBG sollten die Vertragsbedingungen zunächst anhand der die Generalklausel konkretisierenden Vermutungstatbestände des § 9 II AGBG überprüft werden.

Für die vorliegende Untersuchung von Bedeutung ist im wesentlichen das Aushöhlungsverbot des § 9 II Nr. 2 AGBG. Danach beinhalten Klauseln, die wesentliche Rechte und Pflichten in einem Umfang einschränken, die den Vertragszweck gefährden, eine unangemessene Benachteiligung des Auftragnehmers.

§ 9 II AGBG stellt auf die Vertragsnatur ab, welche durch den Inhalt und Zweck des Vertrages konkretisiert wird[725]. Wesentliche Rechte und Pflichten sind innerhalb gegenseitiger Verträge vor allem solche, die im Gegenseitigkeitsverhältnis zueinander stehen, d.h. solche, die die Parteien als wesentlich angesehen haben oder die zum Schutz der zur Vertragsnatur gehörenden

---

[725] Palandt-Heinrichs, AGBG, § 9 AGBG, Rdnr. 26; Brandner in: Ulmer/Brandner/Hensen, § 9 AGBG, Rdnr. 143.

Interessen erforderlich sind[726]. Erfaßt sind neben den vertraglichen Haupt-pflichten im schuldrechtlichen Sinne auch diejenigen Nebenpflichten, die dem Verwender zum Schutz des Vertragspartners obliegen[727].

Eine Vertragszweckgefährdung liegt immer dann vor, wenn die wirtschaftli-chen Ziele, die mit der Vertragsdurchführung erreicht werden sollten, gefähr-det sind, z.B. das angestrebte wirtschaftliche Ergebnis nicht oder nur mit Ein-schränkungen erreicht wird oder Vertragsrisiken verlagert werden[728]. Dar-aus folgt, daß immer dann, wenn die zusätzlichen Vertragsbedingungen zu spürbaren Zusatzkosten beziehungsweise anderweitige Kostenrisiken führen, die nicht durch eine entsprechende Gegenleistung des Auftraggebers aufge-fangen werden, ein Verstoß gegen das Aushöhlungsverbot vorliegt. Sofern also die zusätzliche Vereinbarung das Preis-Leistungs-Verhältnis zu Lasten des Auftragnehmers verschiebt, liegt darin eine unangemessene Benachteili-gung.

Man kann nicht generell sagen, daß der Vertragspreis durch die zusätzlichen umweltschutzbezogenen Vertragsbedingungen erheblich zu Lasten des Ver-tragspartners modifiziert wird. Die Durchführung von Umweltschutzmaß-nahmen führt nicht automatisch zu spürbaren Zusatzkosten, vielmehr ist oft-mals lediglich eine Umverteilung der Kosten festzustellen. So führt bei-spielsweise ein Produktrecycling im Herstellungsbetrieb zur Senkung der Ab-fallkosten, was zeigt, daß Umweltschutzmaßnahmen, für die zunächst einmal Zusatzkosten anfallen, eine Kostendämpfung in einem anderen Bereich zur Folge haben können. Im übrigen besteht seitens des öffentlichen Auftrag-gebers die Möglichkeit, die Preisbildung an die jeweiligen Gegebenheiten und finanziellen Möglichkeiten des Vertragspartners anzupassen.

Sofern sich das Preis - Leistungsverhältnis tatsächlich in erheblichem Maße zu Lasten des Vertragspartners verschiebt, spricht eine Vermutung für dessen unangemessene Benachteiligung gemäß § 9 II AGBG. Diese Vermutung

---

[726] Wolf in Wolf/Horn/Lindacher, § 9 AGBG, Rdnr. 85; Palandt, Heinrichs, AGBG, § 9 AGBG,Rdnr. 27.

[727] Brandner in Ulmer/Brandner/Hensen, § 9 AGBG, Rdnr. 144; Wolf in Wolf/Horn/Lindacher, § 9 AGBG, Rdnr. 89.

[728] Brandner in Ulmer/Brandner/Hensen, § 9 AGBG, Rdnr. 145; Wolf in Wolf/Horn/Lindacher, § 9 AGBG, Rdnr. 92.

kann nur widerlegt werden, wenn die auch für § 9 II AGBG erforderliche Interessenabwägung ein überwiegendes rechtlich anerkanntes Interesse des öffentlichen Auftraggebers ergibt. Für das Fehlen einer unangemessenen Benachteiligung trotz Vorliegens einer der Vermutungstatbestände des § 9 II AGBG trägt der öffentliche Auftraggeber als Verwender der Vertragsbedingungen die Beweislast. Das Interesse des öffentlichen Auftraggebers, den Umweltschutz zu fördern muß höher oder zumindest gleichwertig gegenüber dem Interesse des Vertragspartners an einer ausgewogenen Vertragsgestaltung sein.

Gerade in der Ausgestaltung des Aushöhlungsverbotes als Vermutungstatbestand für eine unangemessene Benachteiligung wird die Intention des Gesetzgeber deutlich, den Vertragspartner gegenüber dem Verwender von AGB weitestgehend zu schützen. Es würde dem Sinn und Zweck des AGBG zuwiderlaufen, wenn im Bereich des § 9 II Nr. 2 AGBG verfassungsrechtlich legitime Interessen, zu denen die Förderung des Umweltschutzes zu rechnen ist, höher bewertet würden als die Wahrung der vom AGBG verfolgten Austauschgerechtigkeit.

Zusammenfassend läßt sich sagen, daß Vertragsbedingungen, die erhebliche Zusatzkosten verursachen und damit das Verhältnis von Leistung und Gegenleistung zu Lasten des Vertragspartners verschieben, unzulässig sind.

Handelt es sich aber um Vertragsbedingungen, die nicht unter die soeben geprüfte Kategorie fallen, ist eine andere Beurteilung möglich. Die Vereinbarkeit solcher Vertragsbedingungen mit dem AGBG ist anhand der Generalklausel des § 9 I AGBG zu überprüfen, wobei eine unangemessene Benachteiligung nur aufgrund einer generalisierenden Interessenabwägung festgestellt werden kann. Auszugehen ist demnach nicht von dem Individualinteresse des Vertragspartners, sondern von den Umständen wie sie sich typischerweise bei einem bestimmten Kundenkreis ergeben[729].

Auf Seiten des Auftragnehmers zu beachten ist zum einen dessen grundrechtlich geschützte wirtschaftliche und persönliche Dispositionsfreiheit und zum anderen das Interesse, das Verhältnis von Leistung und Gegenleistung

---

[729] Wolf in Wolf/Horn/Lindacher, § 9 AGBG, Rdnr. 51.

über die gesamte Vertragsdauer im Gleichgewicht zu halten[730]. Diesen Interessen steht das legitime Interesse des öffentlichen Auftraggebers auf Förderung des Umweltschutzes entgegen, das zum einen einfachgesetzlich in § 37 Krw-/AbfG zum Ausdruck kommt und zum anderen als Staatszielbestimmung beziehungsweise als Gemeinschaftsziel sowohl Eingang in die Verfassung als auch in den EG-Vertrag gefunden hat. Auch dieses nicht wirtschaftliche Interesse ist auf der Seite des öffentlichen Auftraggebers zu beachten[731].

Das Interesse an der Förderung des Umweltschutzes ist von besonderer Bedeutung, wenn es sich um umfangreiche Aufträge handelt, die eine längere Laufzeit haben. Eine solche Geschäftsbeziehung ist in besonderem Maße für das ideelle Interesse am Ausbau des Umweltschutzes geeignet.

Auch wenn hier die vertragliche Verpflichtung über die gesetzlichen Umweltschutzanforderungen hinausgeht, ist in diesem Fall kein Verstoß gegen Art. 9 I AGBG anzunehmen. Das Interesse an der Förderung des Umweltschutzes ist aufgrund des Verfassungsranges und der EG-rechtlichen Bedeutung des Umweltschutzes zumindest als gleichwertig mit der grundrechtlich geschützten Dispositionsfreiheit des Auftragnehmers einzustufen. Da der Vertragspartner geringfügige Benachteiligungen zu dulden hat, erhalten gleichwertige und selbst geringfügig unterlegene Interessen des öffentlichen Auftraggebers innerhalb der Interessenabwägung den Vorzug[732]. Soweit die Vertragsbedingung den Auftragnehmer nicht im Übermaß belastet, sondern eventuelle Mehrkosten bei der Preisgestaltung gebührend berücksichtigt werden, fällt die Interessenabwägung zugunsten des öffentlichen Auftraggebers aus. Folglich ist eine unangemessene Benachteiligung im Sinne des § 9 I AGBG abzulehnen.

---

[730] Wolf in Wolf/Horn/Lindacher, § 9 AGBG, Rdnr. 102.

[731] So auch der BGH, NJW 1985, 2585, 2587 für pädagogische Interessen im Rahmen des Unterrichtsvertrages.

[732] Wolf in Wolf/Horn/Lindacher, § 9 AGBG, Rdnrn. 50, 100; siehe auch OLG Frankfurt NJW-RR 1987, 1462.

2. Zulässigkeit von Kontrollrechten des Auftraggebers

Auch die Vereinbarung von Kontrollrechten des Auftraggebers zur Sicherstellung der Einhaltung von Vertragsbedingungen führen zu einer zusätzlichen Einschränkung der wirtschaftlichen Dispositionsfreiheit des Auftragnehmers.

Ob eine unangemessene Benachteiligung im Sinne der Generalklausel des § 9 I AGBG vorliegt, setzt wie immer eine umfassende Abwägung der beiderseitigen Interessen voraus, wobei zum einen das Übermaßverbot und zum anderen der Sinn und Zweck des AGBG, einen gerechten Austausch der Rechte und Pflichten zwischen den Vertragsparteien zu erreichen, von maßgeblicher Bedeutung sind.

Auch Pflichten, die auf einem berechtigten Interesse des Auftraggebers beruhen, unterliegen dem Übermaßverbot und bedürfen einer angemessenen Eingrenzung[733].

Aufgrund des verfassungs- und EG-rechtlichen Stellenwertes des Umweltschutzes sind die Interessen des Auftraggebers an der Erfüllung der umweltschutzbezogenen Vertragsbedingungen jedenfalls so stark einzustufen, daß die Vereinbarung von Kontrollrechten nicht generell auszuschließen ist. Andererseits hat das Interesse des Auftragnehmers an der Geheimhaltung bestimmter Geschäftsinterna und das Interesse an der wirtschaftlichen Entscheidungsfreiheit ebenfalls Verfassungsrang.

Die Kontrolle der Einhaltung gesetzlich vorgeschriebener Umweltschutzauflagen wie auch von Maßnahmen, die darüber hinausgehen darf jedenfalls nicht dazu führen, daß der Auftragnehmer in unangemessener Art und Weise in seiner wirtschaftlichen Entscheidungsfreiheit eingeschränkt wird. Da die Beachtung beziehungsweise die Nichtbeachtung von Umweltschutzauflagen gerade wegen ihrer Auswirkung auf die Außenwelt regelmäßig auch ohne interne Überprüfung erkennbar oder jedenfalls meßbar ist, ergeben sich im Hinblick auf die Kontrollfähigkeit keine allzugroßen Proble-

---

[733] Brandner in: Ulmer/Brandner/Hensen, § 9 AGBG, Rdnr. 74.

me, so daß die unternehmerische Freiheit in der Regel nicht übermäßig belastet wird.

3. Die Vereinbarung einer Vertragsstrafe als Sanktion für die Nichteinhaltung von Vertragspflichten

a. *Grundsätzliche Zulässigkeit von Vertragsstrafen in Allgemeinen Geschäftsbedingungen*

Eine ausdrückliche Regelung der Vertragsstrafe im Anwendungsbereich des AGBG findet sich lediglich in § 11 Nr. 6 AGBG. Der Geltungsbereich dieser Vorschrift beschränkt sich laut § 24 AGBG auf den nichtkaufmännischen Verkehr und ist damit für die vorliegende Untersuchung nicht von Bedeutung. Gleichwohl läßt sich aus der Formulierung der Vorschrift, die nur ein beschränktes Verbot von Vertragsstrafeklauseln vorsieht, erkennen, daß die Vertragsstrafe unter Nichtkaufleuten nicht generell unzulässig ist.

Auch für den Bereich des kaufmännischen Verkehrs ist die Vereinbarung solcher Vertragsstrafeklauseln grundsätzlich zulässig[734]. Die Wirksamkeit der Klauseln unterliegt jedoch der Kontrolle nach § 9 AGBG.

Vorliegend dient die Vertragsstrafe als Druckmittel für die Erfüllung einer umweltschutzbezogenen Vertragsvereinbarung. Es handelt sich dabei um eine vertragliche Nebenpflicht ideeller Natur, deren Verletzung bei ordnungsgemäßer Erfüllung der vertraglichen Hauptpflichten keine finanzielle Schädigung des Auftraggebers verursacht. Es ist allgemein anerkannt, daß Vertragsstrafen auch zur Sicherung ideeller Vertragsvereinbarungen wirksam vereinbart werden können[735].

---

[734] BGH NJW 1976, 1886 (1887); BGHZ 105, 24 (29); BGH NJW-RR 1986, 895 (896); OLG Frankfurt, ZIP 1986, 374 (375); siehe auch Wolf in Wolf/Horn/Lindacher, § 11 Nr. 6 AGBG, Rdnr. 23; Lindacher, Vertragsstrafen zur Bekämpfung von Submissionsabsprachen, ZIP 1986, 817 (819).

[735] Palandt-Heinrichs, § 253 BGB, Rdnr. 2.

b. *Die Überprüfung nach § 9 AGBG*

Für eine Kontrolle der Vertragsstrafenvereinbarung nach § 9 AGBG besteht ein Bedürfnis, da der Auftragnehmer mit finanziellen Risiken belastet ist und die in § 343 BGB geregelte Möglichkeit einer gerichtlichen Herabsetzung der Strafe keinen hinreichenden Schutz bietet[736].

Die Unwirksamkeit nach § 9 AGBG ist insbesondere dann begründet, wenn eine unangemessen hohe Vertragsstrafe ausbedungen worden ist[737]. Es kommt folglich maßgeblich auf den durch die Vertragsverletzung entstehenden potentiellen Schaden an, wobei dessen Bewertung ex-ante erfolgen muß. Höhe der Vertragsstrafe und Maß der Vertragsverletzung müssen in einem angemessenen Verhältnis stehen. Nach der von Lindacher[738] entwickelten Formel ist eine Vertragsstrafe nur dann angemessen, „wenn sie unter Erfüllungssicherungsaspekten erforderlich (Übermaßverbot als Verbot des Ausbedingens und Forderns nicht erforderlicher Vertragsstrafen) ist und das vom Gläubiger verfolgte ex-ante Erfüllungsinteresse wertungsmäßig nicht niedriger einzustufen ist als das durch die zu erwartende per-saldo-Vermögenseinbuße bestimmte gegenläufige Interesse des Schuldners (Unangemessenheitsverdikt als Interessenabwägungsergebnis). Dem Erfüllungssicherungsinteresse entspricht dabei der bei ex-ante Betrachtung mögliche Schaden".

In Anbetracht der verfassungsrechtlichen und EG-rechtlichen Bedeutung des Umweltschutzes und des darauf beruhenden Interesses des öffentlichen Auftraggebers ist die Erforderlichkeit der Vertragsstrafe als Sicherungsmittel für die Erfüllung umweltschutzpolitischer Vertragsbedingungen ohne Zweifel gegeben. Größere Schwierigkeiten beinhaltet der zweite Teil der genannten Formel. Die schwierige Ermittlung des potentiellen Schadens bei Vertragsschluß führt konsequenterweise auch zu Problemen hinsichtlich der Bestimmung des Wertverhältnisses zwischen der Schadenshöhe und der Höhe der Vertragsstrafe.

---

[736] Wolf in Wolf/Horn/Lindacher, § 11 Nr. 6 AGBG, Rdnrn. 1 u. 23.
[737] Lindacher, ZIP 1986, 817 (819 f.).
[738] Lindacher, ZIP 1986, 817 (820).

Jedenfalls gebietet die besondere Marktmachtposition des öffentlichen Auftraggebers - wie sie insbesondere im Bereich des Hoch- und Tiefbaus vorkommt - dem Auftraggeber, in besonderem Maße auf die Interessen der Auftragnehmer Rücksicht nehmen und die eigenen Belange maßvoll zu verfolgen[739]. Diese Rücksichtnahme darf andererseits aber nicht dazu führen, daß
die Effizienz der Vertragsstrafe als präventives Druckmittel verloren geht. Es
ist darauf zu achten, eine vernünftige Balance zwischen dem Schutz des
Auftragnehmers einerseits und dieser Präventionswirkung andererseits zu erzielen.

Es erscheint angemessen, die Vertragsstrafe auf fortgesetzte beziehungsweise
erhebliche Vertragsverletzungen zu beschränken, wobei die Höhe der Vertragsstrafe so ausgestaltet sein muß, daß sie ihre Wirkung als Druckmittel zur
Sicherung der umweltschutzpolitischen Vertragspflichten nicht verfehlt.

4.   Weitere Sanktionen

Die im Rahmen der vorliegenden Untersuchung weiterhin in Betracht kommenden Sanktionen wie Auftragsperre und Rücktritt vom Vertrag fallen nicht
unmittelbar in den Bereich des AGBG. Die Auftragssperre ist dem Bereich
des Wettbewerbs- und Kartellrechts zuzuordnen und bereits dort erörtert worden, während die Voraussetzungen für Kündigung und Vertragsrücktritt den
allgemeinen Vorschriften des BGB zu entnehmen sind.

Vorliegend geht es wie bereits dargelegt um die Verletzung vertraglicher Nebenpflichten, für die die Grundsätze der pFV heranzuziehen sind. Danach
besteht ein Rücktrittsrecht nach den §§ 325, 326 BGB nur für den Fall, daß
die Vertragsverletzung den Vertragszweck derart gefährdet, daß dem anderen
Teil nach Treu und Glauben das Festhalten am Vertrag nicht mehr zuzumuten
ist[740]. Die praktische Relevanz des Rücktritts ist sehr gering, da bei Erfüllung der Hauptleistungpflicht regelmäßig keine Vertragszweckgefährdung
festzustellen ist.

---

[739] OLG Frankfurt ZIP 1986, 374 (375); BGH NJW-RR 1986, 895 (897); Rittner,
Rechtsgrundlagen, Rdnr. 227; a.A. Lindacher, ZIP 1986, 817 (819).

[740] Palandt-Heinrichs, § 276 Rdnr. 124.

Bei Dauerschuldverhältnissen tritt an die Stelle des Rücktrittsrechts ein Kündigungsrecht aus wichtigem Grund. Da die im Rahmen der öffentlichen Auftragsvergabe begründeten Vertragsverhältnisse diesem Begriff nicht unterliegen, kommt eine außerordentliche Kündigung von vornherein nicht in Betracht.

§ 6 Haushaltsrechtliche Grenzen der umweltschutzbezogenen Instrumentalisierung öffentlicher Aufträge

Die wenigen Vorschriften des Bundes- und Landeshaushaltsrechts, die im Rahmen der öffentlichen Auftragsvergabe von Bedeutung sind, stehen einer Instrumentalisierung der öffentlichen Aufträge nicht entgegen.

I.   §§ 6 I HGrG, 7 I BHO, 7 I LHO Rhl.-Pf.

Der in den §§ 6 I HGrG, 7 I BHO, 7 I LHO Rhl.-Pf. geregelte zentrale haushaltsrechtliche Grundsatz der Wirtschaftlichkeit und Sparsamkeit ist bei der Aufstellung von Haushaltsplänen zu beachten und umfaßt auch die Vergabe öffentlicher Aufträge[741]. Adressaten dieser Vorschriften sind die mit der Aufstellung und Ausführung des Haushaltsplanes befaßten Gesetzgebungsorgane und Verwaltungsstellen[742].

Nach heutiger Auffassung kollidiert die Instrumentalisierung öffentlicher Aufträge selbst dann nicht mit diesem Gebot, wenn die vergabefremden Ziele zu erhöhten Kosten führen. Begründet wird dies damit, daß Gegenstand der haushaltsrechtlichen Vorschriften nicht die materielle Vereinbarkeit umweltschutzpolitischer Zielsetzungen mit dem Haushaltsrecht ist, d.h. nicht die Zielfestlegung, sondern ausschließlich den Mitteleinsatz betrifft[743]. Gefordert wird lediglich, daß zwischen dem verfolgten Zweck und dem dafür eingesetzten Mittel ein optimales Verhältnis besteht und der Mitteleinsatz sich auf denjenigen Umfang beschränkt, der für die Erfüllung der jeweiligen Auf-

---

[741] Rittner, Rechtsgrundlagen, Rdrn. 41; Lange, Öffentliche Aufträge als Instrument nationaler Politik, 61 (73), Hrsg.: Karl Matthias Meessen, Öffentliche Aufträge und Forschungspolitik.

[742] Rittner, Rechtsgrundlagen, Rdnr. 41.

[743] Pietzcker, AöR 107 (1982), 61 (89); ders., Staatsaufträge, S. 338; Wallerath, Öffentliche Bedarfsdeckung, S. 166.

gaben unbedingt erforderlich ist[744]. Maßstab für den Kosten-Nutzen-Vergleich ist nicht allein der Beschaffungszweck, sondern sämtliche legitimen weiteren Zielsetzungen[745]. Insofern kann als geklärt gelten, daß Mehrkosten, die durch die umweltschutzpolitisch motivierte Bevorzugung von Auftragnehmern entstehen, nicht gegen das haushaltsrechtliche Gebot der Wirtschaftlichkeit und Sparsamkeit verstößt.

Ob die Durchsetzung dieser umweltschutzpolitischen Ziele die Beachtung des Gesetzesvorbehalts erfordert, d.h. eine gesetzliche Ermächtigungsgrundlage geschaffen werden muß, ist eine Frage der formellen, nicht der materiellen Zulässigkeit solcher Instrumentalisierungen[746].

II.   §§ 55 II BHO, 55 II LHO Rhl.-Pf.

Die §§ 55 II BHO und 55 II LHO Rhl.-Pf. bestimmen, daß der Vertragsschluß im Rahmen der öffentlichen Vergabeverfahrens nach einheitlichen Richtlinien vollzogen werden muß.

Ausprägung dieser haushaltsrechtlichen Vorschriften sind die Verdingungsordnung für Bauleistungen (VOB) und die Verdingungsordnung für Leistungen - ausgenommen Bauleistungen- (VOL). Es handelt sich dabei - soweit die Teile A betroffen sind - um Dienstanweisungen an die Beschaffungsstellen. Als Verwaltungsvorschriften haben sie zwar für die nachgeordneten Verwaltungsstellen Bindungswirkung, die Bewerber um einen öffentlichen Auftrag können sich mangels unmittelbarer Außenwirkung in der Regel aber nicht auf die Verdingungsordnungen berufen[747].

---

[744] Wallerath, Öffentliche Bedarfsdeckung, S. 166; Krebs, Haushaltsrechtliche Überlegungen zur Privatisierung von Unternehmensbeteiligungen des Bundes, ZRP 1983, 270 (271).

[745] Pietzcker, Staatsaufträge, S. 335, 336.

[746] Siehe dazu Kapitel § 3 II 2 a bb.

[747] Rittner, Rechtsgrundlagen, Rdnr. 48 ff.; Pietzcker, Rechtsschutz bei der Vergabe öffentlicher Aufträge, NVwZ 1983, 121 (122).

Nur ausnahmsweise kann den Verdingungsordnungen eine mittelbare rechtliche Außenwirkung nach den aus Art. 3 I GG resultierenden Grundsätzen der Selbstbindung der Verwaltung zuerkannt werden[748]. Sofern sich eine gewisse Verwaltungspraxis herauskristallisiert hat - wie dies bei der Anwendung der Verdingungsordnungen der Fall ist - müssen die Bewerber auch darauf vertrauen können, daß die öffentlichen Auftraggeber nicht willkürlich gegen die Selbstbindung verstoßen[749].

Anerkannt ist in der zivilrechtlichen Rechtsprechung auch ein Anspruch auf Schadensersatz aus cic im Falle eines willkürlichen Verstoßes gegen die durch die Verdingungsordnungen begründeten Pflichten[750].

Damit kommt den Verdingungsordnungen trotz ihres Charakters als Verwaltungsvorschriften im Einzelfall doch noch eine gesetzesähnliche Wirkung zu.

Dies bedeutet aber nicht, daß die nachgeordneten Beschaffungsstellen die Möglichkeit versagt wird, die Verdingungsordnungen generell zu ergänzen oder zu modifizieren. Solange diese Modifikationen für alle Bewerber gleichermaßen gelten, ist der in §§ 55 II BHO, 55 II LHO Rhl.-Pf. bestimmten Einheitlichkeit des Verfahrens genüge getan.

---

[748] Pietzcker, Rechtsschutz, NVwZ 1983, 121 (122); Rittner, Rechtsgrundlagen, Rdnr. 51.

[749] Jank-Zdzieblo, Einführung in das öffentliche Auftragswesen, S. 48, 49.

[750] Pietzcker, Rechtsschutz, NVwZ 1983, 121 (123); BGHZ 60, 221 (223 ff.); BGH NJW 1985, 1466.

§ 7 Die formelle Zulässigkeit der Instrumentalisierung öffentlicher Aufträge

Fraglich ist, ob als Grundlage einer umweltschutzpolitischen Instrumentalisierung öffentlicher Aufträge eine ausdrückliche einfachgesetzliche Ermächtigung erforderlich ist oder ob entsprechend der sonstigen Vergabepraxis Regelungen in Form von Verwaltungsvorschriften genügen.

Im Rahmen dieser kompetenzrechtlichen Fragestellung kommt der im Rechtsstaatsprinzip verankerte Grundsatz des Gesetzesvorbehalts zum Tragen, der für alle wesentlichen Entscheidungen das Vorliegen einer gesetzlichen Regelung vorsieht. Das Bundesverfassungsgericht hat in ständiger Rechtsprechung zur Wesentlichkeitstheorie für den grundrechtsrelevanten Bereich festgestellt, daß alles, was hinsichtlich der Grundrechtsausübung von Bedeutung ist, als wesentlich einzustufen sei. Danach ist „der Gesetzgeber verpflichtet, ...im Bereich der Grundrechtsausübung, soweit diese staatlichen Regelungen zugänglich ist, alle wesentlichen Entscheidungen selbst zu treffen"[751]. Eine genaue Definition, was als wesentliche Entscheidung im Grundrechtsbereich zu gelten hat, enthält diese Formel nicht und kann nur einzelfallbezogen entschieden werden[752].

Im Hinblick auf die wesentliche Bedeutung der Beschaffungspraxis für den Grundrechtsbereich der Anbieter – zu erwähnen sind hier die Art. 3 I, 2 I , 12 I, und 14 I GG - , befürworten einige Vertreter innerhalb der Literatur eine generelle Anwendung des Gesetzesvorbehalts auch für die wirtschaftliche Tätigkeit der Verwaltung. Insbesondere Kunert[753] verlangt nach einer gesetzlichen Regelung der Auftragsvergabe, um die Gleichheit der Entschei-

---

[751] BVerfGE 47, 46 (79); 49, 89 (126); 57, 295 (320 f.); 61, 260 (275); 77, 170 (230 f.).

[752] Osterloh, Frauenförderung im Rahmen der öffentlichen Mittelvergabe, S. 144.

[753] Kunert, Staatliche Bedarfdeckungsgeschäfte und öffentliches Recht, S. 140 ff.

dung sicherzustellen. Lange[754] sieht ebenfalls eine Notwendigkeit in einer Gesetzesregelung, da allein das Gesetz die rechtsstaatlich gebotene Rationalität und Überschaubarkeit des staatlichen Handelns sicherstellen könne.

Die Rechtsprechung und namhafte Vertreter innerhalb der Literatur sind zu keinem Zeitpunkt dieser generellen Auffassung gefolgt und haben es stets bei der gegenwärtigen Praxis belassen, die eine Regelung der Vergabe in den Verdingungsordnungen in Verbindung mit § 55 II BHO, 55 II LHO Rhl.-Pf. vorsieht. Da das Parlament im Rahmen der Haushaltsentscheidung Einfluß nehmen kann, dürfen die Anforderungen an das Gesetzmäßigkeitsprinzip nicht überstrapaziert werden, so daß eine generelle verfassungsrechtliche Verpflichtung für eine nähere gesetzliche Regelung nicht gegeben ist[755].

Problematisch ist - wie eingangs angedeutet – jedoch die Instrumentalisierung der Auftragsvergabe für außerhalb des eigentlichen Beschaffungszweckes liegende politische Zielsetzungen. Da die Auftragsvergabe zumindest im Bereich der Anwendung bestimmter umweltschutzbezogener Bevorzugungskriterien einer Subvention angenähert ist, bietet es sich an, die dort herausgearbeiteten Grundsätze für den Anwendungsbereich des Gesetzesvorbehalts fruchtbar zu machen.

Nach ständiger Rechtsprechung des Bundesverwaltungsgerichts ist eine gesetzliche Ermächtigungsgrundlage unerläßlich für die Vergabe direkter Subventionen, sofern die Subvention in ein Grundrecht eingreift[756] Das Haushaltsgesetz in Verbindung mit Verwaltungsvorschriften genügt jedoch den Anforderungen, soweit der Subventionszweck klar umrissen ist und sichergestellt ist, daß die Subventionen nach einem einheitlichen Schema vergeben werden[757].

Aufgrund der eingangs erwähnten Grundrechtsrelevanz spricht einiges dafür, für die umweltpolitische Instrumentalisierung öffentlicher Aufträge eine gesetzliche Ermächtigungsgrundlage zu fordern. Die haushaltsrechtliche Rege-

---

[754] Lange, in Meessen (Hrsg.), Öffentliche Aufträge als Instrument nationaler Politik, S. 61 (76 f.).

[755] Vgl. dazu Ehlers, JZ 1990, 1089 (1097); Pietzcker, Der Staatsauftrag, S. 387

[756] BverwGE 90, 112 (126).

[757] BVerwGE 18, 352 = DVBl. 1964, 824; 30, 191 (193); 58, 45 (48 f.).

lung in Verbindung mit den Verdingungsordnungen beinhaltet lediglich eine Ermächtigungsgrundlage für den reinen Beschaffungszweck der Auftragsvergabe. Zwar schließt dies die grundsätzliche Befugnis der Verwaltung nicht aus, neben dem Primärzweck der Beschaffung andere politische Ziele zu verfolgen[758]; damit liegt jedoch nicht gleichzeitig eine parlamentarische Ermächtigung für eine entsprechende Handlungsweise der öffentlichen Auftraggeber vor. Es bleibt festzustellen, daß es derzeit für über den Beschaffungszweck hinausgehende umweltpolitische Zielsetzungen an einer parlamentarischen Legitimierung fehlt[759]. Die derzeit im Gesetzgebungsverfahren befindliche Gesetz zur Neuregelung des Vergaberechts sieht eine solche gesetzliche Ermächtigungsgrundlage nicht vor.

In diesem Zusammenhang nicht zu vernachlässigen - weil von wesentlicher Bedeutung für die Praxis – ist vor allem die Rechtsprechung des Bundesverwaltungsgerichts, wonach Bevorzugungsregelungen in Form von Verwaltungsvorschriften trotz fehlender spezialgesetzlicher Ermächtigungsgrundlage bislang nicht gerügt wurden[760]. Danach erscheint es zumindest vertretbar, umweltpolitische Bevorzugungsregelungen allein in Verwaltungsvorschriften zu verankern.

---

[758] Siehe dazu Kapitel § 3 II.

[759] Rittner, Rechtsgrundlagen und Rechtsgrundsätze, S. 50, Rdnr. 70, Wallerath, Öffentliche Bedarfsdeckung, S. 424 f..

[760] BVerwGE 38, 281 (284).

238

Zusammenfassung in Thesen

1. Im Rahmen der öffentlichen Auftragsvergabe übernimmt der Staat die Rolle eines privaten Käufers. Bei dieser Form staatlicher Tätigkeit handelt es sich um Nachfrage in wirtschaftlichem Sinne.

2. Bei der Vergabe öffentlicher Aufträge wird die öffentliche Hand nicht hoheitlich tätig. Vielmehr wird mit dem ausgewählten Bewerber ein privatrechtlicher Vertrag geschlossen, der mit Zugang des Zuschlags wirksam wird. Sämtliche Ansprüche aus der Beziehung Auftraggeber-Auftragnehmer sind folglich dem Zivilrechtsweg unterstellt.

3. Das stetig wachsende Auftragsvolumen und die damit zusammenhängende Machtposition auf dem Nachfragemarkt sind der Anlaß dafür, daß die Auftragsvergabe nicht mehr allein der staatlichen Beschaffung dient, sondern auch als Instrumentarium zur Durchsetzung politisch wünschenswerter Ziele - wie die Förderung des Umweltschutzes- eingesetzt wird.

4. Der Umweltschutz gehört zu den wesentlichsten Aufgaben unseres Gemeinwesens und ist ausdrücklich als Gemeinschaftsziel in den Art. 2, 3 lit. l, 6 und 174 EGV/ 3 lit. k und 130 r EGV a. F. verankert. Durch Gesetz zur Änderung des Grundgesetzes vom 27.10.94 hat der Umweltschutz als Staatszielbestimmung in Art. 20 a GG Eingang in das Grundgesetz gefunden. Mittelbar war und ist der Umweltschutz unabhängig davon in den Art. 1 I, 2 II 1 und 2, 14 und 2 I GG präsent.

5. Die für die umweltpolitische Instrumentalisierung der Auftragsvergabe bedeutsamste Fallgruppe betrifft die Abhängigkeit der Vergabeentscheidung von einem bestimmten vorgegebenen Bewerberverhalten. Für die rechtliche Zulässigkeit von entscheidender Bedeutung ist, ob dieses Verhalten als zusätzliche Vertragsbedingung ausgestaltet werden kann oder ob es als zusätzliches Vergabekriterium gewertet werden muß.

5. EG-rechtliche Bindungen der umweltschutzbezogenen Auftragsvergabe ergeben sich zum einen aus dem Sekundärrecht, sprich den EG-

Richtlinien und zum anderen auch aus dem das Sekundärrecht begründenden Primärrecht. Zu erwähnen sind hier die Art. 28, 49 und 81 ff EGV/ Art. 30, 59 und 85 ff. EGV a. F..

6. Im Rahmen des Sekundärrechts sind die Koordinierungsrichtlinien für Liefer- und Bauaufträge und die Sektorenrichtlinie von besonderer Bedeutung. Sie finden jeweils nur auf Aufträge oberhalb der in den Richtlinien festgelegten Schwellenwerten Anwendung.

8. Eine umweltpolitische Instrumentalisierung der Auftragsvergabe im Bereich der EG-Koordinierungsrichtlinien ist nicht generell unzulässig. Der EuGH stellt vielmehr fest, daß vergabefremde Kriterien insoweit Berücksichtigung finden können, als sie als zusätzliche Vertragsbedingungen qualifiziert werden können, d.h. in einem Sachzusammenhang mit dem konkreten Auftrag stehen. Solange im jeweiligen Einzelfall nicht festgestellt werden kann, daß diese Bedingungen den zwischenstaatlichen Handel unmittelbar oder mittelbar behindern, sind diese zulässig.

9. Durch Art. 28 EGV/ Art. 30 EGV a. F. sollen umfassend alle Handelshemmnisse für den Warenverkehr im Gemeinsamen Markt beseitigt und verdeckter nationaler Protektionismus verhindert werden. Von Art. 28 EGV/ Art. 30 EGV a. F. werden im wesentlichen die öffentlichen Lieferaufträge erfaßt. Sofern jedoch bestimmte Materialien im Rahmen der Bauaufträge vorgeschrieben werden, so unterliegt diese Vorgabe ebenfalls Art. 28 EGV/ Art. 30 EGV a. F..

10. Eine Maßnahme gleicher Wirkung gemäß Art. 28 EGV/ Art. 30 EGV a. F. betrifft nur staatliche bzw. dem Staat zurechenbare Handlungen, die geeignet sind, die Ein- und Ausfuhr zu behindern. Im Bereich der öffentlichen Auftragsvergabe ist hoheitliches Handeln in der Regel dann gegeben, wenn die öffentliche Hand eine gleichförmige Verwaltungspraxis für die Vergabe öffentlicher Aufträge vorschreibt. Eine andere Beurteilung ist geboten, wenn für einen konkreten Auftrag bestimmte Umweltschutzanforderungen an das Bewerberverhalten gestellt werden, da hier eine Einzelfallregelung getroffen wird. Zusammenfassend läßt sich sagen, daß zwischen der Aufstellung genereller Regelungen zur Auftragsvergabe einerseits und Regelungen für einen konkreten Auftrag sowie der eigentlichen Auftragsvergabe unterschieden werden muß.

11. Nach der „Cassis de Dijon"-Rechtsprechung des EuGH ist eine unterschiedslos für in- und ausländische Waren geltende Regelung, die zur Handelsbehinderung geeignet ist, dann nicht als Maßnahme gleicher Wirkung anzusehen, wenn diese notwendig ist, um zwingenden Erfordernissen gerecht zu werden. Der Umweltschutz ist als zwingendes Erfordernis im Sinne dieser Rechtsprechung anzusehen.

12. Grundsätzlich kann der durch die Rechtsprechung des EuGH konkretisierte EG-Vertrag einen größeren Handlungsspielraum für die umweltschutzbezogene Instrumentalisierung der öffentlichen Auftragsvergabe gewähren als die Richtlinien. Der Verhältnismäßigkeitsgrundsatz - insbesondere das Prinzip der Berücksichtigung des mildesten Mittels - gebietet jedoch, neben den zusätzlichen verbindlichen Auftragsbedingungen – in diesem Bereich sind sowohl solche ökologischen Maßnahmen denkbar, die in einem konkreten Zusammenhang mit dem Auftrag stehen als auch generelle ökologische Forderungen für die Zukunft – lediglich solche Auftragskriterien vom Verbot des Art. 28 EGV/ Art. 30 EGV a. F. auszunehmen, die einen konkreten Bezug zum jeweiligen Auftrag aufweisen, allerdings nur soweit die Angebote wirtschaftlich in etwa gleichwertig sind.

13. Sämtliche Bauleistungen unterliegen der in Art. 49 EGV/ Art. 59 EGV a. F. geregelten Dienstleistungsfreiheit. In Anlehnung an die „Cassis de Dijon"- Rechtsprechung des EuGH kann auch Art. 49 EGV/ Art. 59 EGV a.F. eingeschränkt werden, so daß die umweltpolitische Instrumentalisierung im Bereich der Bauaufträge entsprechend dem für Art. 28 EGV/ Art. 30 EGV a. F. festgelegten Rahmen zulässig ist.

14. Normenkonflikte zwischen dem innerstaatlichen und gemeinschaftsrechlichen Kartellrecht sind nach dem Grundsatz des Vorrangs des Gemeinschaftsrechts zu lösen. Dieser Vorrang greift nur für den Fall einer Unvereinbarkeit der Rechtsfolgen des nationalen mit denen des europäischen Kartellrechts ein. Ansonsten finden beide Wettbewerbsordnungen parallele Anwendung.

15. Die EG-Wettbewerbsregeln (Art. 81 ff. EGV/ Art. 85 ff. EGV a. F.) greifen nur dann ein, wenn das Verhalten der Unternehmen oder der Mitgliedstaaten geeignet ist, den innergemeinschaftlichen Handel zu beeinträchtigen.

16. Innerhalb der Art. 81 ff. EGV/ Art. 85 ff. EGV a. F. gilt der funktionale Unternehmensbegriff, der aus dem Sinn und Zweck des EG-Vertrags selbst zu bestimmen ist. Unter Berücksichtigung dieses weiten funktionalen Unternehmensbegriffes fällt auch der Staat als solcher - soweit er nicht hoheitlich tätig wird - unter den Begriff des öffentlichen Unternehmens im Sinne des Art. 86 EGV/ Art. 90 EGV a. F..

17. Die Wettbewerbsregeln finden neben Privatunternehmen auch auf öffentliche Unternehmen Anwendung. Art. 86 EGV enthält eine zusätzliche Verpflichtung der Mitgliedstaaten dafür Sorge zu tragen, daß die öffentlichen Unternehmen die Wettbewerbsregeln achten und stellt damit eine wichtige Ergänzung der Art. 81 ff. EGV/ Art. 85 ff. EGV a. F. dar.

18. Nach dem Sinn und Zweck der Wettbewerbsregeln ist auch die Nachfragetätigkeit des Staates als unternehmerische Tätigkeit einzustufen. Jedenfalls dann, wenn der Staat nicht lediglich hoheitlich tätig wird, muß sie an den Wettbewerbsvorschriften der Art. 81 ff. EGV/ Art. 85 ff. EGV a. F. gemessen werden. Denn auch ein mißbräuchliches Verhalten auf der Nachfrageseite ist geeignet, den zwischenstaatlichen Handel zu beeinträchtigen.

19. Art. 82 EGV/ Art. 86 EGV a. F. konkretisiert die Grundsatznorm des Art. 3 lit. g EGV, der die Errichtung eines unverfälschten Wettbewerbs zum Ziel hat. Das mißbräuchliche Verhalten gemäß Art. 82 EGV/ Art. 86 EGV a. F. muß aus diesem Ziel heraus bestimmt werden und liegt folglich immer dann vor, wenn das Verhalten objektiv im Widerspruch zu den Zielen des EG-Vertrages steht. Solange umweltschutzbezogene Vertragsbedingungen in jeder Hinsicht maßvoll eingesetzt werden, ist ein Konditionenmißbrauch i.S.d. Art. 82 II lit. a EGV/ Art. 86 II lit. a EGV a. F. nicht gegeben. Die sogenannten koordinierten Sperren (Abbruch bestehender und Nichtaufnahme neuer Geschäftsbeziehungen) dürfen aufgrund ihrer möglichen existenzbedrohenden Wirkung nur als ultima ratio eingesetzt werden. In Anbetracht der Auswirkungen solcher Sperren sollte der Abbruch bestehender Geschäftsbeziehungen nur gerechtfertigt sein, wenn die Nichteinhaltung der umweltschutzbezogenen Vertragsbedingungen einen konkreten Bezug zu dem jeweiligen Auftrag aufweisen. Da im Rahmen der Nichtaufnahme neuer Geschäftsbeziehungen ein zusätzliches Vergabekriterium über die Auftragserteilung entscheidet, ist im Anwendungsbereich der Koordinie-

rungsrichtlinien ein mißbräuchliches Verhalten zu bejahen. Aber auch außerhalb des Anwendungsbereiches der Koordinierungsrichtlinien ist angesichts der Auswirkungen solcher Auftragssperren nicht anders zu entscheiden, sofern der Bewerber ansonsten die anerkannten Vergabekriterien erfüllt. Insoweit besteht eine Kontrahierungspflicht des öffentlichen Auftraggebers.

20. Auch Art. 87 I EGV/ Art. 92 I EGV a. F. kann aufgrund des weiten Beihilfebegriffes eine rechtliche Schranke für die umweltpolitische Instrumentalisierung der Auftragsvergabe bilden, die ihrerseits jedoch wieder durch die in Art. 87 III lit. b EGV/ Art. 92 III lit. b EGV a. F. geregelten Fakultativausnahmen eine Durchbrechung erfahren kann. Diese Ausnahmeregelung findet nur auf Maßnahmen Anwendung, die den Wettbewerb zur Erreichung ihres legitimen Ziels nicht übermäßig beeinträchtigen. Da im vorliegenden Fall die Genehmigungsfähigkeit einer Maßnahme auf demselben im Allgemeininteresse stehenden Grund (Umweltschutz) basiert wie die Rechtfertigung einer nach Art. 28 EGV/ Art. 30 EGV a. F. verbotenen Maßnahme i.S.d. Cassis-de-Dijon-Rechtsprechung, orientiert sich die Genehmigungsfähigkeit der als Beihilfe zu qualifizierenden Maßnahme am Ergebnis der bei Art. 28 EGV vorgenommenen Verhältnismäßigkeitsprüfung.

21. Durch die Koppelung des reinen Beschaffungszweckes mit umweltschutzbezogenen Zielen, wird der Beschaffungszweck von öffentlichen Zielen überlagert, so daß Verwaltungsprivatrecht zum Zuge kommt mit der Konsequenz der unmittelbaren Bindung an die Grundrechte.

22. Dem Grundgesetz ist kein generelles Reinheitsgebot zu entnehmen, welches dem Staat die Auftragsvergabe nur aus reinen Beschaffungszwecken erlaubt. Eine generelle Unzulässigkeit der instrumentalisierten Auftragsvergabe ist im Grundgesetz nicht nachweisbar.

23. Die Förderung des als Staatszielbestimmung in Art. 20 a GG verankerten Umweltschutzes stellt ein verfassungsrechtlich legitimes Ziel des öffentlichen Auftraggebers dar. Die Wertungen aus der Verfassung und dem übergeordneten EG-Recht sind als Differenzierungserlaubnisse auszulegen, die einen Verstoß gegen Art. 3 I GG ausschließen. Dies gilt jedenfalls in Bezug auf die Vereinbarung umweltschutzbezogener Vertragsbedingungen. Da im Rahmen der Angemessenheitsprüfung auch die Differenzierungswirkungen für die Betroffenen Beachtung

finden müssen, ist in Bezug auf umweltschutzbezogene Auftragskriterien, die bei Nichterfüllung von vornherein zum Ausschluß führen, eine unangemessene Ungleichbehandlung dann anzunehmen, wenn der Bewerber durch den Ausschluß in seiner Existenz bedroht wird. Ein generelles Koppelungsverbot der Auftragsvergabe mit umweltpolitischen Zielen ist abzulehnen.

24. Der Schutzbereich des Art. 14 GG ist nur betroffen, wenn die umweltschutzorientierte Bevorzugung des Mitbewerbers existenzbedrohend wirkt.

25. Auch bei einem bloß faktischen Eingriff in den Schutzbereich des Art. 12 I GG wird eine Bindungswirkung der Grundrechte grundsätzlich anerkannt. Der Grundrechtsschutz beschränkt sich im Bereich des Freiheitsgrundrechts des Art. 12 I GG auf die Berücksichtigung der dieser Vorschrift innewohnenden objektiven Wertentscheidung der freien unternehmerischen Betätigung. Mangels Anspruchs eines Mitbewerbers auf Erteilung des Zuschlags steht es dem öffentlichen Auftraggeber frei, einen Bewerber auszuwählen, der sich in der Vergangenheit bereits umweltgerecht verhalten hat. Auch die Vereinbarung zumutbarer und angemessener umweltschutzbezogener Vertragspflichten für die Zukunft ist in Anbetracht des Verfassungsranges des Umweltschutzes unbedenklich.

26. Sowohl das UWG als auch das GWB sind auf die öffentliche Auftragsvergabe anwendbar. Daran ändert auch die umweltschutzpolitische Instrumentalisierung nichts, da der privatrechtliche Charakter des marktrelevanten Verhaltens erhalten bleibt.

27. Innerhalb des UWG reicht es aus, daß fremder Wettbewerb gefördert wird.

28. Der in § 1 UWG enthaltene unbestimmte Rechtsbegriff der guten Sitten wird konkretisiert durch die objektiven Wertentscheidungen in den Grundrechten, wobei zu beachten ist, daß die Verfassungsbindung für die umweltpolitische Instrumentalisierung nicht nur nachteilig ist, sondern auch begünstigend wirken kann. Darüber hinaus spielt auch das GWB für die Auslegung der guten Sitten eine entscheidende Rolle, was auf der wechselseitigen Abhängigkeit beider Gesetze beruht.

29. Unter Berücksichtigung der Ambivalenz der Verfassungsbindung im Rahmen der vorzunehmenden Interessenabwägung sind Vertragsbedingungen, die dem Umweltschutz dienen, nicht sittenwidrig, solange sie in maßvoller Art und Weise vereinbart werden, d.h. nicht existenzgefährdend für den Auftragnehmer werden. Dasselbe gilt für Bevorzugungsregelungen und Bezugssperren, solange diese nicht willkürlich oder unangemessen sind.

30. Im Rahmen des GWB von Bedeutung ist § 20 I GWB/ § 26 II 1 GWB a. F.. Das allgemeine Mißbrauchsverbot des § 19 I, IV GWB/ § 22 IV GWB a. F. hat keine eigenständige Bedeutung, da Mißbräuche außerhalb des durch § 20 I, II GWB/ § 26 II GWB a. F. geregelten Bereiches vorliegend nicht ersichtlich sind.

31. Ein generelles Koppelungsverbot ist dem GWB fremd. VOL- und VOB-widriges Verhalten kann lediglich eine Indizwirkung für das Vorliegen einer Diskriminierung oder Behinderung im Sinne des § 20 I GWB/ § 26 II 1 GWB a. F. entfalten. Die sachliche Rechtfertigung beziehungsweise die Unbilligkeit einer Behinderung ist gesondert anhand einer umfassenden individualisierten Interessenabwägung festzustellen.

32. Unter Berücksichtigung der Zielsetzung des GWB, den freien Wettbewerb zu garantieren, darf die Vereinbarung umweltschutzbezogener Vertragsbedingungen nicht dazu führen, den Auftragnehmer in wirtschaftliche Schwierigkeiten zu bringen und ihn vom Markt zu verdrängen. Auch hier sind solche Vertragsbedingungen im Hinblick auf das verfassungsmäßig geschützte Interesse des Auftragnehmers zulässig, solange sie maßvoll und zumutbar sind. Auch Bevorzugungsregelungen sind unter diesem Aspekt zulässig, sofern die in Konkurrenz stehenden Angebote ansonsten annähernd gleichwertig sind und auch den allgemeinen Leistungskriterien Beachtung geschenkt wird. Solange auch hier eine maßvolle Anwendung erfolgt, die nicht zu einer Existenzbedrohung führt, besteht seitens des öffentlichen Auftraggebers kein Kontrahierungszwang. Für Bezugssperren im Falle der Verletzung vertraglicher Verpflichtungen zur Durchführung von Umweltschutzmaßnahmen kann im Grundsatz nichts anderes gelten. In Anbetracht der Schärfe und Auswirkungen solcher Bezugssperren sollte diese Maßnahme nur als ultima ratio eingesetzt und in zeitlich angemessener Weise begrenzt werden. Im Falle längerfristiger Bezugssperren

ist eine Auftragsbezogenheit der verletzten Vertragspflichten zu verlangen.

33. Die Anwendung des AGBG auf die Vereinbarung zusätzlicher Vertragsbedingungen beschränkt sich auf die Generalklausel des § 9
AGBG. Im Ergebnis ist keine unangemessene Benachteiligung im Sinne des § 9 AGBG anzunehmen, da der Vertragspartner geringfügige
Benachteiligung zu dulden hat und geringfügig unterlegene Interessen
des öffentlichen Auftraggebers den Vorzug erhalten. Sofern eventuelle
Mehrkosten für die umweltschutzbezogenen Vertragsbedingungen bei
der Preisgestaltung entsprechend Berücksichtigung finden, schlägt die
Interessenabwägung zugunsten des öffentlichen Auftraggebers aus.

34. Die Vereinbarung von Kontrollrechten ist nicht unangemessen im Sinne des § 9 AGBG, da die Beachtung oder Nichtbeachtung von Umweltschutzauflagen wegen ihrer Auswirkung auf die Außenwelt regelmäßig auch ohne interne Überprüfung erkennbar ist und daher die unternehmerische Freiheit in der Regel nicht übermäßig belastet wird. Im
Hinblick auf die besondere Marktmacht des öffentlichen Auftraggebers
erscheint es angemessen, die Vereinbarung von Vertragsstrafen auf
fortgesetzte sowie auf erhebliche Vertragsverletzungen zu beschränken.

35. Der in §§ 6 I HGrG, 7 I BHO, 7 I LHO geregelte haushaltsrechtliche
Grundsatz der Wirtschaftlichkeit und Sparsamkeit verlangt lediglich,
daß zwischen dem verfolgten Zweck und dem dafür eingesetzten Mittel
ein optimales Verhältnis besteht, d.h. der Mitteleinsatz sich auf denjenigen Umfang beschränkt, der zur Aufgabenerfüllung unbedingt erforderlich ist. Maßstab für den Kosten-Nutzen-Vergleich sind sämtliche
legitimen Zielsetzungen, so daß Mehrkosten durch die umweltpolitische Instrumentalisierung nicht automatisch diesem Grundsatz
widersprechen.

Literaturverzeichnis

Altenmüller, Reinhard: Die Vergabe öffentlicher Aufträge durch die Kommunen, DVBL 1982, 241.

Ahlt, Michael: Europarecht, 2. Aufl., München 1996.

Ax, Thomas: Zulässigkeit vergabfremder Kriterien, insbesondere: Tariftreue-Erklärungen, ZVgR 1997, 46.

Bach, Albrecht: Direkte Wirkungen von EG-Richtlinien, JZ 1990, 1108.

Badura, Peter: Die Erfüllung öffentlicher Aufgaben und die Unternehmenszwecke bei der wirtschaftlichen Betätigung der öffentlichen Hand, in: von Münch (Hrsg.) Festschrift für Schlochauer 1981, 1.

ders.: Aussprache zur "Die Dogmatik des Verwaltungsrechts, VVDStRL 30, 327.

Baudenbacher, Carl: Machtbedingte Wettbewerbsstörungen als Unlauterkeitstatbestände, GRUR 1981, 19.

Baumbach, Adolf/*Hefermehl*, Wolfgang: Wettbewerbsrecht, 19. Aufl., München 1996.

Becker, Ulrich: Die Berücksichtigung des Staatsziels Umweltschutz beim Gesetzesvollzug, DVBl. 1995, 713.

ders.: Der Gestaltungsspielraum der EG-Mitgliedstaaten im Spannungsfeld zwischen Umweltschutz und freiem Wettbewerb, 1. Aufl., Baden-Baden 1991.

Bender, Bernd: Der Rechtsweg bei Klagen gegen Auftragssperren der öffentlichen Hand, JuS 1962, 178.

Bernhard, Peter: „Keck" und „Mars" – die neueste Rechtsprechung des EuGH zu Art. 30 EGV, EWS 1995, 404.

Beyerlin, Ulrich: Umsetzung von EG-Richtlinien durch Verwaltungsvorschriften?, EuR 1987, 126.

Bleckmann, Albert: Subventionsrecht, Stuttgart, Berlin, Köln, Mainz 1978.

ders.: Europarecht, 6. Auflage, Köln, Berlin, Bonn, München 1997.

ders.: Die kommunale Leistungsverwaltung, insbesondere die Subventionsvergabe im europäischen Binnenmarkt, NVwZ, 1990, 820.

ders.: Staatsrecht, Köln, Berlin, Bonn, München 1989.

Bleckmann, Albert/*Eckhoff*, Rolf: Der "mittelbare Grundrechtseingriff", DVBl. 1988, 373.

Bock, Bettina: Umweltschutz im Spiegel von Verfassungsrecht und Verfassungspolitik, Berlin 1990.

Bock, Matthias: Umweltrechtliche Prinzipien in der Wettbewerbsordnung der Europäischen Gemeinschaft, EuZW 1994, 47.

Boesen, Arnold: Deutsches Vergaberecht auf dem Prüfstand des Gemeinschaftsrechts, EuZW 1997, 713.

ders.: Die Gerichtsqualität der Vergabeüberwachungsausschüsse i.S. des Art. 177 EGV, EuZW 1996, 583.

Bonner Kommentar zum Grundgesetz, Heidelberg, Stand März 1998.

Brenner, Michael: Die Umsetzung der Richtlinien über öffentliche Aufträge in Deutschland, in: Schwarze, Jürgen/Müller-Graff, Peter-Christian, Das öffentliche Auftragswesen in der EG, EuR – Beiheft 1, 1996, 23.

Bunte, Hermann-Josef: Das Verhältnis von deutschem zu europäischen Kartellrecht,WUW 1989, 7.

Burmeister, Joachim: Vom staatsbegrenzenden Grundrechtsverständnis zum Grundrechtsschutz für Staatsfunktionen, Schriften zum Wirtschaftsverfassungs- und Wirtschaftsverwaltungsrecht, Frankfurt am Main 1971.

Cremer, Wolfram: Das Verhältnis der Beihilferegeln gemäß Art. 92 f. EGV zur Warenverkehrsfreiheit, EuR 1996, 225.

Däubler-Gmelin., Herta,: Kann das neue Vergaberecht noch bis zum Ende der Legislaturperiode beschlossen werden?, EuZW 1997, 709.

Daub, Walter/*Eberstein,* Hans-Hermann: Kommentar zur VOL/A, 4. Aufl., Düsseldorf 1998.

Dauses, Manfred A.: Dogmatik des freien Warenverkehrs in der Europäischen Gemeinschaft, RIW 1984, 197.

ders.: Handbuch des EG-Wirtschaftsrechts, Stand September 1994, München 1994.

Deringer, Arwed: Das Wettbewerbsrecht der europäischen Wirtschaftsgemeinschaft, Kommentar zu den EWG-Wettbewerbsregeln (Art. 85 - Art. 90), Düsseldorf 1962.

Dreher, Meinrad: Perspektiven eines europa- und verfassungsrechtskonformen Vergaberechtsschutzes, NVwZ 1996, 345.

Ehlermann, Claus-Dieter: Das Verbot der Maßnahmen gleicher Wirkung in der Rechtsprechung des Gerichtshofes, Festschrift für Hans-Peter Ipsen zum 70. Geburtstag, Tübingen 1977.

Ehlers, Dirk: Die wirtschaftliche Betätigung der öffentlichen Hand in der Bundesrepublik Deutschland, JZ 1990, 1089.

ders.: Rechtsstaatliche und prozessuale Probleme des Verwaltungsprivatrechts, DVBl. 1983, 422.

ders.: Verwaltung in Privatrechtsform, Berlin 1984.

Elverfeld, Dirk Johannes: Europäisches Recht und kommunales öffentliches Auftragswesen, Köln, Berlin, Bonn, München 1992.

Emmerich, Volker: Die Fiskalgeltung der Grundrechte, namentlich bei der erwerbswirtschaftlichen Betätigung der öffentlichen Hand - BGHZ 52, 325 und BGH, Betr. 1969, 1791, JuS 1970, 332.

ders.: Das Wirtschaftsrecht der öffentlichen Unternehmen, Bad Homburg, Berlin, Zürich 1969.

ders.: Europa 1992: Europäisches Kartellrecht, JuS 1990, 695.

ders.: Kartellrecht, 7. Aufl., München 1994.

ders.: Das Recht des unlauteren Wettbewerbs, 5. Aufl. München 1998.

Erichsen, Hans-Uwe/*Martens*, Wolfgang u.a.: Allgemeines Verwaltungsrecht, 10. Aufl., Berlin, New York, 1995.

Everling, Ulrich: Durchführung und Umsetzung des Europäischen Gemeinschaftsrechts im Bereich des Umweltschutzes unter Berücksichtigung der Rechtsprechung des EuGH, NJW 1993, 209.

ders.: Umweltschutz durch Gemeinschaftsrecht in der Rechtsprechung des EuGH, Forum Umweltrecht, Umweltschutz in der europäischen Gemeinschaft, Bd. 6, S. 28, Baden-Baden 1991.

ders.: Zur neueren EuGH-Rechtsprechung zum Wettbewerbsrecht, EuR 1982, 301.

Epiney, Astrid/ *Möllers*, Thomas M.J.: Freier Warenverkehr und nationaler Umweltschutz, Köln, Berlin, Bonn München 1992.

Faber, Angela: Drittschutz bei der Vergabe öffentlicher Aufträge, DÖV 1995, 403.

Fischer, Robert: Der Mißbrauch einer marktbeherrschenden Stellung (§ 22 GWB) in der Rechtsprechung des Bundesgerichtshofes, ZGR 1978, 235.

Fricke, Werner: Zentralisierung und Dezentralisierung des öffentlichen Einkaufs, Heidelberg 1961

Gallwas, Hans-Ullrich: Faktische Beeinträchtigungen im Bereich der Grundrechte, Berlin 1970.

Gamm, Otto-Friedrich Freiherr von: Verfassungs- und wettbewerbsrechtliche Grenzen des Wettbewerbs der öffentlichen Hand, WRP 1984, 303.

ders.: Wettbewerbsrecht, 5. Aufl., 1. Halbband, Köln, Berlin, Bonn, München 1987.

Geiger, Andreas: Die Einwilligung in die Verarbeitung von persönlichen Daten als Ausübung des Rechts auf informelle Selbstbestimmung, NVwZ 1989, 35.

250

Geisbüsch, Hans Georg: Die organisierte Nachfrage-Organisation und Strategie marktbeeinflussender oder marktbeherrschender Nachfrager, Diss., Köln 1963.

Gleiss, Alfred/*Hirsch*, Martin: Kommentar zum EWG-Kartellrecht, 4. Aufl., Bd. 1 (Art. 85), Heidelberg 1993.

Goerlich, Helmut: Das Dienstleistungsrecht der Europäischen Wirtschaftsgemeinschaft, DVBl. 1986, 1192.

Götz, Volkmar: Europäische Gesetzgebung durch Richtlinien - Zusammenwirken von Gemeinschaft und Staat, NJW 1992, 1849.

ders.: Recht der Wirtschaftssubventionen, München/Berlin 1966.

Grabitz, Eberhard/*Hilf*, Meinhard: Kommentar zur Europäischen Union, 3. Aufl., Hamburg, München 1997, 10. Ergänzungslieferung, Stand Oktober 1996 - Art. 30, 36, 92 EGV; 5. Ergänzungslieferung, Stand September 1992 - Art. 59, 60, 189 EGV, 4. Ergänzungslieferung, Stand Juni 1990 - Art. 85, 86 EGV; 6. Ergänzungslieferung, Stand März 1994 - Art. 90 EGV.

ders.: Das Recht auf Zugang zum Markt nach dem EWG-Vertrag, Festschrift für Hans-Peter Ipsen zum 70. Geburtstag, Tübingen 1977.

Graf, Michael: Der Begriff "Maßnahmen gleicher Wirkung", Köln, Berlin, Bonn, München 1972.

Groeben, Hans von der/*Thiesing*, Jochen/Ehlermann, Claus-Dieter: Kommentar zum EU-/EG-Vertrag, 4. Aufl. (Art. 85 ff. EGV), Baden-Baden 1991; 5. Aufl., Baden-Baden 1997 (Art. 30, 59 EGV).

Gusy, Christoph: Die Bindung privatrechtlichen Verwaltungshandelns an das öffentliche Recht, DÖV 1984, 872.

ders.: Staatsaufträge an die Wirtschaft, JA 1989, 26.

Hailbronner, Kay: Europarechtliche Aspekte der Vergabe öffentlicher Aufträge - Zur innerstaatlichen Umsetzung der EG-Richtlinien, RIW 1992, 553.

Hailbronner, Kay/*Weber*, Claus: Die Neugestaltung des Vergabewesens durch die Europäische Gemeinschaft, EWS 1997, 73.

Heiermann, Wolfgang: Wirksamkeit des Ausschlusses der Preisanpassungsmöglichkeit nach VOB durch Allgemeine Geschäftsbedingungen, NJW 1986, 2682.

ders.: Neuregelung des Vergaberechtsschutzes, EU Magazin, Heft 4, 1995, 28.

ders.: Neue Entwicklungen im Vergaberecht, Heft 12, 1997, 22.

Heinrichs, Helmut: Die Entwicklung des Rechts der Allgemeinen Geschäftsbedingungen im Jahre 1994, NJW 1995,1395.

Hesse, Konrad: Grundzüge des Verfassungsrechts der Bundesrepublik Deutschland, 20. Aufl., Heidelberg 1995.

Hermes, Georg: Gleichheit durch Verfahren bei der staatlichen Auftragsvergabe, JZ 1997, 909.

Hilf, Meinhard/*Pache,* Eckhard: Der Vertrag von Amsterdam, NJW 1998, 705.

Hirtz, Bernd: Die Relevanz der Marktmacht bei der Anwendung des UWG, GRUR 1980, 93.

Hubmann, Heinrich: Der unlautere Wettbewerb der öffentlichen Hand, Wi-Verw. 1982, 41.

Hübner, Ulrich: Die Dienstleistungsfreiheit in der Europäischen Gemeinschaft und ihre Grenzen, JZ 1987, 330.

Huster, Stefan: Gleichheit und Verhältnismäßigkeit, JZ 1994, 541.

Immenga, Ulrich/*Mestmäcker*, Ernst-Joachim: Kommentar zum GWB, 2. Aufl., München 1992.

ders.: EG-Wettbewerbsrecht, Kommentar, München 1997.

Ingenstau, Heinz/*Korbion,* Hermann: Verdingungsordnung für Bauleistungen, Kommentar zur VOB; Teile A und B, 13. Aufl., München 1996.

Ipsen, Hans-Peter: Europäisches Gemeinschaftsrecht, Tübingen 1972.

Isensee, Josef: Privatwirtschaftliche Expansion öffentlich-rechtlicher Versicherer, DB 1979, 145.

Jank, Volkmar/*Zdzieblo*, Wolfgang: Einführung in das öffentliche Auftragswesen, Tangstedt bei Hamburg, 1987.

Jarass, Hans D.: Wirtschaftsverwaltungsrecht und Wirtschaftsverfassungsrecht, 3. Aufl., Frankfurt am Main 1997.

Jarass, Hans D. /*Pieroth*, Bodo: Grundgesetz für die Bundesrepublik Deutschland, Kommentar, 4. Aufl., München 1997.

Kaiser, Gisbert: Kontrahierungszwang des öffentlichen Bauherrn nach dem GWB bei Verstoß gegen § 25 VOB/A, BauR 1978, 196.

Kirchhof, Paul: Verwalten durch "mittelbares" Einwirken, Köln, Berlin, Bonn, München 1977.

Klein, Hans: Die Teilnahme des Staates am wirtschaftlichen Wettbewerb, Stuttgart, Berlin, Köln, Mainz 1968.

Klindt, Thomas: Die Umweltzeichen „Blauer Engel" und „Europäische Blume" zwischen produktbezogenem Umweltschutz und Wettbewerbsrecht, BB 1998, 545.

Kloepfer, Michael: Staatsaufgabe Umweltschutz, DVBL 1979, 639.

ders.: Systematisierung des Umweltrechts, Berlin, 1978.

ders.: Umweltschutz und Verfassungsrecht, DVBl. 1988, 305.

Kohlhepp, Kay H.: Das europäische Recht des öffentlichen Auftragswesens, NVwZ 1989, 339.

ders.: Beschränkung des freien Warenverkehrs in der EG durch nationale Umweltschutzbestimmungen - Anmerkung zum EuGH-Urteil über die dänischen Pfandflaschenbestimmungen, DB 1989, 1455.

Kopp, Ferdinand: Die Entscheidung über die Vergabe öffentlicher Aufträge und über den Abschluß öffentlichrechtlicher Verträge als Verwaltungsakte?, BayVBl. 1980, 609.

Kraft, Alfons: Gemeinschaftsschädliche Wirtschaftsstörungen als unlauterer Wettbewerb?, GRUR 1980, 966.

ders.: Interessenabwägung und gute Sitten im Wettbewerbsrecht, München, Berlin 1963.

Krebs, Rainer, Haushaltsrechtliche Überlegungen zur Privatisierung von Unternehmensbeteiligungen des Bundes, ZRP 1983, 270.

Krüger, Herbert: Schranken nichthoheitlicher Verwaltung, Aussprache und Schlußwort, VVDStRL 19 (1961), 261.

Kunert, Franz-Josef: Staatliche Bedarfsdeckungsgeschäfte und Öffentliches Recht, Berlin 1977.

Lange, Klaus: Öffentliche Aufträge als Instrument nationaler Politik (insbesondere Forschungspolitik), in "Öffentliche Aufträge und Forschungspolitik", Hrsg. Karl Matthias Meessen, 1. Aufl., Baden-Baden, 1979.

*Langen,*Eugen/*Bunte,* Hermann-Josef: Kommentar zum deutschen und europäischen Kartellrecht, 7. Aufl., Neuwied, Kriftel, Berlin 1994.

Leibrock, Gero: Der Rechtsschutz im Beihilfeaufsichtsverfahren des EWG-Vertrages, EuR 1990, 20.

Lenz, Carl Otto: Entwicklung und unmittelbare Geltung des Gemeinschaftsrechts, DVBl. 1990, 903.

Lindacher, Walter F.: Grundfragen des Wettbewerbsrechts, BB 1975, 1311.

ders.: Zulässigkeit und Schranken des Ausbedingens und Forderns von Vertragsstrafen zur Bekämpfung von Submissionsabsprachen, ZIP 1986, 817.

Lübbe-Wolff, Gertrude: Die Grundrechte als Eingriffsabwehrrechte, Baden-Baden 1988.

Lukes, Rudolf: Die Problematik der umfassenden Interessenabwägung in § 26 II GWB, BB 1986, 2074.

Matthies, Heinrich: Die Verantwortung der Mitgliedstaaten für den freien Wettbewerb im Gemeinsamen Markt, Festschrift für Hans-Peter Ipsen zum 70. Geburtstag, Tübingen 1977.

Maunz, Theodor/*Dürig,* Günter/ *Herzog,* Roman: Grundgesetz-Kommentar, Bd. I, 32. Ergänzungslieferung, München, Stand Oktober 1996.

Maurer, Hartmut: Allgemeines Verwaltungsrecht, 11. Aufl., München 1997.

Mees, Hans-Kurt: Die staatliche Beschaffungstätigkeit und das GWB, WuW 1961, 541.

Meyer/Cording, Ulrich: Die Rechtsnormen, Tübingen 1971.

Menzel, Hans-Joachim: Berücksichtigung sozialpolitischer Kriterien bei der Auftragsvergabe, DB 1981, 303.

Merz, Andreas: Die Vorfeldthese, Die Anwendung von § 1 UWG im Vorfeldbereich der horizontalen Marktbehinderungstatbestände des GWB, Baden-Baden 1988.

Mestmäcker, Ernst-Joachim: Europäisches Wirtschaftsrecht, München 1974.

ders.: Staat und Unternehmen im europäischen Gemeinschaftsrecht, RabelsZ 52 (1988), 536.

Michel, Lutz H.: Staatszwecke, Staatsziele und Grundrechtsinterpretation unter besonderer Berücksichtigung der Positivierung des Umweltschutzes im Grundgesetz, Frankfurt am Main 1986.

ders.: Umweltschutz als Staatsziel, Natur und Recht 1988, 272.

Moench, Christoph: Der Schutz des freien Warenverkehrs im Gemeinsamen Markt, NJW 1982, 2689.

Montag, Frank: Umweltschutz und EG-Recht, RIW 1987, 935.

Möschel, Wernhard: Recht der Wettbewerbsbeschränkungen, Köln, Berlin, Bonn, München 1983.

ders.: Kehrtwende in der Rechtsprechung des EuGH zur Warenverkehrsfreiheit, NJW 1994, 429.

Müller-Graff, Peter-Christian: Die Erscheinungsformen der Leistungssubventionstatbestände aus wirtschaftlicher Sicht, ZHR 1988, 403.

Müller-Henneberg, Hans/*Schwartz*, Gustav: Hrsg. Benisch, Gesetz gegen Wettbewerbsbeschränkungen, Gemeinschaftskommentar, 4. Aufl., 10. Lfg., Köln, Berlin, Bonn, München 1985.

ders.: Die Anwendung des Gesetzes gegen Wettbewerbsbeschränkungen auf die öffentliche Hand, NJW 1971, 113.

Münch, Ingo von: Grundgesetz-Kommentar, Bd. I, 4. Aufl., München 1992.

Münchner-Kommentar zum Bürgerlichen Gesetzbuch, hrsg. von Kurt Rebmann, Franz Jürgen Säcker, 3. Aufl., München 1993.

Murswieck, Dietrich: Umweltschutz: Staatszielbestimmung oder Grundsatznorm, ZRP 1988, 14.

Noch, Rainer: die Revision des Vergaberechts – Bestandsaufnahme und kritische Analyse, ZfBR 1997, 221.

Oldenbourg, Andreas: Die unmittelbare Wirkung von EG-Richtlinien im innerstaatlichen Bereich, München/Florenz 1984.

Oppermann, Thomas: Europarecht, München 1991.

Ossenbühl, Fritz: Daseinsvorsorge und Verwaltungsprivatrecht, DÖV 1971, 513.

Osterloh, Lerke: Frauenförderung im Rahmen der öffentlichen Mittelvergabe, Gutachten im Auftrag der MWMT NRW, 1991.

Pagenkopf, Martin: Zum Einfluß des Gemeinschaftsrechts auf nationales Wirtschaftsverwaltungsrecht - Versuch einer praktischen Einführung, NVwZ 1993, 216.

Palandt: Bürgerliches Gesetzbuch, 57. Aufl., München 1998.

Pieper, Stefan Ulrich: Die Direktwirkung von Richtlinien der Europäischen Gemeinschaft- Zum Stand der Entwicklung, DVBl. 1990, 684.

Pieroth, Bodo/*Schlink*, Bernhard: Grundrechte, Staatsrecht II, 13. Aufl., Heidelberg 1997.

Pietzcker, Jost: Der Staatsauftrag als Instrument des Verwaltungshandelns, Tübingen 1978.

ders.: Rechtsbindungen der Vergabe öffentlicher Aufträge, AÖR 107 (1982), 61.

ders.: Rechtsschutz bei der Vergabe öffentlicher Aufträge, NVwZ 1983, 121.

ders.: Die Rechtsfigur des Grundrechtsverzichts, Der Staat 17, 1978.

ders.: Die deutsche Umsetzung der Vergabe- und Nachprüfungsrichtlinien im Lichte der neuen Rechtsprechung, NVwZ 1996, 313.

Piper, Henning: Zum Wettbewerb der öffentlichen Hand, GRUR 1986, 574.

Prieß, Hans-Joachim: Das Öffentliche Auftragswesen in den Jahren 1994 und 1995, EuZW 1996, 357.

ders.: Das öffentliche Auftragswesen im Jahre 1996, EuZW 1997, 391.

Quittnat, Joachim: Unwirksamkeit von Verfallklauseln in Leasingformularverträgen, BB 1979, 1530.

Rabe, Hans-Jürgen: Europäische Gesetzgebung - das unbekannte Wesen, NJW 1993, 1.

Rabe, Dieter: Die Auswirkungen des AGB-Gesetzes auf den kaufmännischen Verkehr, NJW 1987, 1978.

Raiser, Ludwig: Marktbezogene Unlauterkeit, GRUR Int. 1973, 19.

Ramsauer, Ulrich: Grundrechte im System der subjektiven öffentlichen Rechte, AöR 111 (1986), 501.

Rapp-Jung, Barbara: Der Energiesektor zwischen Marktwirtschaft und öffentlichen Aufgaben, EuZW 1994, 464.

Rathjen, Peter: Zum unlauteren Wettbewerb der öffentlichen Hand, DVBl. 1975, 649.

Rauschning, Dietrich: Staatsaufgabe Umweltschutz, VVDStRL 38 (1980), 167 ff..

Reich, Norbert: Binnenmarktkonzeption und Anwendung der EWG-Wettbewerbsregeln, Festschrift für Ernst Steindorff, Berlin, New York 1990.

ders. : Die Freiheit des Dienstleistungsverkehrs, ZHR 153, 1989, 571.

Rengeling, Hans-Werner: Umweltschutz durch Vergabe oder Nichtvergabe öffentlicher Aufträge, Festschrift für Lukes zum 65. Geburtstag, Hrsg. Herbert Leßmann, Bernhard Großfeld, Lothar Vollmer, Köln, Berlin, Bonn, München 1989.

ders. : Das Beihilferecht der Europäischen Gemeinschaften in: Recht und Praxis der Beihilfen im Gemeinsamen Markt, KSE 32, 1984.

Ress, Georg: Abschied von Cassis de Dijon und Dassonville?, EuZW 1993, 745.

Rinck, Gerd/*Schwark*, Eberhard: Wirtschaftsrecht, 6. Aufl., Köln, Berlin, Bonn, München, 1986.

Rittner, Fritz: Rechtsgrundlagen und Rechtsgrundsätze des öffentlichen Auftragswesens, Hamburg 1988.

ders.: Wirtschaftsrecht, 2. Aufl., Heidelberg 1987.

ders.: Öffentliches Auftragswesen und Privatrecht, ZHR 152 (1988), 318.

Robbers, Gerhard: Der Grundrechtsverzicht, JuS 1985, 925.

Rüfner, Wolfgang: Formen öffentlicher Verwaltung im Bereich der Wirtschaft, Berlin 1967.

Rupp, Hans H.: Ergänzung des Grundgesetzes um eine Vorschrift über den Umweltschutz?, JZ 1971, 401.

Sachs, Michael: Grundgesetz Kommentar, München 1996.

Schabel, Thomas: Das offensichtlich niedrigste Angebot bei der Vergabe öffentlicher Bauaufträge- Entscheidung des EuGH vom 22.06.1989, BauR 1990, 55.

Schachtschneider, Karl Albrecht: Staatsunternehmen und Privatrecht, Berlin, New York 1986.

Schäfer, Peter W.: Grundzüge des öffentlichen Auftragswesens, Beilage 12 zu BB 1996, 1.

Scheuing, Dieter H.: Umweltschutz auf der Grundlage der Einheitlichen Europäischen Akte, EuR 1989, 152.

Schmittat, Karl-Oskar: Rechtsschutz gegen staatliche Wirtschaftskonkurrenz, ZHR 148 (1984).

Schmittmann, Michael: Die EG-Rechtsmittelrichtlinie zur Vergabe öffentlicher Liefer- und Bauaufträge, EuZW 90, 536.

Schohe, Gerrit/*Hoenike*, Mark: Die Rechtsprechung des EuGH und EuG zu staatlichen Beihilfen in den Jahren 1996 und 1997, EuZW 1997, 741.

Scholz, Rupert: Wettbewerbsrecht der öffentlichen Hand, ZHR 132 (1969), 97.

Scholz, Rupert/*Langer*, Stefan: Europäischer Binnenmarkt und Energiepolitik, Berlin 1992

Schricker, Helmut: Wirtschaftliche Tätigkeit der öffentlichen Hand und unlauterer Wettbewerb, 2. Aufl., Köln, Berlin, Bonn, München 1987.

Schröder, Meinhard: Subventionen als staatliche Handlungsmittel, ZHR 152 (1988), 391.

Schultes, Werner: Erfahrungen bei der Mißbrauchsaufsicht gegenüber Nachfragemacht, WuW 1982, 731.

Schwarz, Theo H.: Die Anwendbarkeit des kartellrechtlichen Unternehmensbegriffs auf die Beschaffungstätigkeit der öffentlichen Hand, BB 1973, 1283.

ders.: Die wirtschaftliche Betätigung der öffentlichen Hand im Kartellrecht, Köln, Berlin, Bonn, München 1969.

Schwerdtfeger, Gunther: Öffentliches Recht in der Fallbearbeitung, 10. Aufl., München 1997.

Schweitzer, Michael/*Hummer*, Waldemar: Europarecht: Recht der Europäischen Gemeinschaften, 5. Auflage, Neuwied, Kriftel, Berlin 1996.

Schwintowski, Hans-Peter: Wettbewerbsrecht, 2. Aufl., München 1982.

Seewald, Otfried: Die Bedeutung der Gesundheit im Umweltrecht, Natur und Recht 1988, 161.

Seidel, Ingelore : Recht und Praxis der Auftragsvergabe in der Bundesrepublik Deutschland und in anderen Ländern der EG, Schriftenreihe des Forschungsinstituts für Europafragen, Wien 1991.

dies.: Gemeinsamer Markt im öffentlichen Auftragswesen - Stand und Perspektiven -, WUR 1990, 155.

dies.: Die Anwendung der EG-Richtlinien für öffentliche Aufträge in der Bundesrepublik Deutschland, EuR 1990, 158.

Seidel, Martin: Das Subventionsrecht der Europäischen Gemeinschaften, Schriftenreihe des Forschungsinstituts für Europafragen, Wien 1991, 247.

ders.: Rundfunk, insbesondere Werbefunk und innergemeinschaftliche Dienstleistungsfreiheit in: Das Europa der 2. Generation, Gedächtnisschrift für Christoph Sasse, Red. Roland Bieber/ Dietmar Nickel, Bd. 1, Baden-Baden 1981.

ders.: Der EWG-rechtliche Begriff der Maßnahmen gleicher Wirkung wie mengenmäßige Beschränkungen, NJW 1967, 2081.

Siegburg, Peter: Zum AGB-Charakter der VOB/B und deren Privilegierung durch das AGB-Gesetz, BauR 1993, 9.

Steindorff, Ernst: Umweltschutz in Gemeinschaftshand?, RIW 1984, 767.

ders.: Dienstleistungsfreiheit im EG-Recht, RIW 1983, 831.

ders.: Reichweite der Niederlassungsfreiheit, EuR 1988, 19.

Stern, Klaus: Das Staatsrecht der Bundesrepublik Deutschland, Bd.III/1, München 1988.

Stober, Rolf: Umweltschutzprinzip und Umweltgrundrecht, JZ 1988, 426.

ders.: Wichtige Vorschriften zur öffentlichen Auftragsvergabe, Berlin 1992.

ders.: Eigenwirtschaftliche Betätigung der öffentlichen Hand, BB, 1989, 716.

ders.: Rein gewerbliche Betätigung der öffentlichen Hand und Verfassung, ZHR 145 (1981), 565.

Strohs, Matthias: Die Berücksichtigung vergabefremder Kriterien bei der Vergabe von Bauaufträgen durch die öffentliche Hand, BauR 1988, 144.

Tettinger, Peter J.: Das Grundrecht der Berufsfreiheit in der Rechtsprechung des Bundesverfassungsgerichts, AöR 108 (1983), S. 92.

ders.: Die öffentlichen Unternehmen im primären Gemeinschaftsrecht unter besonderer Berücksichtigung der Energiewirtschaft, DVBl. 1994, 88.

Tilman, Winfried: Über das Verhältnis von GWB und UWG, GRUR 1979, 825.

Ulmer, Peter: Die Anwendung von Wettbewerbs- und Kartellrecht auf die wirtschaftliche Tätigkeit der öffentlichen Hand beim Angebot von Waren oder Dienstleistungen, ZHR 146 (1982), 466.

Ulmer, Peter/*Brandner*, Hans-Erich/*Hensen*, Horst-Dieter: AGB-Gesetz, 8. Aufl., Köln 1997.

Umweltbundesamt (Hrsg.): Umweltfreundliche Beschaffung, 3. Auflage, Wiesbaden und Berlin 1993.

Veelken, Winfried: Maßnahmen gleicher Wirkung wie mengenmäßige Beschränkungen, EuR 1977, 311.

Vygen, Klaus: Öffentliche Unternehmen im Wettbewerbsrecht der EWG, Köln 1967.

Wallerath, Maximilian: Öffentliche Bedarfsdeckung und Verfassungsrecht, Baden-Baden 1988.

ders.: Die Selbstbindung der Verwaltung, Berlin 1968.

Walthelm, Veit: Das öffentliche Auftragswesen, München 1979.

Wasle, Michael: Berücksichtigung des Problems der Nachfragemacht der öffentlichen Hand im Rahmen der Novellierung der VOL/A, BB 1979, 915.

Weissenberg, Paul: Öffentliche Aufträge- Instrumente neutraler Beschaffung oder staatlicher Steuerung?, DB 84, 2285.

Welter, Erich: Der Staat als Kunde, Heidelberg 1960.

Wendt, Rudolf: Der Gleichheitssatz, NVwZ 1988, 778.

Westphalen, Friedrich Graf von: Das Dispositionsrecht des Prinzipals im Vertragshändlervertrag, NJW 1982, 2465.

Wilmowsky, Peter von: Mit besonderen Aufgaben betraute Unternehmen unter dem EWG-Vertrag, ZHR 155 (1991), 545.

Wolf, Manfred/*Horn*, Norbert/*Lindacher*, Walter F.: AGB-Gesetz, 3. Aufl., München 1994.

Wolff, Hans J./*Bachof*, Otto/*Stober*, Rolf: Verwaltungsrecht I, 10. Aufl., München 1994.

Zeidler, Karl: Schranken nichthoheitlicher Verwaltung, VVDStRL 19, 208.

Zezschwitz, Friedrich von: Rechtsstaatliche und prozessuale Probleme des Verwaltungsprivatrechts, NJW 1983, 1873.

Zils, Hans-Peter: Die Wertigkeit des Umweltschutzes in Beziehung zu anderen Aufgaben der Europäischen Gemeinschaft: Untersuchungen zur Anwendung der Querschnittsklausel Art. 130 r Abs. 2 Satz 2 EWGV im Gemeinschaftsrecht, Heidelberg 1994.

Zuleeg, Manfred: Rechtsschutz und Grundrechtsbindung bei der Vergabe öffentlicher Aufträge, WiVerw. 1984, 112.

ders.: Der Rang des europäischen im Verhältnis zum nationalen Wettbewerbsrecht, EuR 1990, 123.